Ulrich Horstmann | Ralph Lutz

Digitale Knechtschaft

Ulrich Horstmann | Ralph Lutz

Digitale Knechtschaft

Wie wir von Konzernen und Staaten gesteuert werden

REDLINE | VERLAG

Bibliografische Information der Deutschen Nationalbibliothek:
Die Deutsche Nationalbibliothek verzeichnet diese Publikation in der Deutschen Nationalbibliografie; detaillierte bibliografische Daten sind im Internet über http://d-nb.de abrufbar.

Für Fragen und Anregungen:
lektorat@redline-verlag.de

1. Auflage 2018

Nymphenburger Straße 86
D-80636 München
Tel.: 089 651285-0
Fax: 089 652096

Redaktion: Christiane Otto, München
Umschlaggestaltung: Marc Fischer, München
Umschlagabbildung: shutterstock /astudio
Satz: Daniel Förster, Belgern
Druck: GGP Media GmbH, Pößneck
Printed in Germany

ISBN Print 978-3-86881-678-5
ISBN E-Book (PDF) 978-3-86414-990-0
ISBN E-Book (EPUB, Mobi) 978-3-86414-991-7

Inhalt

Prolog: Ein ganz normaler Tag in fünf Jahren?

Unser Smartphone weckt uns morgens mit der ›To-Do-Liste‹ für die nächsten Minuten: Duschen, Zähne putzen, Toilettengang und ein paar Dehn- und Streckübungen, um die ersten Tagespunkte für unsere Versicherungsapp zu sammeln. Je mehr Punkte wir in einem Monat schaffen, desto billiger wird unser Krankenversicherungsbeitrag.

Die Wetterapp unseres Versanddienstleisters für Kleidung empfiehlt uns aus unserem Kleiderschrank die passenden Klamotten für den heutigen Tag. Natürlich wurde dabei nicht vergessen, dass wir heute noch einen wichtigen Termin mit einem neuen Kunden haben, der auf dezente Farben steht. Daher fällt unser Outfit – trotz strahlendem Sonnenschein – etwas weniger grell aus. Die elektrische Drehleiste in unserem Schrank liefert uns dann, dank der eingearbeiteten Funkchips, die von der App ausgesuchten Kleiderstücke. Eine lästige Suche im vollgefüllten Kleiderschrank ist nicht notwendig.

Wenn nicht schon längst geschehen, werden nun alle wichtigen sozialen Apps wie Facebook, Twitter etc. gecheckt und eventuell einige Kommentare abgegeben. Diese werden von diesen Firmen natürlich nicht »personalisiert« gespeichert, aber das »individuelle« Abbild von uns wird um weitere Details ergänzt, um uns in den nächsten Tagen beziehungsweise Wochen die »passende« Werbung zukommen zu lassen.

Mit unserem Smartphone schießen wir das obligatorische, erste Foto des Tages: unser Frühstück. Wir laden es auf unsere Versicherungsapp, damit wir auch nachweisen können, dass wir uns gesund ernährt haben – und zwei weitere Punkte erhalten. Der zusätzliche

Check auf der Vergleichsdatenbank des Versicherers zeigt zudem an, dass wir wieder einen Platz höher in der Liste der besten Optimierer gestiegen sind. Es ermuntert uns, weiter durchzuhalten, um noch bis in die Spitzengruppe zu kommen.

Der Kühlschrank signalisiert uns, dass die Margarine vom führenden Lebensmittelkonzern ausgegangen ist. »Er« bestellt gleich – zusammen mit anderen ebenfalls knapp gewordenen Grundnahrungsmitteln – bei einem Versanddienstleister die fehlenden Artikel, die dann im Laufe des Vormittags bei uns in der Kühlbox vor dem Haus von einer Drohne automatisch eingelagert werden. Wer möchte schon seine wertvolle Zeit mit so unwichtigen Dingen wie dem lästigen Einkaufen von Nahrungsmitteln verbringen?

Dabei wird uns ganz nebenbei das neueste Fertigprodukt von unserem Lieblingsversanddienstleister empfohlen. Unsere bisherigen Wareneinkäufe und das von uns abgespeicherte Profil zeigen eindeutig, dass uns diese neueste Produktschöpfung vorzüglich munden sollte. Selbstverständlich wurde das neue Produkt vorab mit unserer Versicherungsapp abgestimmt, damit es im Einklang mit den Empfehlungen zu unserer gesunden Ernährung steht. Es reicht also allein eine kurze Bestätigung – und der Kühlschrank wird am Abend gut gefüllt sein.

Unser Hauscomputer verriegelt nicht nur automatisch die Türe beim Verlassen der Wohnung, sondern er kümmert sich auch das ganze Jahr über um Heizung und Lüftung – optimal auf unsere Bedürfnisse abgestimmt, je nach Tages- und Jahreszeit. Ein lästiger Schlüssel in der Hosen- oder Handtasche ist auch nicht mehr notwendig. Denn dank eines unauffälligen Iris-Scans und einem implantierten Funkchip wird sich die Türe automatisch für uns öffnen, wenn wir abends wieder nach Hause kommen.

Entspannt und zufrieden gehen wir zur nächsten U-Bahn oder steigen in unser selbstfahrendes Auto, das uns zur Arbeitsstelle bringt. Eine Fahrkarte für die U-Bahn ist genauso überflüssig wie Bargeld im »Geldbeutel«, da der uns implantierte Funkchip alle notwendigen Zahlungsfunktionen übernimmt und das Konto bei Bedarf automatisch belastet. So können wir »nebenbei« unser derzeitiges Lieblingsspiel auf der Spieleapp spielen.

In der Arbeit kommen unsere technisch-biologischen Implantate richtig zur Geltung. Dank ständiger Hard- und Softwareoptimierung gelingt es uns erneut, eine bessere Arbeitsleistung vorzuweisen als unser Kollege. Schließlich wissen wir, nach welchen Apps sich unser Chef orientiert, und das reicht, um neuerlich als zuverlässiger Mitarbeiter eingestuft zu werden. Dadurch behalten wir unsere Bevorzugung gegenüber unseren Kollegen, zum Beispiel bei der nächsten Gehaltsrunde.

Spätestens am Nachmittag beginnt die »Planung« für den Abend, wobei wir immerhin noch zwischen »daheim« oder »auswärts« entscheiden können. Wählen wir die Inhouse-Option, folgt der Vorschlag für das Abendessen, das bestellt und am Heimweg aus der Box beim Supermarkt abgeholt werden kann. Während das Essen in der Mikrowelle aufgewärmt wird, können wir die Zeit für einige Fitnessübungen nutzen. Nach dem Abendessen entspannen wir bei der neuesten Folge unserer Lieblingsserie, die wir rasch von einem der Anbieter herunterladen. Schließlich sollen wir fit und stressfrei bleiben, um auch die nächsten Tage, Monate und Jahre 100 Prozent arbeitsfähig zu bleiben.

Rechtzeitig fängt schließlich unser Smartphone an, uns darauf hinzuweisen, dass es demnächst Schlafenszeit ist und wir uns langsam ums Zähneputzen und die restlichen Abendrituale kümmern sollten. Zum letzten Mal checken wir unsere Mails, Apps etc. Wir können zu Bett gehen – mit unserem »treuen« Begleiter neben uns. Schließlich soll er uns ja am nächsten Morgen wecken. Von unserem technisch-biologischen Funkchip erhalten wir passende, beruhigende Elektrostimulanzien, damit sich unser Gehirn und Kreislaufsystem möglichst schnell in den Schlafmodus versetzt. Sobald wir schlafen, beginnen unsere installierten technologischen Helfer die neuesten Updates herunterzuladen, damit der nächste Tag noch optimierter verlaufen kann.

Ist dieses Szenario für Sie nur eine Fiktion oder könnte das schon in den nächsten Jahren tatsächlich Realität werden? Wenn es nach den großen Digitalunternehmen geht, ist diese Zukunft nicht mehr allzu weit entfernt.

Aber wollen Sie wirklich so leben? Geführt von Programmen und Ideen anderer Leute und Konzerne, die für Sie Ihr Leben regeln? Ein Leben ohne jegliche Individualität. Kein ›Ich habe heute keinen Bock auf Schinken, sondern lieber auf Käse‹? Kein ›Ich fühl mich gerade nicht so angenehm und bleib lieber liegen‹? Ein Leben, in dem Sie nur noch dem Takt der Apps folgen und sich dabei ständig selbst optimieren?

Was passiert, wenn Sie aus diesem Takt ausbrechen und nicht mehr der Optimierung durch alle Fremdvorgaben folgen wollen? Wie schnell werden Sie vom System als Störfaktor identifiziert, der wieder auf Gleichschaltung gebracht werden muss?

Wie schnell wird Ihre Wohnung gekündigt, wenn Sie ein schlechtes Rating vom Arbeitgeber und den Versanddienstleistern bekommen? Wie schnell landen Sie in ›Ghettos‹, weil Sie nicht mehr als passendes Zahnrad im System funktionieren?

Wer schützt Ihre Daten und Ihre Privatsphäre noch, wenn wir zum ›Schutze Ihrer Sicherheit und vor Terroranschlägen‹ total überwacht werden müssen? Inwieweit ist da noch Kreativität und Individualismus möglich?

Dann bleibt Ihnen keine Muße mehr und auch keine Möglichkeiten mehr zur Selbstreflektion. Sie sind nur noch ein von den Optimierungsapps getriebener Arbeitsteilnehmer. Freizeit, Kreativität und Lebensfreude bleiben außen vor. Alles konzentriert sich nur noch aufs Funktionieren und darum, besser zu sein als die anderen.

Und was passiert, wenn es einen längeren Stromausfall gibt? Sind Sie dann noch in der Lage, sich selber mit Essen und Trinken zu versorgen?

Über dieses Buch…

Wir hoffen, dass der Prolog Sie schon ein bisschen aufgerüttelt hat. Wir sind mitten in einer Umbruchphase, in der die Nutznießer unserer Daten uns weismachen wollen, dass sie das Beste für uns wollen. Die analoge Welt wird als chaotisch und abstoßend gebrandmarkt werden, die Bargeldscheine sind ohnehin »hochgradig bakteriell verseucht«. Die schöne neue digitale Welt verführt uns mit der Aussicht auf mehr Bequemlichkeit und maßgeschneiderten neuen Werbebotschaften. Die smarten Anwendungen schaffen einen enormen Kundennutzen, wird uns von den Datensammlern suggeriert.

Sie müssen nur ihre privaten Daten liefern…. Fehlt nicht schon das Problembewusstsein, wenn wir das leichtfertig tun? Winston Smith[1] wusste, dass er laufend überwacht wurde. Die Bürger heute wissen es dagegen nicht oder verdrängen es. Das ist weit schlimmer. Wir verlieren dann wohl mehr als wir gewinnen: Was macht das mit uns, wenn wir wissen, das sowieso jeder alles von uns weiß?

Wenn die Falle zuschnappt, sind wir nicht mehr selbstbestimmt und liefer(te)n »freiwillig« unsere Daten, um uns von anderen beherrschen zu lassen. Wir leben dann das Leben, das diese uns empfehlen oder sogar vorschreiben.

Oder im Merkelschen Neusprech ausgedrückt: Wir machen das, was uns »alternativlos« offeriert wird. Vermeintliche Wahlmöglichkeiten sind unattraktiv. Der immer realeren Gefahr einer digitalen Knechtschaft widmet sich dieses Buch. Wir möchten Ihnen hier aufzeigen, welche technologischen Fortschritte schon umgesetzt beziehungsweise geplant sind, und welchen Einschränkungen aller Art wir derzeit schon unterliegen, ohne uns dessen im Einzelnen schon bewusst zu sein. Vor allem aber möchten wir Ihnen die Augen öffnen für die Risiken und Probleme, die sich für uns daraus ergeben. Das Buch möchte somit nicht nur anprangern, sondern auch Hilfestellung geben, auf welche Art und Weise wir mit dieser neuen ›digitalen Knechtschaft‹ umgehen können, und welche Möglichkeiten wir haben, gewissen Zukunftsentwicklungen, die uns nicht gefallen, auch etwas entgegenzusetzen oder diese vielleicht auch verhindern zu können.

Zunächst werden wir Alternativen zu vermeintlich zwangsläufigen Entwicklungen aufzeigen. Sie kennen das: Neue technische Errungenschaften werden selbstverständlich mit großer Begeisterung aufgenommen, sie erscheinen uns notwendig und schlüssig. So versprechen uns beispielsweise neue smarte Digitallösungen ein einfacheres und bequemeres Leben. Aus der Einladung wird unbewusst bald ein ›Befehl‹ – und schließlich eine Abhängigkeit. Wir zahlen also mit der Datenübergabe und Aufgabe unserer Privatheit einen hohen Preis. Der Zwang, einem Kollektiv – nach dem Motto: ›Das macht doch jeder‹ – zu folgen, wird immer größer. Das ist auch das Instrumentarium international tätiger Digitalkonzerne – und umverteilender Sozialisten (nationalistischer oder internationalistischer Prägung). Bislang standen ihnen solche Manipulations- und Überwachungstechniken für die Bürger noch nicht zur Verfügung. Die Analogdiktatur war noch freiheitsbewahrender, die Digitaldikatur ist de facto eine lückenlose Komplettüberwachung. Selbst George Orwell wäre heute sicher erstaunt und würde seinen Roman *1984* noch drastischer formulieren.

Das heißt: Ein freies Netz für freie Bürger wird immer mehr zu einer Illusion, wenn der Datenschutz immer mehr beiseite geschoben wird. Dennoch lohnt es sich, dafür zu kämpfen, denn wenn Sie nicht gezielt gegensteuern, werden Sie politisch entmündigt und ökonomisch enteignet. Die Digitalisierung schafft Manipulationsmöglichkeiten, die bislang unvorstellbar erschienen. So gestalten exzellente Programmierer und skrupellose Manager in den Digitalkonzernen unser Lebensumfeld immer mehr zu ihrem Vorteil oder dem kooperierender Regierungen.

Keine wirksame Regulierung verhindert diese Lenkung und Überwachung und die damit geschaffenen Enteignungsmöglichkeiten, eher das Gegenteil scheint der Fall zu sein. Regierungen profitieren von der zunehmenden Entmündigung von uns Bürgern. Sie müssen sich weniger kritische Fragen stellen lassen und nur dafür sorgen, dass offener

Aufruhr mit medialer Unterstützung verhindert wird. ›Durchregieren‹, zur Not mit Dekreten, wird erleichtert. Ohne Gegensteuerung sind wir normale Bürger zunehmend wehrlos: Unsere natürlichen eigenen Warnsysteme werden immer mehr beiseitegeschoben oder sogar ganz ›ausgeschaltet‹. Sie realisieren gar nicht, dass Sie Dinge kaufen, die Sie eigentlich gar nicht wollen – und auch noch zu weit überhöhten Preisen. Mit diesem neuerdings digital gestützten ›Konsumterror‹ wird vor allem der Gewinn des Anbieters hervorragend maximiert. Daraus resultiert letztlich, dass private Verschuldung immer mehr zum Normalfall wird. Die Digitalisierung schafft laufend neue Möglichkeiten, uns finanziell zu übervorteilen oder sogar systematisch zu enteignen[2].

Machen Sie sich bewusst: Unsere digitalen Giganten Amazon, Alphabet (Google), Facebook, Apple oder Ebay nutzen unsere Daten, die wir ihnen kostenlos Tag für Tag überlassen, um unser Leben immer mehr zu steuern. Das ist – stark verkürzt – ein Teil ihres Geschäftsmodells. Per Knopfdruck könnten Sie Dossiers, auch über mehrere Hundert Seiten, über jeden Einzelnen von uns, der ihre Dienstleistungen nutzt, abrufen. Das schafft Begehrlichkeiten, auch bei staatlichen Stellen. Wir müssen daher, um eigene Nachteile zu vermeiden, die Fallen, die man uns laufend stellt, erkennen.

Wir möchten auch die finanziellen Gefahren durch die Digitalisierung aufzeigen und Alternativen vorstellen. Jeder unsolide finanzierte Haushalt ist irgendwann pleite – es sei denn, es wird jemand gefunden, der das süße Leben auf Pump verlängert oder subventioniert. Dies gilt für Privatleute, Betriebe und selbstverständlich auch für unser Gemeinwesen, den Staat. Ein von verantwortungslosen Politikern gesteuerter Staat ist eine besonders gefährliche ›Geldvernichtungsmaschine‹. Milton Friedman unterschied zwischen vier verschiedenen Stufen des Geldausgebens und Sparens. Entscheidend ist für ihn, wessen Geld für wen ausgegeben wird. Beim eigenen Geld wirtschaftet man für sich sparsam, aber für andere schon großzügiger. Wenn man fremdes Geld für sich verwenden kann, fallen schon weitere Schranken. Geradezu bodenlos wird es, wenn fremdes Geld für andere verwendet werden kann[3].

Wenn fremde Leute über unser Geld entscheiden, ist der Geldvergeudung Tür und Tor geöffnet. Da sind wir dann beim Staats- oder Politikversagen. Die Geschichte ist voll von Beispielen, wie durch Machtmissbrauch und Hybris ganze Nationen zugrunde gerichtet wurden. Politiker, die sich nach außen demokratisch geben, sind davon oft nicht frei. Die *Anmaßung von Wissen* (Friedrich August von Hayek) kann furchtbare Folgen haben: kriegerische Auseinandersetzungen, Maßlosigkeit sowie generell korruptes Verhalten von Machthabern. Zu viel Gestaltungsmacht von Politikern gefährdet den Wohlstand der Bürger, darüber können sogar Demokratie und Freiheit verloren gehen.

Die Digitalisierung des Geldes ist eine besonders krasse Form versteckter Veränderungen, denn sie erlaubt viel unauffälligere Enteignungs- (Negativzinsen) und Umverteilungsmöglichkeiten als alles bisher Dagewesene. Angesichts der maßlosen Überschuldung der Staaten wird eine schnelle und massive Einschränkung der Bargeldnutzung eine willkommene Option. Die neue ›Digitalökonomie‹ ermöglicht nämlich eine dauerhafte und unauffällige Umverteilung zu unseren Lasten. Dann würden wir desinformierte Bürger unfreiwillig eine längst gescheiterte Politik, die den Dauerkrisenmodus akzeptiert, subventionieren.

Eine fortschreitende Digitalisierung führt unweigerlich dazu, dass nicht nur wir Bürger, sondern auch Staaten verlieren und gleichzeitig Digitalkonzerne an Bedeutung gewinnen. Diese Digital-Multis zahlen kaum Steuern und können Regierungen sowie Politiker eher steuern als umgekehrt. Für uns Bürger bedeutet diese Entwicklung keine gute Freiheits- und Finanzperspektive. Statt der sich etablierenden ›Machtwirtschaft‹ muss eine Marktwirtschaft in einer funktionierenden Demokratie mit freiheitssichernden Regeln für die Bürger gesichert werden. Das wäre auch grundgesetzkonform, und hier sollte die ursprüngliche Fassung maßgeblich bleiben. Die permanenten Änderungen machen unsere Verfassung, so ist zu befürchten, zur Dispositionsmasse von Interessensgruppen. Wir Bürger müssen weiter Vorrang haben, die Würde des Menschen darf nicht schleichend neuen Opportunitäten geopfert werden. Vermeintliche äußere Feinde werden von totalitären Systemen leicht geschaffen. Ist der Kampf gegen ›Terror‹ und mögliche ›Gefährder‹ ohne Maß nicht auch schon ein Vorbote für diese fragwürdige Entwicklung?

Die Machtbegrenzung monopolistischer Datensammler und -anwender zugunsten unserer Freiheitssphäre und unserer wirtschaftlichen Unabhängigkeit würde die Märkte wieder funktionsfähiger machen. Aber bis dahin müssen wir uns gegen die digital vernetzten finanziellen Ausbeuter wappnen, die im Zweifel Hand in Hand mit den Staaten arbeiten.

Allein ein Staatswesen, das uns Bürgern möglichst große Freiräume schafft und gleichzeitig wirtschaftliche Macht (-Kartelle) bekämpft, würde neues Zukunftsvertrauen rechtfertigen. Es wäre auf Dauer erfolgversprechender als der heutige ›Dauerkrisenmodus‹ mit digital gesteuerter Umverteilung.

Dankbar sind wir Stephan Werhahn, Gründer und Direktor des Steinbeis-Instituts ›Europa der Marktwirtschaften‹ sowie Prof. Dr. Gerald Mann, Mitautor des Buches *Bargeldverbot*, Stefan Voß und Wolfgang P. Warth, Mitinitiator des PDU Project for Democratic Union, für vielfältige hilfreiche Anregungen. Wesentliche Hinweise zu den möglichen diskriminierenden Auswirkungen durch die Digitalisierung gab Andreas Happ.

Erich Gluch begleitete das Manuskript unermüdlich und kritisch. Neben seinen fachlichen Kenntnissen trug er durch ein umfassendes Lektorat zum Gelingen dieses Buches wesentlich bei, vielen Dank dafür lieber Erich!

Dem Verlag schulden wir Dank für das Vertrauen und die begleitende kreative Unterstützung, insbesondere im Rahmen anregender Diskussionen mit Georg Hodolitsch.

Dr. Ulrich Horstmann, Ralph Lutz

Über die digitale Überwachungs- und Enteignungsfalle

1. Utopie und Realität

»Wir waren die ersten, die erklärt haben, daß die Freiheit des Individuums umso mehr beschränkt werden muß, je komplizierter die Zivilisation wird.«

Benito Mussolini[4]

Die heutige Welt mit ihren technischen Möglichkeiten wäre vor wenigen Jahrzehnten noch als ›utopisch‹ bezeichnet worden. Mit der weltweiten Verbreitung des Internets kann in Sekundenschnelle auf Inhalte zugegriffen werden, was u.a. auch zu einer massiven Beschleunigung bei der globalen Arbeitsteilung geführt hat. Die faszinierenden Anwendungen – Mobiltelefone sind inzwischen voll entwickelte Computer – führten zu einem Durchbruch der Digitalisierung, der unser gesamtes Lebensumfeld betrifft. Der Begriff ›Digitalisierung‹ ist, das sei vorausgeschickt, noch sehr neu. In *Meyers Taschen Lexikon,* Band 3, aus dem Jahr 1996 ist er nicht zu finden, stattdessen ›Digitaltechnik‹, mit folgenden Angaben: ›Teilgebiet der Informationstechnik und Elektronik zur Erfassung, Darstellung, Verarbeitung und Übertragung digitaler Größen. Mit Digitaltechnik arbeiten u.a. Fernsprechverbindungen, Compact Discs, DAT, Rundfunk und Fernsehen‹[5]. Das ist gerade einmal gut 20 Jahre her.

Hier wird Digitalisierung weiter gefasst und bezeichnet nicht nur den Übergang von der analogen zur digitalen Welt, den wir seit Jahren beobachten. Die zunehmende Vielfalt zeigt sich auch bei der Begriffsbeschreibung von Prof. Dr. Oliver Bendel, der nach verschiedenen Bedeutungen unterteilt: der ›digitalen Umwandlung‹, der Informationsdurchführung, der ›Modifikation von Instrumenten, Geräten und Fahrzeugen‹ oder der ›digitalen Revolution‹. Seit Beginn des 21. Jahrhunderts stehen nach seiner Einschätzung »disruptive Technologien und innovative Geschäftsmodelle sowie Autonomisierung, Flexibilisierung und Individualisierung in der Digitalisierung im Vordergrund«.[6]

Wir befassen uns hier vor allem mit den jüngsten Entwicklungen der Digitalisierung und den disruptiven Aspekten von neueren revolutionären technischen Veränderungen. Dabei verstehen wir unter Disruption die vollständige Verdrängung bislang bestehender Marktstrukturen durch die Digitalisierung - meist durch innovative Technologien, aber auch durch bessere Produkte oder Dienstleistungen.

Nur wenige haben diese rasanten Veränderungen so kommen sehen. Bereits in dem Buch *Die informierte Gesellschaft* beschrieb beispielsweise der Zukunftsforscher Karl Steinbuch 1966 die künftige Entwicklung der Fernsprechtechnik bis hin zu den heutige Mobiltelefonen auf S. 126: »Mit Hilfe eines so kleinen und leichten Gerätes, ... etwa in der Art einer Armbanduhr, sollte es ermöglicht werden, jeden beliebigen anderen Menschen, wo immer er sich auch befinde, mühelos anzusprechen und sich mit ihm unterhalten zu können.«[7]

In dem zukunftsoptimistischen Werk erkannte Steinbuch zutreffend, dass die Kommunikationsindustrie die Zukunft prägen wird. Heute sind die Smartphones mit ständigem Internetzugang fast schon für jedermann erschwinglich. Bald könnten auch ›Virtual-Reality‹-Brillen einen ähnlichen Durchbruch erzielen.

Diese technischen Möglichkeiten, die digital gesteuert sind, bedürfen besonders klarer freiheitssichernder Regeln, da sie unsere Freiheit beschränken und dauerhaft Umverteilungen ermöglichen können. Die Verwendung unserer Daten durch Unternehmen und Staaten mit kommerziellen und politischen Zielen ist allzu verführerisch. Diese Fehlentwicklung geht mit Desinformation beziehungsweise Nichtinformation über die Risiken einher. Wir sorglosen Bürger liefern unsere Daten ›frei Haus‹. Diese Perspektive wäre für George Orwell und Friedrich August von Hayek sicher ein Alptraum gewesen. Der erste faschistische Diktator, Benito Mussolini, den von Hayek[8] zitierte, brüstete sich sogar damit, die Freiheit des Individuums zu beschränken.

George Orwells *1984* und Friedrich August von Hayeks Werk *Der Weg zur Knechtschaft* zeigen die Gefährdungen, denen unsere Demokratie und Freiheit permanent unterliegen. Diese Errungenschaften müssen wir Bürger immer wieder neu verteidigen. Sonst werden ›Dystopien‹ schleichend zur Realität, denen man immer schwerer entweichen kann. Eine ›DDR 2.0‹[9] als mögliche neue freiheitsfeindliche Diktatur würde sogar den früheren sozialistischen ›Arbeiter- und Bauern-Staat‹ noch als Hort der Freiheit erscheinen lassen, die Digitaldiktatur ist eben noch viel tiefgreifender lenkend und überwachend als die früheren Analogdiktaturen. In dem Regime eines Erich Honecker und Erich Mielke konnten sich die Menschen nämlich noch verstellen. Dies ist mithilfe der Datenkraken und staatlichen Unterstützer nicht mehr möglich. Wir werden nicht nur kontrolliert, wenn wir im Internet surfen, unser Mobilhandy wird zunehmend zur freiwilligen Überwachungsfessel, wie die unfreiwillig zu tragenden Fußfesseln. Der Weg von einer freiheitlichen Demokratie zu einer »totalitären Demokratie«[10] ist längst vorstellbar. Dann ist es auch nicht mehr sehr weit zu einer digital gestützten Diktatur, die sich kommerzieller Anbieter bedient.

Kameras mit Gesichtserkennung prägen zunehmend öffentliche Räume. Google testet bereits Zahlsysteme mit Gesichtserkennung.[11] Das Smartphone kann in der Tasche bleiben, das Herausholen ist ja doch nur lästig, wenn die Daten ohnehin hinterlegt sind… Die Produktion von personenbezogenen Bewegungsbildern, früher von Datenschützern häufig noch scharf kritisiert, ist fast schon normal und wird immer mehr akzeptiert.

Fazit: Demokratie und Freiheit, früher in westlichen Staaten eher selbstverständlich, unterliegen inzwischen einem ›Stresstest‹. Wenn angesichts der vermeintlich ›alternativlosen Notwendigkeiten‹ unsere Grundwerte auf dem Prüfstand stehen, sollten wir Bürger einem solchen Ansinnen selbstbewusst entgegentreten. Eine frühere Utopie darf nicht zur neuen dystopischen Realität werden.

2. Unser großer Bruder steuert uns

»Der große Universalgelehrte europäischer Tradition, Nobelpreisträger für Wirtschaftswissenschaften von 1974, hat in seinem Lebenswerk (›Die Verfassung der Freiheit‹, Anm. d. Verf.*), das auf einer tiefen Kenntnis vieler Disziplinen (Ökonomie, Rechtswissenschaft, Geschichte, Biologie und Psychologie) beruht, mit Beharrlichkeit den Gedanken verfolgt, daß allein individuelle Freiheit die Bewahrung und Fortentwicklung der Zivilisation sicherstellen kann. Er hat darin mehr als einen Stein des Anstoßes für den Zeitgeist niedergelegt.«*

Wilhelm Seuß[12]

Professor Dr. Wilhelm Seuß hat mit dieser Feststellung den inhaltlichen Kern von Friedrich August von Hayeks zeitlosem und lesenswerten Buch *Die Verfassung der Freiheit* treffend beschrieben. Die Bewahrung der individuellen Freiheit scheint heute wichtiger denn je, denn ›Big Brother‹ ist inzwischen mitten unter uns. Das neue ›Über-Ich‹ lenkt uns zunehmend. Er steuert unser von geschickt agierenden Opinion-Leadern neu gestaltetes ›Über ich‹[13], und wir merken es zunehmend nicht mehr. Wir werden fremdgeleitet, die fünf Sinne werden kaum mehr genutzt. Das neue digitale Ausbeutungs- und Überwachungssystem verkauft sich uns übermoralisch als höhere Instanz des Wissens. Das Marketing ist aus Verkäufersicht hervorragend, und es kaschiert die Schwächen: Die *Anmaßung des Wissens* (Friedrich August von Hayek) wird schön verpackt, der *Informationskapitalismus* (Yvonne Hofstätter) ist vermeintlich ›smart‹ und nützlich[14]. Das neue Umerziehungssystem ist nicht mehr aufdringlich und paternalistisch fürsorglich, sondern bietet sich zunächst als freundlicher Mitspieler an. Es offeriert uns neue Chancen. Wir machen daher gerne mit. Der neue Partner erscheint unverdächtig und fair. Nach einiger

Zeit fällt uns nur immer häufiger auf, dass er einen zunehmend größeren Anteil unserer – wertvollen – Zeit absorbiert. Wir geben dem professionellen und überlegenen Mitspieler, der in Wahrheit unser Gegner ist, die Chance, immer mehr über uns zu erfahren, als uns bei schärferem Nachdenken wohl lieb wäre.

So setzt Facebook bislang bei der Prüfung von so genannten ›Fake News‹ noch auf menschliche Urteile. Das soll sich künftig ändern. Denn Mark Zuckerberg ist von Verfahren der Künstlichen Intelligenz überzeugt. Er glaubt, dass »innerhalb der nächsten fünf bis zehn Jahre Computer dem Menschen in Bereichen wie dem Sehen und Hören oder der Sprache überlegen wären«.[15]

Vermutlich ist Ihnen der Begriff ›*Transhumanismus*‹ wenig oder überhaupt nicht geläufig, und somit können Sie sich unter diesem etwas sperrigen Begriff auch nichts vorstellen. Befassen sich nur harmlose, technologiegläubige Spinner damit oder doch eher ernst zu nehmende Vordenker in den Thinktanks dieser Welt? Welche Folgen hätte es, wenn die transhumanistische Bewegung gesellschaftliche Veränderungsprozesse in ihrem Sinne auslöst? Diese Fragestellungen und die umstrittenen Fortschritte durch ›Künstliche Intelligenz‹ werden wir später noch aufgreifen. Die größere Effizienzsteigerung des Menschen durch den Einsatz ›künstlicher Intelligenz‹ ist die, wenn auch fragwürdige, positive Seite. Die Manipulationsmöglichkeiten durch die Nutzung von ›Big Data‹[16] ist dagegen die negative. Weniger informierte Kunden unter uns müssen dann für das gleiche Produkt mehr zahlen als andere.

Besonders »fortschrittlich« läuft die Datenselektion bereits heute bei Flugbuchungen. Hier wird Knappheit in Abhängigkeit von unserem sozialen Status signalisiert, der anhand unserer Bewegungsprofile ermittelt wird. Bei Ihrer Suche erscheint der Hinweis ›Nur noch zwei Plätze verfügbar‹. Das mag stimmen, aber nur genau zu den genannten Konditionen. Jemand anderes bekommt den Flug eventuell günstiger, wenn er – nach seinen Bewegungsdaten – nicht so scharf darauf aus ist wie Sie, einen Platz zu ergattern oder über weniger Finanzmittel verfügt. Auch ein nach dem Nutzerprofil weniger markenaffiner Typus zahlt weniger als Sie. Der Algorithmus wird kontinuierlich weiterentwickelt. Selbstlernende Mechanismen mit künstlicher Intelligenz werden uns Menschen irgendwann unsere Grenzen mehr denn je aufzeigen. Die Maschinen übernehmen uns dann, wenn wir es zulassen.

Die Angebote der Digitalisierer sind nicht mehr weit davon entfernt. Wie sonst nur unter dem Regime von Diktatoren denkbar, hier aber auffällig und nachvollziehbar überwachend, wie auch in George Orwells *1984*, sind neue bevormundende soziale Umerziehungsapps in liberalen Demokratiegesellschaften denkbar. Solche Apps steuern uns subtil, unauffällig und tarnen sich als Lebenshilfe. Diese Art von ›Über-Ich‹-Apps, die sämtliche Daten von uns kennen und uns manipulieren können, werden im Roman *Zero* von Marc Elsberg eindrücklich beschrieben. Die Internetplattformen Freemee und ActApps, die die Nutzer steuern, haben dort fatale Folgen: »Der freie Wille wird zur Illusion! Deine Algorithmen sind die neuen Zehn Gebote! Bloß, dass niemand davon weiß!«[17]

Marc Felix Serrao, ehemaliger Wirtschaftsredakteur bei der FAS, nennt ein mögliches Programm zur Steuerung sozialer Beziehungen »Betterlove« und warnt zutreffend: »Der Algorithmus war ein Instrument. Nun wird er zur Autorität, die immer nur mein Bestes will«.[18]

Technisch und kommerziell ist viel möglich. Es ist auch nicht auszuschließen, dass Apps, die uns ständig Vorschläge machen, wie wir uns in bestimmen Situationen stressfrei verhalten sollen – bei Heranziehung auch der Sprach- und sonstiger Daten von Partnern, Freunden und Bekannten –, auf große Zustimmung stoßen. Das wäre eine komplette Unterwerfung vor den uns steuernden Algorithmen, die paternalistisch bestimmt werden könnten.[19] Hier müssen Grenzen gezogen werden, sonst verkommt Datenschutz zu einer Farce. In den westlichen Staaten bestand bislang die Hoffnung, dass der Staat zumindest die Privatsphäre von uns Bürgern schützt. Inzwischen ist das Vertrauen deutlich erschüttert, dafür muss nicht nur das Kürzel

›NSA‹[20] herhalten. Auch unsere Kanzlerin Merkel gehört zu den »hartnäckigsten Kritikern des Datenschutzes«[21].

China gehört zu den Staaten, die besonders rigide ein eigenes geschlossenes digitales System entwickeln. Westliche Internetanbieter wie Google werden dort gesperrt, dafür gibt es eigene chinesische Giganten, die den Riesenmarkt bearbeiten. So ist beispielweise Baidu das Pendant zu Google[22], Alibaba der chinesische Gegenpart von Amazon beziehungsweise Ebay und Tencent[23] das Gegenstück zu Facebook.

Trotz der Abschottungsmaßnahmen bleibt die Verbindung der Bürger in ›Rotchina‹[24] zu anderen Staaten durch den Aufbau virtueller privater Netzwerke (VPN) möglich. Das wird offensichtlich bislang von der kommunistischen Führung des Landes toleriert. Grundsätzlich werden die Internetaktivitäten laufend überwacht und könnten je nach Gefahrensituation eingeschränkt werden. Der ›Citizen Score‹ ist das nächste ehrgeizige Projekt der chinesischen Regierung, das bis zum Jahr 2020 realisiert und für alle chinesischen Bürger verpflichtend sein soll. Es handelt sich dabei um ein Bewertungssystem, das das Verhalten der Bürger dokumentiert. Es soll von den beiden chinesischen Digitalkonzernen Alibaba und Tencent verwaltet werden.

Das Kaufverhalten wird von Alibaba, die sozialen Aktivitäten der Nutzer von Tencent »gemessen«. Bereits heute zeichnen beide Unternehmen die entsprechenden Daten auf. Es fehlt nur noch der Verbund. Der Zusammenschluss der Daten zu einem Big-Data-System ist der nächste große Schritt. Dann ist eine Überwachung möglich, die selbst ›Big Brother‹ in George Orwells Roman *1984* übertrifft. Die überwachten, eingeschüchterten Bürger »lechzen« nach Regierungslob, denn nur das verschafft ihnen eine Besserstellung.[25] Die Algorithmen könnten dann auch ›Zuverlässigkeit‹ ermitteln, nicht nur die ›Kreditwürdigkeit‹ und ›Ehrlichkeit‹. Über die sozialen Netzwerke können die Freunde gefunden werden sowie die Art, wie miteinander kommuniziert wird, festgehalten werden.[26]

Diktatur wird so wieder ein Stück billiger[27] und Bestandteil eines Scoring-Systems. Mao wäre bestimmt über ein System hocherfreut gewesen, das lückenlose Informationen per Knopfdruck ermöglicht. Der chinesische Netzwerkausrüster und Smartphone-Hersteller Huawei ist beispielsweise in der Lage, anhand einer Karte zu analysieren, wer zum Beispiel in einem Stadtteil von Shanghai wie viel verdient und ob er Interesse an US-Filmen zeigt[28]. Mit einer derartigen Überwachungssoftware kann man uns auch vorsorglich abschrecken. Dann gilt der Grundsatz »Big brother is watching you«. Solche Machthaber misstrauen den Bürgern – auch in westlichen Staaten, in denen viele bereits mit dem Führungsmodell der ›totalitären Demokratie‹ sympathisieren. Haben die Regierenden vielleicht Angst vor der eigenen Bevölkerung? Immer häufiger wird die Unschuldsvermutung beiseite geschoben. Dieses grundlegende Prinzip eines rechtsstaatlichen Strafverfahrens gilt nicht nur bei dem eng begrenzten Kreis von sogenannten ›Gefährdern‹ nicht mehr.

Jeder wird zunehmend verdächtig, nicht nur in China. Auch uns könnte bei einer Einreise in die USA schon bald anhand der Kenntnis von bestimmten Suchbegriffen (›Selektoren‹) in sozialen Netzwerken die Einreise verweigert werden, wenn die digitale Überprüfung ergeben hat, dass wir vermeintlich Gefährder sind.[29] Immer mehr Gesetze mit dem Ziel einer lückenlosen Kontrolle werden geschaffen. In einem solchen Umfeld werden auch vorauseilende Selbstzensur und Denunziation verstärkt.[30] Wir sind vor dem Hintergrund der Berichte über Terroranschläge verunsichert und bereit, Sicherheitsmaßnahmen, die zu Lasten unserer Freiheit gehen, leichtfertiger als sonst zu akzeptieren.[31] Die staatliche »Lizenz zum Hacken«[32] mit dem Einsatz von Staatstrojanern ist auch ein fragwürdiger Angriff auf unsere Privatsphäre, mit der vermeintlichen größeren Sicherheit wird sicher unsere Freiheit ausgehebelt. Dann nimmt das Verhängnis seinen Lauf, bereits Gustave Le Bon warnte vor einengenden Gesetzen und Beschränkungen, die für die Opfer zu drückenden Fesseln werden und sie entsprechend deformieren: »... und büßen zuletzt alle Ursprünglichkeit und Kraft ein. Sie sind nur noch wesenlose Schatten, Automaten, willenlos, ohne Widerstand und Kraft.«[33]

Es bleibt nur zu hoffen, dass es soweit nicht kommt. Zugangssteuerungen zum Beispiel über Fingerabdrücke, Iris-Scan und andere Verfahren laufender Authentifizierungen sind zweischneidig.[34] Nichts ist vor Hackern sicher und damit das analoge System nicht chaotisch oder böse, sondern freiheitlich und auch ohne Strom funktionsfähig.[35]

Wir Bürger tragen, wenn auch meist unbewusst, mit unserer Datenweitergabe selbst zur Einschränkung unserer Freiheit und einer zunehmenden Überwachung bei. Besonders problematisch ist die Verlinkung unserer persönlichen Geschäfts- und Banktransaktionsdaten mit staatlicher Kontrolle. Es bleibt zu hoffen, dass Regierungen – wie angeblich die chinesische – darauf verzichten, unser mehr oder minder staatsloyales Verhalten mit einem Kreditrating zu verbinden.[36] Das verstärkt digital gesteuerte Geldsystem wäre dann vor allem für der Staatsführung besonders verbundene ›gute oder zuverlässige Leute‹ offen, die natürlich auch vorrangig mit Personen verkehren, denen man im System vertrauen kann. Damit würden eindeutige Einstufungsmöglichkeiten geschaffen: Wer als illoyal angesehen ist, bekommt ein niedrigeres Scoring oder fliegt ganz raus.[37] Wie gesagt, zu hoffen ist, dass es soweit nicht kommt, denn Gustave Le Bon urteilt auch[38]:

»So wird der Staat zu einem allmächtigen Gott. Die Erfahrung lehrt aber, daß die Macht solcher Gottheiten weder von Dauer noch sehr stark war.«

Fazit: Es bedarf keines implantierten Chips, um die eigene Freiheit wegzuwerfen. Denn angesichts der großen Begeisterung für die neuen Techniken, die das Surfen im Netz und vor allem mit Smartphones zu fast schon einem ›kollektiven Wahn‹ machen, ist kein Zwang notwendig. Unsere schleichende Aufgabe unserer Autonomie ist vermutlich völlig ausreichend, um uns zu digital gesteuerten Produkten – und damit der Geschäftsmodelle anderer – werden zu lassen. Wir würden hier von ›digitaler Knechtschaft‹ sprechen.

3. Auf dem Weg zum normierten Digitalzombie?

»›Wer nichts zu verbergen hat, braucht nichts zu befürchten.‹ Ich aber fürchte mich. Denn diesmal sind die Mittel von todsicherer Effizienz.«

Antje Ravic Strubel[39]

Wenn die Bürger bei lückenloser Überwachung zu Mitläufern werden, wie Antje Ravic Strubel in ihrem Beitrag zu Recht befürchtet, werden wir uns mehr denn je anpassen und normieren lassen. Das ist in totalitären Systemen so üblich, dazu benötigt man noch nicht einmal einen zeitintensiven Geschichtsunterricht. Auch wenn es sozialistisch geprägte Weltveränderer nicht immer gerne hören: Menschen sind unterschiedlich. Auch der Entzug von der Familie oder von kulturellen Bindungen schafft keine gleichen Menschen. Sie sind individuell unverwechselbar, insbesondere Mann und Frau sind – trotz gegenteiliger Behauptungen – ungleich[40], und lassen sich nicht in die Vorgaben von Ideologen pressen. Trotz vieler gescheiterter Versuche in der Vergangenheit wird es immer wieder versucht.

Macht zu haben ist eben für viele Berufspolitiker und Manager anziehender, als die Spielregeln einer freiheitlich parlamentarischen, bürgernahen Demokratie zu beachten. Letztere ist lästig und für Politiker mit vielen öffentlichen Debatten verbunden und machtbegrenzend. Also müssen die Regeln den neuen Erfordernissen angepasst werden… Die Nutzung auch unserer privatesten Daten hilft dabei.

Das Abweichen von der Norm wird erklärungsbedürftig, wenn es darum geht, nicht aufzufallen. Markus Hengstschläger hat in seinem lesenswerten Buch *Die Durchschnittsfalle* auf die Gefahren eindrücklich hingewiesen. So ist zum Beispiel die Bildungspolitik eindeutig auf Nivellierung ausgerichtet, wobei besondere Begabungen keinen Platz finden.[41] Nach Hengstschläger ist Individualität »das höchste Gut, wenn es darum geht, sich auf die Zukunft vorzubereiten«.[42] Stattdessen stehen bei uns vor allem Durchschnittlichkeit und Berechenbarkeit im Fokus. Der ›neue Mensch‹, diese klassische sozialistische Utopie, scheint im Zuge der Digitalisierung wieder an Bedeutung zu gewinnen. Nicht die Vervollkommnung und Verbesserung unserer individuellen Fähigkeiten, sondern die Verwertbarkeit des Kollektivs steht dann im Vordergrund.

Für die Politiker sind Sie ideal als möglichst unkritische Unterstützer. Der etwas altmodische Begriff ›vorauseilender Gehorsam‹ beschreibt den steigenden Anpassungsdruck ganz gut. Der von Sozialisten verschiedener Couleur benutzte Begriff ›Humankapital‹ zeigt die Verachtung individueller Betrachtung und damit auch der Fähigkeiten und Bedürfnisse des Einzelnen. Auch Manager sind nicht selten Anhänger solcher kollektivistischen Vorstellungen. Denken tun ganz andere als wir. Eine solche Haltung fragwürdiger und selbsternannter Eliten – einer neuen Nomenklatura wie in den früheren sozialistischen Staaten des Ostblocks – normiert uns und ermöglicht so unkritische Digitalzombies. Gedrillt in Anpassung und Unterwerfung, sind wir als neue Befehlsempfänger dann auch nicht mehr ausreichend in der Lage, selbstverantwortlich zu handeln.[43]

Nicht anders sein, nicht auffallen wird dann zur Richtschnur in einer uniformen, im Gleichschritt marschierenden Gesellschaft. In Nordkorea ist dies bereits recht gut verwirklicht. Der soldatisch wirkende Mensch – auch Frauen tragen dort häufig Uniform – mit möglichst gleichförmigem Gesichtsausdruck prägt die Leitkultur. Nur ein Führer darf spontan lachen und erst dann – nach einem prüfenden Blick in Richtung der obersten Autorität – dürfen es auch alle anderen. Die ›Selbstvergewisserung‹ des Einzelnen und des Kollektivs, und damit auch Denunziation im Falle nicht regierungskonformen Verhaltens, gehören dann auch zum ›new normal‹ von Digitalzombies, deren Internetverhalten laufend ›getrackt‹ wird.

Normalität kann aber auch in Fragen der Gesundheit künftig eine große Rolle spielen. Im Roman *Corpus Delicti* von Juli Zeh werden die Gefahren einer Gesundheitsdiktatur beschrieben. Letztlich geht es um die Deutungshoheit bei der Frage, was normal oder erwünscht ist: »Die METHODE gründet sich auf die Gesundheit ihrer Bürger und betrachtet Gesundheit als Normalität. [...] Man kann den Menschen am Gegebenen messen und zu dem Ergebnis kommen, er sei normal, gesund und folglich gut.«[44] Wenn wir in einem solchen System leben, werden wir zwangsläufig permanent an der so gedeuteten Normalität gemessen, in einer solchen Welt entstehen dann Zerrbilder über die Realität : »Sie führt ein normales Leben. Wie die meisten normalen Menschen glaubt sie an nichts – außer an das, was in den Zeitungen steht. Ich habe kein Recht, ihre Welt zu zerstören ... «.[45]

Neben der politischen Gleichmacherei, vor allem in sozialistischen Regimen, sind auch kommerzielle Treiber von Bedeutung. Die Wirtschaft profitiert ebenfalls davon, wenn wir uns normiert verhalten. Wir sind als unkritische Digitalzombies, die sich berechenbar verhalten, ein besonders lukratives Geschäftsmodell. Unser abweichendes, individuelles Verhalten zu erfassen, bedarf einer aufwendigeren Datenauswertung – dies erhöht den Kostenaufward, da sie nicht so leicht in die Standardgeschäftsmodelle integriert werden sollen. Aber auch wenn wir noch immer anders sind, die digitalen Konzerne sind dank Big Data dennoch in der Lage, uns abzuzocken.[46]

Fazit: Lassen Sie sich ihre Identität und Unverwechselbarkeit nicht rauben. Anderssein ist kein Makel!

4. Wem gehören die Daten?

»Hier wird ein öffentliches Interesse eingeführt, das sich in Motivation und Auslegungsmöglichkeit mit etwas deckt, das wir bisher nur in China gesehen haben.«

Sarah Spiekermann[47]

Auf die Frage, wem die Daten gehören, würden viele von uns auf Anhieb klar antworten: Mir/uns selbst! Andere müssten sie uns daher vorher wegnehmen, wenn sie sie verwenden. Dann müsste man gegebenenfalls über einen Preis verhandeln oder die Weitergabe persönlichster Daten auch ablehnen können. Das wäre meines Erachtens der selbstverständliche und sinnvollste Weg. De facto läuft es, wie wir inzwischen wissen, anders. Vergessen – und heute kaum mehr nachvollziehbar – sind die Zeiten, als Volkszählungen, wie in den 80er-Jahren, boykottiert wurden.[48] Damals, vor rund 30 Jahren, waren die heutigen datentechnischen Erfassungs- und Auswertungsmöglichkeiten für die meisten wohl unvorstellbar.

Heute ist die Situation ganz anders: Die Verlockungen der Anbieter zigfacher Apps mit einzigartigen Anwendungsmöglichkeiten haben Wirkung gezeigt. Wir liefern uns für kleine Bequemlichkeitsvorteile aus. Bestenfalls noch mit einem Klick geben wir die Kontrolle über die Daten ab – und damit auch ein Stück weit über uns selbst. Zu einer Zeit, in der die Masse der Bevölkerung sorglos mit ihren eigenen Daten umgeht, beziehungsweise sich somit leicht manipulieren lässt, verläuft die Diskussion schon ganz anders. Es zeigt sich nämlich, dass dadurch plötzlich sogar Begehrlichkeiten kommerzieller Anbieter und staatlicher Kontrolleure untereinander wetteifern. Das Recht soll sich den Veränderungen durch die digitale Welt anpassen. Da muss man hellhörig werden.

So glaubt der ehemalige Wirtschaftsminister Sigmar Gabriel »dass wir uns endgültig verabschieden müssen von dem klassischen Begriff des Datenschutzes, weil der natürlich nichts anderes ist als ein Minimierungsgebot von Daten«.[49] Damit wären wir Bürger immer mehr »draußen«. Wir würden kollektiv zu einem Geschäftsmodell, das unsere Bedürfnisse steuert und das ertragsoptimierend gestaltet wird. Weil dies so lukrativ ist, würde die Nutzung unserer Daten durch Dritte bei einer rechtlichen Neuregelung absehbar eher zum Normalfall. Die Verhandlungsposition von uns Bürgern wird durch eine solche Haltung von Politikern nicht verbessert, sondern geschwächt. Da stellt sich die Frage, für wen die Politiker eigentlich da sind? Für die vorrangige Wahrung wirtschaftlicher Interessen einer datensammelnden Industrie oder für uns Bürger? Oder wollen sie selbst an die Daten von uns heran, da uns das ›Establishment‹ nicht mehr so recht traut? Nach den vielen Beispielen politischen Versagens, zum Beispiel in der Eurokrise, wäre das nicht besonders erstaunlich.

Hier entsteht für Juristen ein sehr weites, neues Feld. Daniel Zimmer weist in seinem FAZ-Beitrag »Fragwürdiges Eigentum an Daten« darauf hin, dass es um gewaltige Interessen geht. Er sieht die »vielen betrachteten Daten wegen ihrer wirtschaftlichen Einsatzmöglichkeiten in Industrie, Handel und bei Dienstleistungen als den wichtigsten Rohstoff des 21. Jahrhunderts« an[50]. Er stellt fest, dass »mit der Festschreibung eines von manchem Unternehmen geforderten ›Dateneigentums‹ neue Wettbewerbshindernisse geschaffen« werden könnten. Diese Sicht ist unter dem Aspekt des Schutzes unserer Daten ein Kniefall vor der Realität, allenfalls ein pragmatischer Kompromiss, da die Daten ohnehin da sind und wir viel zu wenig sensibel damit umgehen. Für eine unternehmenübergreifende Öffnung spricht allenfalls, dass dies »besser« ist als die manipulative Nutzung der Daten zu Lasten von uns Kunden durch monopolistische Anbieter. Denn Wettbewerb kann hier nur heißen, zu unserem Nutzen innovative Lösungen anzubieten. Ohne Kundenakzeptanz wäre irgendwann jede vermeintliche ›Datenkrake‹ machtlos, wenn

Regulierungen nicht ihre Macht schützen würden. Nur regierungs-/regulierungsgestützt können sie eine dauerhafte Knechtschaft zu Lasten ihrer dann immer weniger autonomen User errichten.

Die Monopolisierung unserer persönlichen Bewegungsdaten darf einen Wettbewerb in Form einer kreativen Zerstörung – im Sinne von Schumpeter – nicht verhindern. Persönlicher Datenschutz, das ist leider immer mehr zu erwarten, wird sonst zu einer ›Restgröße‹ der Frage der Wettbewerbssicherung und damit der Machtbegrenzung großer Konzerne. Denn diese global agierenden Unternehmen streben, ökonomisch nachvollziehbar, alle eine weltweite Vormachtstellung an durch die Kenntnis und kommerzielle Nutzung ihrer immensen Datenbestände. Wettbewerb ist dann ein sinnvoller Schutzmechanismus.[51] Wenn sie de facto als Kartell operieren, wäre die Lage wirklich bedrohlich. Vor allem, wenn diese Verbünde imperial für ›Corporate USA/New York Inc.‹[52] stünden – ähnlich wie das bei chinesischen Digitalkonzernen vielfach unterstellt wird. Die ehemalige Deutschland AG ist dagegen Geschichte. Die DAX-Unternehmen sind international ausgerichtet und inzwischen überwiegend im Besitz ausländischer Eigner.

Für die inländische, mittelständische Industrie stellt der Digitalisierungstrend eine große Herausforderung dar, denn bei kontinuierlicher Überwachung ihrer Daten durch – auch ausländische – Geheimdienste, ist ihre führende Position auf den Märkten permanent gefährdet. Sie haben meist auch nicht die Mittel, ihre berechtigten Forderungen durchzusetzen. Für den Mittelstand ist daher wichtig, dass sich Regierungsvertreter nicht erpressen lassen. ›Industrie 4.0‹ beziehungsweise das ›Internet der Dinge‹ dürfen nicht allein den großen Konzernen überlassen werden, die mithilfe von Lobbyisten und international tätigen Anwaltskanzleien wettbewerbswidrige Regulierungen formulieren, die vor allem ihnen nutzen.

Einen weiteren Dammbruch könnte eine Neuregelung der EU-Kommission auslösen. So soll die Weitergabe persönlicher Daten als Bezahlmodell für entsprechende Dienstleistungen nach einem Richtlinienentwurf verankert werden. Damit würde den geschäftlichen Interessen vor allem der großen US-Digitalkonzerne gedient. Selbst wenn sie zusichern, die Anonymität der Daten zu gewährleisten, bleiben Fragen offen. Lässt sich durch einen Datenabgleich die Anonymität nicht aushebeln beziehungsweise – wenn Daten mit Sachen gleichgestellt würden, um sie zum Eigentum zu machen, wie Alexander Dobrindt fordert – eine Enteignung der Daten juristisch ahnden?[53]

Sind unsere Daten inzwischen ein universelles Gut, das sich nach Belieben anzapfen lässt? Im technischen Sinne schon, wie die vielen Cyberattacken zeigen. Unsere Daten sind nicht sicher und wenn wir uns schützen wollen, dürfen wir eben keine produzieren. Sicher ist es, nicht im Netz zu sein. Mit der Weiterentwicklung zu einem Datenwirtschaftsrecht und der zunehmenden Monetarisierung ist die beste Zeit für die Nutzer vorbei, in kommerzieller und vermutlich auch in datenschutzrechtlicher Hinsicht. So nutzt die überwiegende Zahl der Smartphonebesitzer »bequem« US-Online-Dienste. Zu beachten ist weiterhin: Datenschutzrecht ist kein Wirtschaftsordnungsrecht. Es muss ein vor der Neugier der Digitalkonzerne und staatlicher Stellen schützendes Grundrecht für die Bürger bleiben.[54] Die vermeintlich uns nur helfenden Roboter könnten in erster Linie zu Datenspionen mutieren.[55]

Die bestehende Rechtsordnung erscheint zunehmend ohnmächtig. Was technisch machbar ist, wird, auch illegal und anonym, durchgeführt. Der Krieg um die Daten, wenn man so will, ist schon längst im Gange. Ohne einen wirksamen Datenschutz werden Ihre Bewegungsprofile zu einem ›kommerziellen Gut‹, über das jegliche Interessenten legal verfügen können.

Fazit: Die Daten gehören Ihnen. Wenn Ihre Daten zur kommerziellen Ware werden, bestimmen andere – Digitalkonzerne und staatliche Stellen. Geben Sie keinen Freibrief für ihre wirtschaftliche Übervorteilung oder politische Überwachung. Das wäre der Anfang vom Ende von Demokratie und Freiheit.

5. Spaltung und Zerstörung der Gesellschaft

»Will man einer digitalen Spaltung unserer Gesellschaft entgegenwirken, müssen die Menschen mehr als bisher beim Kompetenzerwerb unterstützt und zu digitaler Selbstbestimmung befähigt werden.«

Prof. Dr. Jürgen Brautmeier[56]

Grundsätzlich kann unser Arbeitsleben durch die Digitalisierung humaner gestaltet werden. So können wir primitive Verwaltungsroutinen mithilfe von Computern, die künstliche Intelligenz nutzen, effizient erledigen. Wir werden damit frei für höherwertige Tätigkeiten. Das wäre die positive Seite. Es stellt sich dann jedoch die Frage, ob für diese höherwertigen Tätigkeiten künftig noch ausreichend Bedarf besteht.

Es ist auch eine Frage kultureller Akzeptanz. So gehen die Japaner beispielweise mit der Vision einer ›Society 5.0‹ noch einen Schritt weiter als beim deutschen Pendant ›Industrie 4.0‹.[57] Society 5.0 soll eine Transformation von der ›Informationsgesellschaft‹ in die ›Super Smart Society‹ ermöglichen.[58] Eine solche hochintelligente Gesellschaft bindet selbstverständlich intelligente Maschinen weitestmöglich ein.

Nicht nur die Wirtschaft, die gesamte Gesellschaft, die weniger Berührungsängste vor menschlich wirkenden Computern hat als anderswo, wird damit in Japan erfasst. So setzt man dort bereits Dienstleistungsroboter in Bankfilialen[59] ein und prüft verstärkt den Einsatz in Pflegeheimen. Wenn es allgemein sozial akzeptiert wird, bestünde kein weiterer Diskussionsbedarf. Aus heutiger Sicht gibt es sicher noch gesellschaftliche Bedenken, wenn zeitintensive menschliche

Zuwendungen zu einem Luxus für wenige werden, die sich das noch erlauben können.

Durch die Digitalisierung könnten – und das ist die negative Seite – tiefgreifend gespaltene Gesellschaften entstehen. Wir stehen vermutlich erst am Anfang der Entwicklung. Nach Forschungsergebnissen der Initiative D21 e.V.[60] ist die Kompetenz von uns, mit den digitalen Medien umzugehen, verbesserungswürdig. Die Gesellschaft scheint danach mit der Komplexität der Digitalisierung zunehmend schlechter zurechtzukommen, sodass gefordert wird: »Digitalkompetenzen – als eine zentrale Kulturtechnik im 21. Jahrhundert – muss über alle Ebenen in der Bevölkerung gefördert werden, um sich selbstbestimmt und verantwortungsvoll in der digitalisierten Welt bewegen zu können«[61]. Damit steht das Ergebnis auch im Einklang mit der Einschätzung von Facebook-Geschäftsführerin Sheryl Sandberg. Sie ist der Ansicht, dass wir »eine digitale Alphabetisierung« brauchen, »um Technologie nutzen zu können«, wir bräuchten »eine Medienschulung, damit wir informiert bleiben können«.[62]

Hinzu kommt, dass mehr Grundwissen notwendig ist, wie auch der Digitalisierungskritiker Manfred Spitzer fordert. Er weist darauf hin, dass eine gehörige Portion Vorwissen notwendig ist, um das Internet sinnvoll zu nutzen. Je mehr, desto besser: »Wer nichts weiß, kann überhaupt nicht googeln, weil er keine Fragen hat; und wer nur ein bisschen weiß, kann kaum googeln, weil er keine Zusammenhänge kennt«[63]. Ohne gute allgemeine Kenntnisse fällt sogar die Eingabe der passenden Suchbegriffe schwer, ganz abgesehen von der Kompetenz, sich den Manipulationsversuchen der Anbieter im Internet entgegenzustemmen. Wer das nicht beherrscht, wird nach und nach immer mehr entmündigt und fremdgesteuert. Zunächst merkt er es nicht, aber irgendwann ist er am Haken der erfolgreichen Geschäftsmodelle, die ihm seine Autonomie zunehmend rauben. In Manfred Spitzers *Digitaler Demenz* sind die unfähigen User zum unweigerlichen Abstieg verurteilt: »Ein Teufelskreis aus Kontrollverlust, fortschreitendem geistigem und körperlichem Verfall, sozialem

Abstieg, Vereinsamung, Stress und Depression setzt ein; er schränkt die Lebensqualität ein und führt zu einem um einige Jahre früheren Tod ... Wir klicken uns das Gehirn weg«.[64] Den ausgefeilten Methoden der kommerziellen Datensammler werden Ungebildete eher erliegen, ihr gesellschaftlicher Abstieg wird dadurch beschleunigt. Der größeren Menge der Absteiger – den Uniformierten – steht eine kleinere Zahl der Informierten gegenüber. Diese können sich selbst immunisieren oder aus den ausbeuterischen digitalen Geschäftsmodellen sogar einen Nutzen ziehen. Mögliche Gewinner und Verlierer der Digitalisierung werden in der folgenden Übersicht aufgeführt:

Gewinner	Verlierer
Ideologisch motivierte Umgestalter nach dem Motto ›Der Zweck heiligt die Mittel‹ (Gesinnungsethiker nach Max Weber)	Entscheidungsträger, die ›law and order‹-orientiert sind und sich an den Folgen ihres Handelns orientieren (Verantwortungsethiker nach Max Weber)
Politiker, die auf zentralistisch-planwirtschaftliche Lösungen und den Überwachungsstaat setzen. Die neuen sozialistischen Volksbeglückungsträume gehen mit einer Umerziehung einher (Soziale Kreditpunkte bei Wohlverhalten der Bürger).	Bürgernahe Politiker, die die Demokratie und Freiheitsspielräume sichern wollen. Die Opportunitätskosten für die Erhaltung der Demokratie steigen, da die Digitalisierung preisgünstige Lösungen für die Durchsetzung einer Diktatur schafft (ein personalaufwendiger und damit teurer Spitzelapparat ist nicht mehr nötig).
Umverteilende Geld- und Finanzpolitiker begünstigen mit ihrer Niedrig- und gegebenenfalls Negativzinspolitik große Schuldner wie beispielsweise die meisten Staaten.	Regelgebundene Geldpolitik ohne Umverteilungsaspekte wird erschwert, das eigentumssichernde Bargeld wird beiseitegeschoben, Sparer werden schleichend enteignet.

Anbieter der Sharing-Economy, die alle Lebensbereiche ökonomisiert; Beispiel: Auto-»Vermieter« Uber.	Solidarisches Handeln untereinander, Nachbarschaftshilfe, freiwillige Hilfeleistung aus christlichen Motiven. Bei einer weitgehenden Bargeldabschaffung ist als gegenläufiger Trend eine deutliche Ausweitung des Tauschhandels denkbar.
Manager, Entwickler und Gestalter disruptiver Veränderungen vor allem in den Digitalkonzernen. Es profitieren auch die Aktionäre dieser Unternehmen.	Arbeitnehmer und gesamte Mittelschicht – sowie der einfache Steuerzahler.
Anbieter von digitalen Medien mit der Folge einer zunehmend oberflächlichen, schnellen Informationsfolge.	Anbieter von analogen Medien mit der Folge, dass Qualitätsjournalismus zunehmend gefährdet ist .
Gut Informierte und Kreative, die die Geschäftsmodelle der Digitalkonzerne verstanden haben und als »Partner« davon profitieren.	Weniger gut Informierte, schlecht ausgebildete Nutzer des Internet, die allzu freiwillig ihre Daten weitergeben und sich gängeln lassen.
Dissidenten/Andersdenkende können das Internet – vor allem in Diktaturen, in denen die Zensur zu vordergründig angepasstem Verhalten zwingt – als ein Freiheitsmedium nutzen. Dort ist nicht zuletzt aus politischen Gründen das ›Darknet‹ verbreitet.	Für die Masse der Bevölkerung besteht in einer Demokratie eher die Gefahr der Gleichgültigkeit und des Rückzugs durch umfangreiche Nutzung sozialer Medien, die die eigene Meinung bestätigen oder verstärken. Dieser ›,Echoeffekt‹ führt zur Vereinzelung und letztlich zur Spaltung der gesellschaftlichen Lager durch zunehmende Nichtkommunikation.

Mögliche Gewinner und Verlierer in der Gesellschaft durch die Digitalisierung

Durch die Digitalisierung wird die Kommunikation zwischen den gesellschaftlichen Gruppen nicht gefördert. Es ist sogar das Gegenteil der Fall: Durch die permanente Nutzung von sozialen Netzwerken erfolgt eine Abschottung, die unsere eigene Meinung bestätigt, einen Meinungsaustauch verhindert und Vorurteile verstärkt.

Nach Richard Edelman nimmt das Misstrauen der Bevölkerung durch das hohe Innovationstempo zu. Die Automatisierung wird von schlecht ausgebildeten Arbeitskräften sogar als Bedrohung empfunden. Er stellt fest, dass die Technologie »die Schaffung von Echokammern ermöglicht« hätte, sodass eine Person zwar Ansichten verstärken, aber nicht debattieren kann.[65] So verstärken Gleichgesinnte unter uns ihre Meinungen und nach Paul Kirchhof wird somit das »Ideal der Meinungsfreiheit in Kammern eingesperrt. Die Filter-Bubble polarisiert«[66]. Selbst Wissenschaftler, die im Netz nach Neuem suchen, begnügen sich im Allgemeinen mit den im PC angebotenen Informationen und erhalten somit nicht »die noch wenig zitierte Dissertation oder den Querdenkertext«[67]. Trotz dieser Kritik sind die Vorzüge des PC und der Internetrecherche weitgehend unbestritten. Es geht schneller und bequemer denn je, wenn auch konformer innerhalb der Usergruppe.

Besonders problematisch ist die gesellschaftliche Desintegration. So wird mit weiteren technischen Durchbrüchen, wie dem Einsatz von Robotern, der Nutzung künstlicher Intelligenz und dem Internet der Dinge, auch ein »Keil in die Gesellschaften« getrieben.[68] Die, die wirklich oder vermeintlich nicht mithalten können, fühlen sich ausgegrenzt. Diese Verunsicherung schafft Raum für politische Unwägbarkeiten, wie die Wahl von Donald Trump zum US-Präsidenten zeigte. Dabei stehen die Themen Korruption und Globalisierung im Vordergrund.[69] In Verbindung mit den sozialen Abstiegsängsten von Industriearbeitern außerhalb der Finanz- und Dienstleistungsmetropolen entstand eine schwer überbrückbare gesellschaftliche Kluft, die auch die Kommunikation erfasst hat. Ältere Bewohner auf dem Land – mit traditionell konservativen Vorstellungen –treffen durch den Bedeutungsverlust der Familien immer seltener mit städtischen jüngeren Andersdenkenden zusammen. Diese sind eher international ausgerichtet, hedonistischer und relativ offen für die kommerziellen Angebote der Sharing-Economy. Viele von ihnen möchten, dass möglichst alles digital vernetzt ist, für sie ist die Vision einer ›Smart City‹ nicht abschreckend.[70]

Ganz anders dagegen die eher alten, weißen und männlichen Bewohner in der Peripherie – typische Brexit-Befürworter und Trump-Wähler. Sie haben vor allem Angst vor dem gesellschaftlichen Abstieg durch Arbeitsplatzverlust. Die Veränderungen durch die Digitalisierung erscheinen ihnen eher bedrohlich. Die Stadtbewohner dagegen sind überwiegend jung, weiblich und multikulturell geprägt. ›Elitäre Hipster‹[71], internetaffine ›High Potentials‹ und Gewinner der Globalisierung sind polyamourös, ortsungebunden und eher im Silicon Valley, San Francisco, Berlin oder Paris anzutreffen, also im jeweils angesagtesten Viertel internationaler Metropolen mit höchstmöglichem Freizeitwert. In diesen können sie Englisch sprechen. Das ist auch unter jungen Leuten viel hipper als die eigene Landessprache. Multikulti sehen sie – zumindest vordergründig – als Bereicherung. Sie bilden dabei selbst eine parallelgesellschaftliche Gruppe, die sich von den Sozialsystemen der Gaststaaten längst abgekoppelt hat. Wenn sich diese meist jungen Hedonisten an einem Hotspot nicht mehr wohlfühlen, ziehen sie einfach weiter in den nächsten. Das (tatsächliche) Leben mit vielleicht ärmeren Migranten teilen wollen sie nicht wirklich, präsentieren sich aber gleichzeitig weltoffen. Diese Vertreter der ›liquiden Moderne‹ trifft man immer in den gleichen Cafés, Bars und veganen Restaurants. Die trendigen Viertel, in denen sie leben, sind für Normalbürger nicht mehr bezahlbar.[72]. Elitäre Hipster tragen somit als Parallelgesellschaft dazu bei, dass die Ungleichheit in Großstädten zunimmt und diese ›sozial kippen‹.

Für sie stellt, oft zu unkritisch, die Digitalisierung eine Chance für neue Lebensformen dar. Zunächst überwiegt die Freude über die Nutzenerweiterung durch die moderne Technik, die den Alltag erleichtert. Die Gefahr einer Lenkung durch die digitalen Medien wird verdrängt oder sie fühlen sich selbst als Träger dieser revolutionären technischen Veränderungen. Die Ungleichheit der Lebensentwürfe und -formen zwischen den ›hippen‹ Städtern und den Traditionalisten auf dem Land wird durch die Digitalisierung vermutlich weiter verstärkt. Gut vernetzte Städter könnten weiter die Gewinner sein, denn coole und hochbezahlte Berufe haben eine eigene starke Lobby[73]. Besonders bedrohlich ist die zunehmende Unversöhnlichkeit der beiden Gruppen durch immer weniger Kommunikation, die durch den Echoeffekt der Digitalisierung verstärkt wird.

Fazit: Die Spaltung und Zerstörung der Gesellschaft ist weit fortgeschritten. Die geringere Bedeutung der Kommunikation in Familien, Vereinen und in der analogen Freizeitwelt ist ein Trendverstärker. In der digitalen Echowelt werden die Unterschiede von den professionellen Gestaltern zu tiefen Gräben erweitert und damit zu einer Bedrohung für den sozialen Frieden in einer freiheitlich-demokratischen Gesellschaft.

6. Die Maschinen übernehmen uns, wenn wir die Regeln nicht mehr bestimmen

»Die Biologie hat eine Spezies hervorgebracht, die Technologie erschaffen kann. Eine Spezies, die nun in der Lage ist, das Geheimnis der biologischen Intelligenz zu lüften und dieses Wissen zu nutzen, um ihre eigenen Fähigkeiten zu erweitern.«

Ray Kurzweil[74]

Noch vor einigen Jahren galten die Zukunftsvisionen Ray Kurzweils als ›Science Fiction‹ und damit als realitätsfern. Jetzt werden sie immer häufiger als realistisch eingestuft, denn unsere Welt ist zunehmend im Umbruch. Wir erleben nicht nur den beschleunigten Übergang von einem analog zu einem digital gesteuerten Leben. Jetzt sind unsere Helfer, die hochentwickelten Maschinen, so weit, unsere neuen Lenker und Überwacher[75] zu werden. Und sie sind viel effizienter als alle anderen Anwärter vor ihnen, da sie nicht schrill und abstoßend, sondern sanft, ja geradezu nachdrücklich operieren.

Nach Kurzweil werden Computer im Jahr 2029 alles können, was auch Menschen können – nur besser.[76]

Das bedeutet dann auch: Analoge Welt ade. Die Veränderungen werden immer deutlicher spürbar. Bei der Digitalisierung sind alle Lebensbereiche betroffen. Es gilt der Grundsatz, dass »alles, was digitalisiert werden kann, digitalisiert wird«.[77] Dabei fehlt es – bei einer derart radikalen Umsetzung – an Vernunft und dem richtigen Maß. Der Wettbewerb mit analogen Lösungsstrategien sollte nicht auch noch regulativ verhindert werden. Doch sogar dafür gibt es schon ein sich schnell verbreitendes Automatisierungskürzel: die sogenannten ›Regtechs‹[78],

Nehmen wir als Beispiel den Finanzsektor. ›Fintechs‹[79] und ›Insurtechs‹[80] greifen die Geschäftsmodelle der etablierten Anbieter an, die dadurch vor neue, bislang völlig unbekannte Herausforderungen gestellt sind. Sie sind gezwungen, mit den neuen Angreifern zu kooperieren oder sie verteidigen sich, indem sie neue Verfahren wie beispielsweise die Blockchain-Technologie selbst anwenden. Damit agieren sie zur Sicherung ihrer Position in veränderten Märkten selbst ›disruptiv‹. So wird alles automatisiert, Schiedsrichter, Packarbeiter oder Finanzanalysten bräuchten wir dann nicht mehr.[81] Unsere Roboter übernehmen immer mehr Aufgaben von uns. Wenn es schlecht läuft, ermöglichen wir so eine neue ›Technokratenherrschaft‹, die mithilfe von Algorithmen rastert, also digital ›zählen, messen und wiegen‹ lässt.

Noch viel weiter geht der Transhumanismus, den wir bereits erwähnten. Er setzt auf »Veränderung und Überwindung des menschlichen Körpers« durch Technologie.[82] Dieses Thema wird immer mehr von den führenden Digitalunternehmen wie Google, Microsoft und Co. verfolgt und der verstärkte Einsatz ›künstlicher Intelligenz‹ wird forciert. Vordenker, wie der bereits erwähnte Ray Kurzweil, Chefingenieur bei Google, ebnen den Weg.

Kurzweils Publikationen und Vorträge machten den Transhumanismus populär, seine Vision ist Unsterblichkeit durch den Einsatz künstlicher Intelligenz.[83] Wenn Maschinen so leistungsfähig werden wie Menschen und »beide zu einer neuen Spezies verschmelzen«, ist nach Ansicht der Transhumanisten »technologische Singularität« erreicht.[84] Noch offen ist, ob dies der nächste große innovative Schritt der Menschheit ist – oder eher zu einem Albtraum für uns wird. Warnungen gibt es genug. Skeptisch äußerte sich dazu bereits 1993 Vernor Vinge in einem Essay: »Innerhalb von 30 Jahren werden wir die Technologie für superhumane Intelligenz besitzen. Kurz danach wird die Ära des Menschen enden«.[85]

Zum Teil ist diese Aussage überholt! Denn die Fortschritte bei der Entwicklung ›künstlicher Intelligenz‹ sind bereits jetzt beachtlich. Meilensteine waren der Computer Deep Blue, der 1997 Schachweltmeister Garri Kasparow besiegte, der Supercomputer Watson von IBM, der 2011 in der Quizshow *Jeopardy* seine menschlichen Gegenspieler schlug sowie der Sieg des Computerprogramms AlphaGo von Google DeepMind 2015 beim Brettspiel Go. Diese Fortschritte faszinieren und beängstigen uns zugleich.

Es fallen auch alle medizinischen Hilfen darunter, wie technische Implantate zum besseren Hören, Sehen etc. oder auch künstliche Gliedmaßen zur schnelleren und effizienteren Fortbewegung. Solange wir uns noch in dem Bereich der medizinischen Versorgung und der künstlichen Berater wie Siri von Apple, Google Now oder auch dem ›smarten‹ Lautsprecher Google Home, dem Konkurrenten von Amazon Echo, das sich mit dem Alexa Voice Service Alexa von Amazon verbindet, befinden, mag das uns normalen Menschen als sinnvoll und hilfreich erscheinen.

Wer würde sich nicht freuen, wenn er zum Beispiel als Querschnittsgelähmter ein digitales Implantat eingesetzt bekommt und dann seine Beine und Füße wieder bewegen kann? Oder wenn ein Blinder durch ein passendes biologisch-technisches Implantat wieder »sehend« wird? Auch ein immer schlauer werdendes Assistenzsystem wie Siri kann das Leben des Einzelnen vielfach vereinfachen und erleichtern. Und wenn unser Krankenpflegepersonal durch perfekt agierende Roboter ersetzt wird, die nicht nur viel, sondern auch unermüdliche Kraft haben, um behinderte oder eingeschränkte Menschen zu tragen oder zu pflegen, dann werden wir normalerweise auch nicht wirklich etwas dagegen haben. Aber damit verbunden ist letztendlich auch eine brisante Frage: Was macht denn eigentlich einen Menschen aus? Ist ein cyberoptimierter Roboter mit menschlichem Gehirn, auch als ›Cyborg‹ bezeichnet, schon ein Mensch? Ab wann haben wir keinen Menschen mehr vor uns? Wenn er zwar zwei Beine und zwei Arme hat, doppelt so schnell und stark ist wie ein normaler Mensch, aber ein gefühlloser Cyborg ist? Oder sprechen wir »ihm« das »Menschliche« ab, wenn er Funkchips implantiert hat, die ihn dauerhaft mit dem Internet verbinden und seine Körperfunktionen überwachen und optimieren?

Die aktuelle HoloLens von Microsoft zum Beispiel projiziert zusätzliche Informationen ins Blickfeld des Trägers in 2D und 3D.[86] Diese Form der »technischen Verbesserung« eines Menschen wird ›Augmented Reality‹ genannt und bedeutet, dass zusätzliche Informationen über die unmittelbare Umwelt geliefert werden. In einer fremden Stadt brauche ich also keinen Stadtführer mehr, sondern werde von meiner HoloLens kontinuierlich mit allen relevanten Informationen zur Umgebung versorgt. Wo befinde ich mich gerade? Wie komme ich von A nach B? Wann fahren öffentliche Verkehrsmittel, etc.? Blicken wir mit dieser Technik ein paar Jahre in die Zukunft, dann wird wahrscheinlich jede Polizeistreife damit ausgerüstet sein. Die Polizisten können dann beim Streifengang »unerwünschte« Personen sofort zuordnen und sie – nach Möglichkeit – noch rechtzeitig von ihrem Tun abhalten. Die spektakulären Verfolgungsjagden wird es dann wohl auch nicht mehr geben. Denn die Flüchtenden werden in jeder Sekunde überwacht und die wahrscheinliche Fluchtbewegungsrichtung von der künstlichen Intelligenz vorberechnet. Wie soll da ein Verbrecher noch erfolgreich flüchten können? Diese technische Neuerung ist grundsätzlich positiv zu beurteilen, da sie einen guten Beitrag zur präventiven Vermeidung krimineller Handlungen leistet. Die negative Seite ist jedoch die tatsächliche Ausschaltung jeder impulsiven Regung. Emotionen sind in der neorationalen Welt »von gestern«. Der von der Natur analog geprägte Mensch wird erbarmungslos in digitale Strukturen gepresst und mit einem gezielten Gen-Editing werden Zufälle kompromisslos ausgeschaltet.[87]

Überzeugte Transhumanisten lassen ihr Gehirn nach dem Tod einfrieren, um als rundum optimierte Cyborgs wieder auferstehen zu können. Der religionsähnliche Glaube an die Unsterblichkeit durch Technikeinsatz ist nicht nur bei Science-Fiction-Fans anzutreffen. Der Mensch mit all seinen Defiziten wird auch von Schönheits- und Effizienzsüchtigen nicht mehr akzeptiert.[88] Das Ergebnis einer »Schöpfung« wird daher bedenkenlos korrigiert beziehungsweise »optimiert«. Die exponentielle Beschleunigung des Wissens ermöglicht revolutionäre Entwicklungen. Unsere Kapazitäten des Denk- und Speichervermögens können da nicht mehr mithalten. Bereits heute sind die Rechenleistungen der Mega-Computer unvorstellbar groß. Aber bisher waren die Maschinen vom Menschen getrennt und wurden lediglich von ihm gesteuert beziehungsweise programmiert.

Damit kommen wir an eine wesentliche Grenze des Menschen, die Grenze der Reizüberflutung. Unsere Verarbeitungskapazität im Gehirn beträgt im Durchschnitt vermutlich nur ca. 60 Byte pro Sekunde[89] und das auch nur in einer seriellen Verarbeitung. Wenn nun beispielsweise die mit der HoloLens ausgestatteten Polizisten Streife laufen, dann wird bei einer größeren Ausschreitung im Innenbereich einer Stadt kein Polizist mehr Zeit und Muße haben, auf die Daten der HoloLens zu achten, wenn ihm gerade eine wildgewordene Menschenmenge entgegenrennt. Hier stellt sich die Frage, ob wir die langsamen Verarbeitungsprozesse des uns gegebenen Verstandes auf ein höheres Niveau optimieren können, so wie wir in jedem neuen Rechner einen noch schnelleren und leistungsfähigeren Prozessor verbauen. Dies würde aber massive Eingriffe in unsere Körperfunktionen mit sich bringen, die wir in ihren komplexen und langfristigen Auswirkungen auf unsere Gesundheit gar nicht abschätzen können.

Wer stellt sich dafür zur Verfügung, Versuchskaninchen zu sein? Wollen wir uns wirklich technisch »optimieren« lassen, um schärfer und weiter zu sehen, intensiver oder besser zu hören oder doppelt so stark zu werden, damit wir beispielsweise unseren Job als Möbelauslieferer besser und schneller bewältigen können? In welcher Art von Wettbewerb bewegen wir uns, wenn wir nicht mehr Maschinen und Arbeitsprozesse optimieren, sondern unsere eigene individuelle Erscheinung, unseren Körper also als Hauptoptimierungsproblem ansehen?

Eine ›virtuelle Realität‹ beinhaltet auch erheblichen Sprengstoff in Bezug auf zukünftige Veränderungen unseres Lebensumfeldes. Unter dem Begriff der virtuellen Realität verbinden die meisten Menschen heute »nur« eine Verbesserung von Bild und Ton. Das bedeutet, dass der Großteil der Bevölkerung die aktuell voranschreitende Entwicklung eines neuen, anderen Realitätsaufbaus, der neben unsere eigentliche Realität gestellt werden kann, noch gar nicht wahrgenommen hat.

Stand der Forschung ist, dass wir nicht nur visuell und akustisch über Bildschirme oder Smartphones in eine andere Realität wechseln können, sondern dass auch erste körperliche Erfahrungen in einer virtuellen Realität möglich sind. An Auskunftstellen sitzen mittlerweile schon menschenähnliche Roboter, die den Anfragenden freundlich beraten. Im Bereich der Krankenpflege werden beispielsweise in Japan bereits Roboter mit einer sehr hoch entwickelten künstlichen Intelligenz eingesetzt, die sogar auch recht intelligente Gespräche führen können. Und der Schritt zu einem digitalen Lebenspartner, der sogar mit den passenden körperlichen Funktionen für ein sexuelles Erlebnis ausgestattet ist, immer »seinem Herrn/seiner Herrin« zu Dienste ist und auf alle individuellen Wünsche eingehen kann, ist schon in ersten Zügen erkennbar. Hier würde dann der visuelle und akustische Teil durch Sensorik mit Geruch, Geschmack, Oberflächenaspekten und Temperatur ergänzt. Die neue Realität wäre damit komplett erlebbar. Erste Erfolge in der Hirnforschung zeigen, dass es auch nur noch eine Frage der Zeit sein dürfte, bis wir die »richtigen« Stellen im Gehirn so manipulieren können, dass wir den Eindruck erhalten, uns gerade in einer anderen, »echten« Realität – mit allen Gefühlen und Empfindungen – aufzuhalten.

Was bedeutet das für uns Menschen?

Wenn wir weiterhin alles, was machbar ist, bedenkenlos annehmen und als cool oder must-have identifizieren, ist der Tag abzusehen, an dem wir die ›echte Realität‹ nur noch als lästig empfinden. Wir werden dann immer mehr in die ›virtuelle Realität‹ eintauchen, in der wir unseren Wünschen freien Lauf lassen können, immer der siegende Held sein oder vom perfekten Mann auf unseren Wunsch hin verführt werden. Was das für unsere sozialen Fähigkeiten eines gemeinsamen Erlebens bedeuten würde, liegt auf der Hand. Lieber plaudere ich dann zukünftig mit meinem virtuellen Partner, der meiner Meinung ist und immer das mitmacht, was ich mir gerade wünsche, als dass ich echte soziale Kontakte mit Menschen pflege. Denn die können anderer Meinung sein als ich und damit auf lästigen Konfrontationskurs mit mir gehen.

Noch vor ein paar Jahren war das Genre der Ego-Shooter am Computer so pixelig und statisch, dass es nur für Baller-Orgien ohne Sinn und Verstand geeignet war. In der Zwischenzeit wurde die Grafik in solche Höhen getrieben, dass unsere Augen mittlerweile die Bildauflösung gar nicht mehr in allen Details erfassen können. Die Spiele, die heute auf dem Markt sind, weisen größtenteils bereits derart realistische Bewegungsabläufe auf und sind mit immer höherwertiger künstlicher Intelligenz ausgestattet, dass es zeitweise nicht mehr erkennbar ist, ob ich mit einem echten Mitspieler gegen Gegner kämpfe oder ob es »nur« ein intelligentes Computerwesen ist. Die Funksteuerungsgeräte in der neuesten Generation von Brillen bilden – zusammen mit der Gestaltung von perfekten optischen und akustischen Eindrücken – die Realität so getreu ab, dass es in ein paar Jahren für den Spieler nicht immer klar sein dürfte, ob er sich gerade in einem Spiel bewegt oder in der bisherigen, echten Realität. Wir kennen das alle sicherlich von uns selbst. Wenn wir in einem guten Film mit dem Helden/der Heldin mitfiebern, dann vergessen wir zeitweise sogar, dass wir gerade eigentlich »nur« auf dem Kinosessel sitzen. In einem Spiel in Ego-Shooter-Manier, bei dem wir selber den Helden steuern und beim Runterschauen durch die aufgesetzte Brille sogar unsere virtuellen Füße sehen können, ist die Identifikation mit dieser neuen Realität noch viel größer und anhaltender. Fatalerweise kann die künstliche Intelligenz auch aggressiver handeln als ein Mensch.[90] Damit wäre ein neues Monster à la Frankenstein geschaffen.

Auch vorab programmierte Kampfdrohnen könnten gnadenlos ihr Zerstörungswerk vollziehen. Es liegt an uns, diese Entwicklungen zu stoppen, um sich automatisch verstärkende Vernichtungsvorgänge zu verhindern. Der Mensch sollte Herr des Verfahrens bzw. des Computers bleiben. Er bleibt es u.a. nach Paul Kirchhof, »wenn er Programm und Einzelfall unterscheidet, Normalität und Ausnahme eigenständig beurteilt«. Freiheit lässt sich nach Ansicht von Kirchhof »nicht formatieren«.[91] Der Konformitätsdruck und die gegenseitige soziale Kontrolle, die fließend in Überwachung übergeht, stärkt dagegen den Kollektivismus. Wir haben es selbst in der Hand. Wir sollten uns eigene, klare Grenzen setzen, wie weit wir noch mitmachen möchten und erkennen, was uns von uns selbst entfernen würde.

Fazit: Wir können verhindern, dass die Maschinen uns übernehmen. Nicht nur ein falsch programmierter Ablauf, auch das starre Abarbeiten von Befehlen kann fatale Folgen haben. Der Mensch muss in der Lage bleiben, zu intervenieren, um solche gefährlichen Kettenreaktionen zu verhindern.

7. Systemabsturz

»Die Digitalisierung der Lebens- und Wirtschaftswelt schafft ganz neue Verletzlichkeiten. [...] Diese Welt ist nicht robust; insbesondere deswegen nicht, weil sie aufgrund ihrer Verflechtungsarchitektur systemische Risiken schafft, die sehr schnell zu Dominoeffekten führen können.«

Harald Welzer[52]

Haben Sie sich schon einmal Gedanken darüber gemacht, wer all die kleinen und großen digitalen Wunderwerke überhaupt programmiert? Wer steht dahinter und schafft ein Programm, das Ihr Handy steuert – oder Ihr Auto? Sind Sie sich überhaupt bewusst, dass das Bremspedal in ihrem nagelneuen Auto heutzutage gar keine mechanische Verbindung mehr zur Bremsbacke am Reifen hat?[53] Dass dieses Bremspedal – vereinfacht ausgedrückt – letztendlich nur noch ein »Schalter« ist, wie zum Licht ein- und ausschalten. Dieser »Schalter« stößt komplizierte Vorgänge im Innenleben Ihres Autos an und mittels digitaler Elektronik, Hydraulik, Sensoren und vielen Kabeln führt das letztlich dazu, das Ihr Auto bremst. Übrigens, auch Ihr Lenkrad im Auto hat keine mechanische Verbindung mehr zu den Reifen...

Früher konnten Sie zum Beispiel die defekte Glühbirne von Ihrem rechten Frontscheinwerfer am Auto relativ einfach in ein paar Minuten selbst tauschen. Heute wird bei einem unklaren Defekt meist gleich die ganze Scheinwerfereinheit ausgetauscht, sofern sich der Fehler nicht mit einem Software-Update oder einer Fehlerdiagnose finden lässt.

Warum sind die Systeme schon bei einem so kleinen Bauteil wie einem Autoscheinwerfer so kompliziert geworden? Weil auch in diesen Bauteilen aufgrund der komplexen Anforderungen – wie zum Beispiel Leuchtweitenregulierung, Stromjustierungen, Sensoren, Kurvenausleuchtung, Kommunikation mit den Fahrzuständen im Auto und gegebenenfalls noch Sensorwerten außerhalb des Autos etc. – schon aufwendige Kleinstcomputer mit Tausenden von Programmierzeilen stecken. Denn es muss permanent eine Kommunikation mit dem Zentralrechner des Autos aufrechterhalten werden, bei einem noch gleichzeitigen Austausch von Daten vielfältiger Kleinstsysteme.

Alle diese Programmierzeilen haben bisher helle Köpfe geschrieben, also geschulte Menschen, die diese Zeilen formulieren und testen. Die meisten Unternehmen sind heute jedoch nur noch auf einen Steuerungswert – ›die Gewinnmaximierung‹ – ausgerichtet. Das heißt, es herrscht fast überall Zeitdruck und Geldmangel. Dies führt zum einen dazu, dass die Anforderungen an die digitalen Systeme immer weiter heruntergeschraubt werden. Es ist somit beispielsweise nicht mehr so wichtig, dass das Programm in allen Zuständen sicher arbeitet, sondern nur noch, dass der »Normalbetrieb« einigermaßen zuverlässig läuft. Zum anderen benötigen die Unternehmen immer mehr Programmierer, um der Flut ständig steigender Datenmassen durch digitale Programme noch irgendwie Herr zu werden. Somit werden neben kompetenten Mitarbeitern wohl auch etliche eingestellt, deren Programmierfähigkeiten nur mittelmäßig sind. Damit steigt natürlich die Wahrscheinlichkeit für weitere Fehlerquellen.

Selbst ein so kleines Programm, das zum Beispiel die Echtzeitsteuerung des Notbremssystems in modernen Autos steuert, besteht aus vielen hunderttausend Programmierzeilen. Dieses Programm kann ein einzelner Programmierer gar nicht mehr in einer überschaubaren Zeit allein programmieren. Daher macht so etwas dann ein Team von zehn oder auch hunderten von Programmierern, von denen sich jeder um individuelle, kleine Programmabläufe – jeder auf seinem Spezialgebiet – kümmert. Das bedeutet, jeder programmiert lediglich einen kleinen, individuellen Teil des Gesamtprogrammes. Alle Teile werden am Schluss zu einem großen Programm zusammengesetzt, und mit Testläufen wird überprüft, ob plausible Ergebnisse herauskommen. Da es nun aber aus Zeit- und Komplexitätsgründen einfach nicht möglich ist, alle möglichen Zustände und Abläufe durchzutesten, bleibt es letztendlich bei den Grundfunktionen und Normalzuständen. Nur besonders wichtige Programme, wie zum Beispiel Programme zur Flugzeugsteuerung oder andere heikle Echtzeitsysteme, werden intensiv auf alle Eventualitäten überprüft, da hier die 100-prozentige Funktionalität oberste Priorität hat. Aber die vielen kleinen Apps fürs Handy oder andere Programme in normalen Computersystemen oder Haushaltsgeräten haben diesen Funktionalitätsanspruch nicht.

Es ist also nicht verwunderlich, wenn zum Beispiel immer wieder bei neuen Updates von Handys oder anderen digitalen Geräten, ein Teil der upgedateten Geräte komplett ausfällt, weil die Programmierer die Komplexität der mit den Geräten zusätzlich verbundenen Programme gar nicht mehr überschauen können. Trotzdem wird weltweit konsequent an einer weiteren Vernetzung gearbeitet, obwohl sich alle bewusst sind, dass das System damit immer unüberschaubarer und auch unsicherer wird. Die Mentalität »es wird schon gut gehen« ist hier weit verbreitet.

Folgendes Szenario ist zukünftig daher nicht mehr auszuschließen:

Lassen wir einmal Ihre Autoapp (mit kleinen Programmierfehlern) mit der Versicherungsapp (mit ebenfalls kleinen Programmierfehlern) darüber kommunizieren, wie gerade ihr Fahrstil ist und wo und wie schnell Sie sich bewegen. Gleichzeitig ist Ihr Auto auch noch mit ihrem Haus vernetzt. Sie geben den Befehl, dass Ihr Backofen schon einmal vorheizt, während automatisch die Heizung gestartet wird. Schließlich werden Sie voraussichtlich in zehn Minuten zu Hause sein. Aber plötzlich springt der Notbremsassistent an, weil Ihnen ein Kind vors Auto läuft, Ihr Auto weicht notgedrungen in den Gegenverkehr aus. Es entsteht zwar nur ein kleiner Blechschaden, das mit einem kleinen Fehler behaftete Scheinwerferprogramm verursacht damit jedoch einen Blackout im gesamten Autosystem. Nun setzt sich eine Kettenreaktion in Gang, die von keinem Programmierer vorgesehen war. Die Versicherungsapp bekommt vom Programm eine Fehlinformation und markiert Sie daraufhin als notorischen Drängler mit verkehrsgefährdender Fahrweise. Das Haus heizt hoch auf 40 Grad, weil es durch die fehlerhafte Notmeldung Daten der Außentemperatur fehlinterpretiert. Die Heizung des Backofens schaltet sich glücklicherweise ab und lässt sich nicht weiter von dem Fehlsignal beeinflussen. Aber der Autohersteller, der aus Diebstahlgründen und als Betreuer des Notassistenzsystems dauerhaft ihr Auto überwacht, bekommt ebenfalls eine Fehlmeldung und geht von einem Großunfall mit Brand aus. Daraufhin informiert das Notassistenzsystem des Autoherstellers die Feuerwehr und die Polizei. Da er zudem von der Versicherungsapp mitgeteilt bekommen hat, dass Sie den Unfall aufgrund gefährdender Fahrweise verursacht haben, nehmen die am Unfallort eintreffenden Polizisten Sie erstmal vorläufig fest, da Sie aus ihrer Sicht eine Gefährdung für die allgemeine Sicherheit sind.

Und nun weisen Sie den Herstellern einmal nach, dass die Programme Fehler aufweisen und Sie gar nicht eingreifen konnten, weil Ihr Fahrassistenzsystem das Auto für Sie gesteuert hat! Schöne neue digitale Welt!

Wir möchten hier keine Panik verbreiten und alle Programmierer/-innen verteufeln oder schlecht machen. Letztendlich geht es uns nur darum, Sie darauf aufmerksam zu machen, etwas bewusster mit diesen neuen Technologien umzugehen und zu hinterfragen, ob diese neue App oder Verknüpfung wirklich einen individuellen Vorteil bietet, der die vorhandenen Risiken überkompensiert. Wenn sich genügend Käufer – warum auch immer – gegen eine solche Vernetzung entscheiden, dann wird der Hersteller dieses Produkt auch nicht weiter forcieren. So können die Fahrer vieler moderner Autos die Assistenzsysteme teilweise oder sogar komplett abschalten. Wenn wir als Verbraucher dies auch klar den Herstellern mitteilen, können wir zu einem Umdenken beitragen. Ein Beispiel hierfür ist die deutsche Fleischindustrie. Aufgrund des Verbrauchertrends zu mehr veganen und vegetarischen Speisen ist der Fleischkonsum in den letzten Jahren in Deutschland deutlich zurückgegangen, sodass ein Großteil der führenden Fleisch- und Wurstanbieter begonnen hat, vegetarische und vegane Wurst- und Fleischprodukte zu kreieren. Nur um den Verbraucherwünschen nachzukommen! Derartige Produkte hat es vor 15 Jahren in Deutschland überhaupt noch nicht gegeben! Es gibt also schon eine klare Verbrauchermacht, die wir durch unser eigenes individuelles Verhalten mit steuern können.

Überdies kommt als Problem hinzu, dass versierte Programmierer (Hacker) die Lücken in fehlerbehafteten Programmen ausnützen und damit unautorisiert in ein Programm einsteigen können. Selbst bei den Top-Firmen der Branche, wie Microsoft, Apple, Yahoo etc. werden wir regelmäßig mit Meldungen über »Sicherheitslücken« konfrontiert. Diese »Lücken« sind nicht immer auf fehlerhafte Programmierung zurückzuführen, sondern sie sind auch dem Umstand zu verdanken, dass jedes Programm irgendeine Schnittstelle zur Kommunikation nach außen benötigt. In der Grundfunktion hat jedes Programm einen Dateninput, der dann individuell verarbeitet wird, um ein gewünschtes Ergebnis zu liefern, welches dann auch wieder über eine Datenausgabe weitergegeben wird. Damit ergibt sich die Situation, dass ein Programm über eine wie auch immer geartete Schnittstelle mit anderen Programmen Daten austauscht und kommuniziert oder auch mechanische, elektronische oder andere Bewegungen auslöst. Und diese Kommunikation nach außen kann niemals zu 100 Prozent sicher gemacht werden, da dieser Kommunikationsweg immer benötigt wird und immer existieren wird, um das Ergebnis des Programmdurchlaufs zu erfassen. Es wird somit auch immer eine Möglichkeit geben, in diese Kommunikationsroutine unerlaubt einzugreifen und den Datenstrom abzugreifen oder zu verändern. Egal wie »sicher« und aufwendig die Abfrage des erlaubten Zugriffs auch gestaltet wird, es ist immer ein unerlaubter Zugriff möglich, da die Datenkommunikation essenziell für jede Art von digitalen Programmen ist. Je mehr wir also Programme miteinander vernetzen und je mehr persönliche Daten wir durch deren Nutzung preisgeben, umso leichter können wir Ziel eines Hackers werden, der diese Lücken in den Programmen ausnutzen kann.

Zudem stammt der größte Teil der weltweit genutzten Programme und Betriebssysteme von nur einer guten Handvoll an Softwareunternehmen. Das heißt, all das, was man ›Internet der Dinge‹ nennt – auch alle möglichen Haushaltsgeräte mit Internetverbindungen –, basiert auf nur wenigen unterschiedlichen Programmteilen und wird mit standardisierten Schnittstellen gesteuert. Anders ausgedrückt: Ein Hersteller von Kühlschränken wird sich keine eigene Programmierabteilung leisten, die ihm für die Vernetzung dieser Geräte mit dem Internet ein umfangreiches Programm schreibt. Er kauft sich vielmehr von einem der großen Softwareanbieter ein Programmmodul mit der passenden Hardware ein und individualisiert dieses Programm dann lediglich noch für seine eigenen Wünsche. Der Zugang zum Internet bleibt aber mit Sicherheit standardisiert und aufgrund der gleichen, damit verbundenen Hardwarebauteile leicht zu hacken. So wurde zum Beispiel am 21.10.2016 ein groß angelegter DDOS-Angriff auf Millionen von Haushaltsgeräte weltweit eingeleitet, die alle mit der gleichen Vernetzungssoftware ausgestattet waren.[94] Damit wurden über Stunden populäre Netzdienste wie Twitter, Paypal und Netflix lahmgelegt. Ob es nun nur ein Test von einer Hackergruppe war oder ein gewollter Angriff, ist letztendlich egal.

Fakt bleibt, dass aufgrund der Vereinheitlichung der Netzzugänge Angriffe mit einer hohen Zugriffszahl möglich sind und dass Infrastrukturen von Konzernen und Ländern gestört oder sogar ganz ausgeschaltet werden können.

Bisher wurde es nur als Utopie in verschiedenen Filmen, Serien oder Büchern aufgegriffen, wie ein umfassenderer Hack unsere ganzen, miteinander verflochtenen Infrastrukturen lahmlegen könnte. Bücher wie *Blackout* von Marc Elsberg oder Serien wie das bei Amazon abrufbare Hackerdrama *Mr. Robot* spielen mit dem Gedanken, was passiert, wenn ein groß angelegter Hackerangriff wesentliche Teile unserer Infrastruktur stilllegen sollte. Rein technisch gesehen ist dies wohl jederzeit möglich, wie dies spektakuläre Angriffe in den letzten Monaten bereits gezeigt haben. Denn mittlerweile sind schon so viele Netzwerkverbindungen geschaffen worden, dass fast kein Programm mehr rein offline arbeitet. Es hängt nur von den Motiven und den Fähigkeiten einer Hackergruppe ab, welchen volkswirtschaftlichen Schaden sie verursachen können beziehungsweise wollen.

Wenn wir der Digitalisierung weiterhin ungebremst folgen, wird es zudem demnächst jegliche Dokumente nur noch in digitaler Form geben. Die möglichen Folgen malen sich anscheinend die allermeisten nicht aus. Denn was würde passieren, wenn ein Hackerangriff gezielt alle Datenbanken löscht oder große Teile der wichtigen Dokumente unserer Infrastruktur vernichtet? Es gäbe plötzlich keine Bankkonten mehr, keine Abrechnungssysteme, keine Kommunikation über Handys oder das Internet, weil die Adressdatensätze verloren gegangen wären...

Ist ein solches Szenario wirklich reine Utopie? Und was ist, wenn die Stromversorgung über längere Zeit ausfällt? Was machen wir dann, wenn in der Zwischenzeit auch das Bargeld schon abgeschafft wurde? Wie weisen Sie nach, dass Sie Ihre Miete, Ihre Versicherungen oder Ihren nächsten Urlaub schon bezahlt haben, wenn der Datensatz aus unerfindlichen Gründen verlorengegangen ist?

Eine komplette Digitalisierung birgt somit noch einige weitere große Risiken, die von den Fürsprechern gerne als unbedeutend abgetan werden. Sie können aber im Ernstfall wohl zu chaotischen Zuständen führen.

Fazit: Die grundsätzlichen technologischen Probleme und Risiken der Digitalisierung sind bisher bei Weitem nicht gelöst. Dazu zählen beispielsweise die schlechte Programmierung, die Anfälligkeit für vernetzte Angriffe durch Hacker und die immer vorhandene Manipulierbarkeit des Datenaustausches. Ein landesweiter oder gar weltweiter Ausfall großer Teile der vorhandenen vernetzten Infrastruktur in den hoch entwickelten Industrienationen kann nicht vollständig ausgeschlossen werden und birgt ein hohes Risiko für uns alle.

Privatwirtschaftliche Treiber der Digitalisierung und ihre Einflussnahme auf Regierungen

8. Ökonomisierung aller Lebensbereiche – gibt es ein Entrinnen?

»Die Tendenz zur Refeudalisierung des Kulturbetriebes geht einher mit einer allgemeinen Privatisierung und damit Ökonomisierung aller Lebensbereiche. […] Ich fürchte, dass es nur noch ein kleiner Schritt sein wird, bis private Armeen im Auftrag Deutschlands zum Einsatz kommen.«

Ingo Schulze, Autor[95]

Die Ökonomisierung, die Ingo Schulze hier beschreibt, ist eine äußerst gefährliche Entwicklung für uns. Sie kann zur vollständigen Usurpation des Staates durch kommerzielle Anbieter führen. Sie schreiben dann die Gesetze nach ihrem Nutzen. Für einen demokratischen Rechtsstaat, der im Sinne von uns Bürgern frei und unabhängig bleiben will, ist das dann die komplette Selbstaufgabe. Um kommerzielle Interessen zu verwirklichen, ist eine Diktatur effizienter. Hier bestehen weniger Hemmungen, uns auszuplündern, im Zweifel werden unsere bürgerlichen Rechte beschnitten. Die heutigen Refeudalisierungstendenzen, die man je nach Schattierung als »Oligarchenkapitalismus« oder »Oligarchensozialismus« beschreiben könnte, verstärken den Trend zu einer bürgerfeindlichen Machtgesellschaft. Statt einer ›sozialen Marktwirtschaft‹ wäre dann ›Machtwirtschaft‹ der treffendere Begriff.[96]

Die Vorstellung, dass alles, was irgendwie berechenbar gemacht werden kann[97], optimiert werden muss, prägt das derzeitige ökonomische Mainstreamdenken. Die erfreulich vielseitige und damit komplexe Welt wird so unseres Erachtens in ein fragwürdiges Raster gepresst. Alles was nicht konkret ›gezählt, gemessen oder gewogen‹ werden kann, ist damit außerhalb dieses fragwürdig begrenzten Rahmens. Mit dieser Vereinfachung wird ein geschlossenes System geschaffen, das durch die starre Verfolgung vorgegebener Optimierungsziele Kollateralschäden für die »Außenstehenden« schafft. Haben wir uns zu kompliziert ausgedrückt? Dann formulieren wir es mit anderen Worten und praxisnäher:

Wenn ein Manager den Quartalsgewinn seines Unternehmens steigert, dann wird er diesen Erfolg beispielsweise auf einer Pressekonferenz stolz präsentieren. Auch sein Bonus wird daran gemessen. Es kann aber auch hinterfragt werden, ob eine derart kurzfristig orientierte Zielfunktion sinnvoll ist. Denn schnell realisierte Gewinne können sich mittel- oder langfristig als erhebliche Belastung herausstellen. Die »Erfolge« können auch auf Kosten der Umwelt, der Gemeinschaft, der Steuerzahler oder einzelner Mitarbeiter erreicht worden sein.

Noch konkreter: Kurz vor Weihnachten wollte einer von uns neue Bürstenköpfe für seine elektrische Zahnbürste eines namhaften Herstellers kaufen, die er seit ein paar Jahren besitzt. Im Drogeriemarkt war man so freundlich und ließ ihn mehrere Modelle ausprobieren. Das Ergebnis: Alle Bürstenköpfe passten nicht mehr. Auf Nachfrage in der Zentrale wurde dann der Verkäuferin im Drogeriemarkt mitgeteilt, dass für diese elektrische Zahnbürste keine Ersatzbürsten mehr verfügbar wären. Dieses Beispiel zeigt sehr schön, dass der Anbieter kommerziell alles richtig macht.[98] Der Verkauf neuer Geräte wird deutlich stimuliert. Daher ist der Druck, durch die laufende Veraltung – Fachterminus ›geplante Obsoleszenz‹ – ein neues Gerät zu kaufen, enorm hoch. Viele verschiedene Zahnbürstenmodelle, die alle unterschiedliche Bürstenköpfe erfordern, bereiten Kunden und Verkäufern in den Filialen oft erhebliche Probleme. Für den Hersteller ist das Vorgehen dagegen profitabel und logisch. Es rechnet sich, auch wenn durch die ständige Notwendigkeit, Neugeräte zu kaufen, immer mehr Wohlstandsmüll anfällt.

Das insbesondere im angelsächsischen Raum übliche, kurzfristige Gewinnstreben steht nicht im Einklang mit den sozialpolitisch erwünschten Effekten unserer freien Marktwirtschaft.[99] Die Sicherung eines scharfen Wettbewerbs senkt manipulative Effekte, die Ausdruck von Marktmacht sind, welche auf Kosten von uns Konsumenten ausgeübt wird. Gerade der Service von großen staatlichen Anbietern, wie der Deutschen Bahn, steht deswegen immer wieder in der Kritik. Nicht nur staatliche Monopolanbieter nehmen uns als Kunden nicht ernst. Bei den großen Digitalkonzernen verändert sich mit zunehmender Marktmacht die Sicht auf uns. Am Anfang werden wir Kunden mit gutem Service geködert. Wenn wir schließlich am Haken des Anbieters sind und fleißig wie geplant unsere Daten liefern, steckt man uns irgendwann ganz in den Sack. Diejenigen von uns, die freudig Informationen auch privatester Art über sich preisgaben, werden letztlich selbst zur Zielscheibe aggressiver Geschäftsstrategien durch Manipulation – mit der Auswertung Ihrer Daten.

Seit Jahren wurden wir vorbereitet. Sie erinnern sich sicher noch an die Anfänge nach der Abschaffung des umstrittenen Rabattgesetzes im Jahr 2001: Bei fast jedem Einkauf werden wir seitdem gefragt, ob wir im Besitz einer Kunden- oder Paybackkarte wären oder ob wir eine wünschen.[100] Das nervt zunehmend. Die Mitarbeiter werden unerbittlich dazu angehalten, uns dauerhaft zu belästigen. Die Penetranz lässt sich nur dadurch erklären, dass unsere Bewegungsdaten einen hohen Wert für die Geschäftsbetreiber besitzen. Am Anfang glaubten wir noch, dass das Rabattmarkensystem wieder in Mode gekommen wäre und es sich um eine vorübergehende Entwicklung handelt. Nein, es zeigt sich inzwischen, es ist viel mehr. Es ist der Vorbote einer Entwicklung, die unsere Daten zu den wichtigsten Bausteinen neuer Geschäftsmodelle macht. Daten sind – wie bislang Öl – ein neuer Rohstoff. Die Politiker reagieren scheinheilig. Denn sie sind selbst an den Daten interessiert und beschwichtigen allenfalls. Es geht im Kern um Macht in einer zunehmend digitalisierten Welt. Auf der Strecke bleibt unsere Privatheit. Unser Leben wird zu ihrem Geschäftsmodell, mit dem sie uns strukturiert und ertragsoptimiert bearbeiten. Um uns entsprechend zu traktieren, müssen wir laufend getrackt werden. Wir werden möglichst als Kollektiv abgezockt, da das besonders lukrativ ist. Individualität, regionale Besonderheiten und nicht zuletzt die subsidiäre Familiengesellschaft werden so verdrängt, eine wirklich solidarische Gesellschaft auch.

Damit liegt auch die Gefahr des Zentralismus, sowohl in politischer als auch wirtschaftlicher Hinsicht, auf der Hand. Die Wirtschaft steht unter massiven Anpassungsdruck, Globalisierung und Digitalisierung sind wesentliche Veränderungstreiber. Alexander Dobrindt wurde noch deutlicher und drängte beispielsweise Logistikunternehmen, den aktuellen Wandel nicht zu verschlafen: »Wir stehen vor einer neuen digitalen Weltordnung«.[101] Da hat er Recht.

Für die mittelständische Industrie bedeutet Vernetzung aber eben auch die Gefahr, dass ihre technologische Kompetenz frei Haus in den Netzwerken verfügbar ist. Auch die Cloud birgt Risiken des illegalen Datenklaus. Insofern müssen Aufrufe an die Wirtschaft, sich zu digitalisieren oder unterzugehen, kritisch hinterfragt werden. Die Geschäftsmodelle der Digitalkonzerne und damit ihre Interessenlagen sind eben ganz andere. In dem Roman *Der Circle* von Dave Eggers wird vor dem fast sektenhaften Charakter der Digitalkonzerne, nach dem Motto »Wer nicht ständig für uns ist, ist gegen uns!«, gewarnt. Expertenwissen muss geschützt werden und das ist in einer digitalisierten Welt nur mit einem immer höheren und kostenträchtigen Aufwand möglich. Auch das ist eine Falle. Die Folgen für uns Bürger durch die Abhängigkeit von digitalen Medien sind inzwischen allzu offensichtlich.

Bei einer vermeintlich zunehmenden Transparenz stehen in der digitalisierten Welt, wenn es schlecht läuft, künftig wenige Informierte, die die Algorithmen steuern und analysieren, immer mehr Manipulierten beziehungsweise schlechter oder sogar falsch Informierten gegenüber. Der sogenannte ›Mittelbau‹ der Gesellschaft, die ›Mittelschicht‹, rutscht in einem solchen Umfeld ab. Es erodieren aber auch Berufsfelder für Hochqualifizierte, die durch den disruptiven Wandel wegfallen. Sozialpolitisch ist das äußerst fragwürdig. Die Diskrepanz zwischen »oben« und »unten« nimmt zu.

Bei einer derartigen Entwicklung würden wir zunehmend »gelebt« und damit fremdgesteuert. Auch wenn in einem solchen Kontext von den schlechter oder sogar falsch Informierten vermeintlich alles richtig gemacht wurde, sind viele dann – aus nachvollziehbaren Gründen – dennoch nicht glücklich darüber, so wie es heute ist. Denn in zunehmendem Ausmaß funktionieren wir nur noch. Wir machen nicht das, was wir wollen, sondern das, von dem wir glauben, was die Gesellschaft oder andere von uns erwarten.[102]

Herbert Gruhl hat eindringlich auf die Gefahren hingewiesen, die in einer materialistischen Welt durch den Verlust persönlicher Beziehungen entstehen.[103] Schon damals thematisierte Gruhl die fehlende Menschlichkeit in der Bürokratie und in der »modernen, rationalisierten Arbeitswelt«. Darüber hinaus wies er darauf hin, »dass der Fernseher dargestelltes Leben, nicht selbst erlebtes Leben«[104], bietet. Die heutigen Möglichkeiten in der digitalisierten Welt, uns als vereinzelte und entwurzelte Bürger zu gängeln und ökonomisch zu verwerten, würde er vermutlich noch viel stärker kritisieren. Den Sprachservice Echo von Amazon, mit dem über den Alexa Voice Service auch Bestellungen vorgenommen werden können, oder das Konkurrenzprodukt von Apple, den HomePod, hätte Gruhl wohl lediglich als materiellen Fortschritt gesehen, der unsere Menschlichkeit weiter zurückdrängt. Aber wer weiß, vielleicht gewöhnen wir uns an solche Roboter und lassen uns von ihrer Menschenähnlichkeit täuschen, obwohl sie keine eigenen Gefühle haben. Das wird die zukünftige Entwicklung zeigen.

Die Treiber dieser Veränderungen sind neue Technologien, in erster Linie die Digitalökonomie. Sie verstärken den Megatrend der Ökonomisierung aller Lebensbereiche. Die Gefahren sind beträchtlich, denn sie können zum Totalverlust von Demokratie und Freiheit führen. So sind wir beispielsweise bei einer Bargeldeinschränkung, neben dem Kontrollverlust über die eigenen Finanzen[105], auch der Desinformation durch überstarke professionelle Gegner im Netz ausgesetzt. Die rudimentäre Nutzung unserer fünf Sinne führt zur Bevormundung in einem vermeintlich anonymisierten System. Während uns versichert wird und wir darauf vertrauen, dass unsere Daten fair genutzt werden, läuft im Hintergrund ein raffiniertes Programm ab, um uns zu übervorteilen. Auch der maßlose Staat, getrieben durch kleptokratische kommerzielle Gewinner und Funktionäre, wird sich neue Bereicherungs- und Umverteilungsspielräume zu unseren Lasten sicher nicht entgehen lassen: Die Monetarisierung unserer Daten erfolgt von Politikern und Digitalkonzernen Hand in Hand. Legal und illegal von uns erworbene Daten können zusammengeführt und »abgestimmt« werden. Und die Abstimmung wird immer perfekter. Die Frage »Haben Sie schon eine Payback-Karte?« ist da vergleichsweise harmlos. Bei einem freundlich formulierten Ablehnungskommentar kommt sogar manchmal so etwas wie Solidarität zwischen dem Personal, das trainiert wurde, uns systematisch abzuzocken, und uns Kunden auf. Der neue Oligarchenkapitalismus, der dem Oligarchensozialismus in der Tradition der Peronisten in Argentinien ähnelt, geht über die Interessen von uns als Mitarbeiter oder Kunde zunehmend hinweg. Soziales Verhalten wird nur noch inszeniert. Auch künftige Roboter werden mangels eigener Gefühle da nicht anders sein.[106] Der maximale Ertrag zählt und monopolistischen Interessen wird, wenn wir erfolgreich umerzogen wurden, von uns kein nennenswerter Widerstand mehr entgegengesetzt.

Irgendwann brechen bei uns Bürgern dann alle Dämme. Überschuldung statt Eigenvorsorge wird zum Normallfall. Die Digitalisierung ermöglicht den Lobbyisten mehr finanzielle Steuerung und Umverteilung. Organisierte Interessenten drücken ihre Wünsche bei den Politikern durch. Die Digitalisierung erfasst immer mehr Lebensbereiche. Vor allem das Internet verändert unsere Kommunikationsabläufe, unsere Arbeitswelt, aber auch unsere Freizeitsphäre.

Alles verschmilzt mit allem. Eine echte Privatsphäre, einen Rückzugsraum, gibt es dann für uns nicht mehr. Auch unser eigenes Zuhause – längst »de facto« verwanzt – ist es das dann nicht mehr. Ein paar Beispiele wollen wir kurz ansprechen:

Smartphones: Wer hätte gedacht, dass die »kleinen PCs« so schnell so erfolgreich werden? Inzwischen sind Smartphones, vor allem bei Jugendlichen, wesentlicher Teil unseres Alltags. Manche Kritiker behaupten sogar, dass viele von uns durch sie beherrscht werden. Könnte man nicht sogar sagen, dass das moderne Handy bereits eine Art elektronische Fußfessel ist?

Digitale Mobilität: Seit Jahren revolutioniert Uber die Taxibranche. Auch selbstfahrende Autos sind keine Utopie mehr, sondern dürften bereits in wenigen Jahren flächendeckend im Verkehr zugelassen sein. Die komplette Mobilität wird dann über eine Vielzahl, zum großen Teil bereits heute installierter Kameras, erfasst. Bezahlt wird dann grundsätzlich pro km und/oder pro Zeiteinheit, die politischen Bemühungen um eine ›Autobahn-Maut‹ auch für PKW bestätigen diesen Trend. Die so gewonnenen Informationen sind die Basis für neue Geschäftsmodelle für die Wirtschaft und nicht zuletzt die Entertainmentindustrie; die Digitalkonzerne sind ohnehin immer dabei. Die Alphabet-Holding – Google ist nur noch eine Tochtergesellschaft, wenn auch die wichtigste – ist mit der neuen Plattform Waymo, die Software und Hardware, zum Beispiel Kameras, anbieten will, bestens vorbereitet.[107] Alphabets neue, geschlossene digitale Autowelt könnte den traditionellen Herstellern mit fehlender Softwarekompetenz diktieren, wo es langgeht.[108] Diese würden dann, in einer neu definierten Welt des autonomen, besser fremdgesteuerten Fahrens, lediglich noch eine untergeordnete Rolle spielen – oder bestenfalls noch als Zulieferer arbeiten dürfen.

In diesem fortgeschrittenen Stadium zählt dann nicht mehr unser Fahrtziel und die von uns gewünschte Route. Unsere Pläne werden »leicht modifiziert und kollektiviert«, um uns abzocken! Das geschieht vermeintlich in unserem Interesse, wie wir zunächst annehmen. Aber letztlich will die digitale Erlebniswelt uns alle – und vor allem die jüngsten Anwender – umerziehen. Das, was wir gerade machen, ist dann nicht wichtig, sondern die Nachricht von draußen, die ›alarmistisch‹ vermittelt wird. Wir werden verstärkt laufend unter Stress gehalten werden, da das die Steuerung über uns erhöht. Dann wird uns unser elektronischer Fahrwächter zum Beispiel mitteilen, dass wir, vor dem Hintergrund des erhöhten Stresses nachvollziehbar, dringend eine Pause machen müssen und uns, wie zufällig, in einem Freizeitpark abliefern. Widerstand ist zwecklos. Falls wir uns auflehnen, wird unser Sozialpunktekonto belastet, von dem der freie Zugang zu Waren und Dienstleistungen sowie unsere Kreditwürdigkeit abhängt.[109]

Digitale Gesundheit: Die zunehmende Nutzung von Gesundheitsapps liefert laufend Bewegungsbilder, macht uns gläsern und steuerbarer. Wer von uns Daten anhand von Fitnessarmbändern oder Gesundheitsapps liefert, bekommt im Gegenzug zum Beispiel bessere Versicherungskonditionen. Unser Arbeitgeber könnte untersuchen lassen, ob wir ausreichend schlafen und gesund leben. Die elektronische Gesundheitskarte wird zentraler Pfeiler einer neuen medizinischen Infrastruktur, die der Wissenschaft und Wirtschaftsunternehmen Daten liefert.[110] Alles nur zu unserem Besten. Juli Zehs Buch *Corpus Delicti* zeigt anschaulich, wohin das führen kann, und wie tiefgreifend eine Gesundheitsdiktatur unser Leben verändern würde.

Fintechs, Insurtechs und die Digitalisierung: Die Innovationen in der Finanzbranche sind spektakulär. Eine Branche wird disruptiv neu vermessen. Bei den Versicherern heißt das Gegenstück zu den Fintechs bei den Banken Insurtechs. Die Infrastruktur für die digitale Welt macht auch im Finanzbereich große Fortschritte. Das sind keine guten Nachrichten für Bankfilialen.

Smart Home: Technische Verfahren zur verbesserten Sicherheit und effizienterem Energieverbrauch in Häusern und Wohnungen werden seit Jahren getestet und sind schon weitgehend marktreif.

Das eigentliche Ziel ist jedoch, die möglichst vollkommene Vernetzung aller Geräte und ihre Steuerbarkeit. Die Automatisierbarkeit der zahlreichen Systeme schließt neben der Haustechnik auch sämtliche Haushaltsgeräte, wie beispielsweise Lampen, Rolladen, Heizung, Herd, Spülmaschine, Kühlschrank, Waschmaschine etc. sowie die Unterhaltungselektronik mit ein. Neben der Optimierung unserer Energieversorgung sollen Smart-Meter-Installationen letztlich auch die Implementierung weiterer, passender Geschäftsmodelle ermöglichen: »Automatisierte Verbrauchserfassungen und eine gerätescharfe Rückmeldung an die Nutzer führen zu neuen Dienstleistungen und Kundenbeziehungen.« Perspektivisch sind mithilfe der Smart-Meter-Gateways dann »auch Dienstleistungen in den Bereichen betreutes Wohnen und Gebäudemanagement abgesichert«.[111] Die intelligenten Stromzähler »überwachen« uns so rundum und sichern die Einnahmen unserer Energielieferanten. Aber für die so von uns ermittelten Daten gibt es noch weitere interessierte Anwender, wie staatliche Institutionen, die uns angesichts der Meldungen über Terroranschläge und steigende Kriminalität laufend in Stress versetzen.

Damit ist auch das eigene Wohnumfeld kein Schutzwall mehr vor möglichen »Abzockern«. Der britische Grundsatz »My home is my castle« wird auf den Kopf gestellt. Das anschauliche Bild einer »Burg« zeigt, worum es hier geht: Rückzug vor falschen Freunden, Entspannung im Kreis der Familie und nicht zuletzt um Sicherheit.

Längst ist die Realität eine andere: Das Einfallstor war dabei der eigene PC. Unser eigenes Arbeitszimmer wurde Teil des multimedialen Internets. Wir werden digitalisiert und sukzessive entmündigt und enteignet – wenn wir es zulassen.

Fazit: Bereits vor der Digitalisierung wurden die Voraussetzungen für die Ökonomisierung aller Lebensbereiche geschaffen und damit die Saat für unsere schleichende Entmündigung gelegt, wenn wir es zulassen.

9. Smart Home oder elektronisches Gefängnis?

»Google und anderen geht es nicht um Strom, Wärme oder das Energiesparen, sondern um den Kunden als gläsernen Verbraucher.«

Michael Spehr / Lukas Weber[112]

Was werden uns für verlockende Möglichkeiten suggeriert, wenn wir unsere Wohnung komplett vernetzen. Man könnte auch von ›freiwilliger Verwanzung‹ sprechen. Unsere Eltern und Großeltern waren da noch sensibler und durch Geheimdienstfilme gewarnt. Jetzt wird auch unsere Wohnung vermeintlich ›smart‹. Aber was verbirgt sich eigentlich dahinter? Wir möchten zunächst, anhand vieler schon bestehender Beschreibungen, eine Definition formulieren: Smart Home ist ein Sammelbegriff für elektronische Verfahren, die speziell für Wohnräume oder Häuser konzipiert wurden, die einerseits den Bedienungskomfort und die Effizienz aller vorhandenen Geräte erhöhen und andererseits durch die Datenweitergabe neue Geschäftsmodelle ermöglichen.

Der Aspekt der Komforterhöhung ist natürlich der attraktive Part, der auch das Herz elektronischer Spieler höher schlagen lässt. Ja, wir können die Heizung beispielsweise von unserem Smartphone aus regulieren – von nahezu jedem Punkt auf der Erde. Dabei darf man sich aber selbst keine Falle stellen, wie Michael Spehr und Lukas Weber in einem amüsanten Beispiel beschreiben[113]: »Der Freund weilte in Amerika, und die Partnerin zu Hause hatte kalte Füße. Die Heizung höherzustellen, war ihr nicht möglich, denn die hochintelligente Anlage hatte ihren App-Zugang aus welchen Gründen auch immer gesperrt.« Hier half nur, dass er nachts in New York aufstand und mit seinem Handy die Heizung für sie in Neu-Anspach umprogrammierte. Eine aufrüttelnde Geschichte aus einer neuen Welt der Fremdsteuerung, wenn wir uns darauf einlassen.

Die mittlerweile gesetzlich vorgeschriebene Einführung von Rauchmeldern zeigt, wo die Reise hingeht. Google Nest ist hier gut positioniert. Alphabet hat das Marktpotenzial erkannt. So entwickelt die im Jahr 2014 erworbene Tochtergesellschaft Nest selbstlernende Heizungsregler sowie CO_2- und Rauchmelder für das intelligente Haus. Diese sind inzwischen auch in Deutschland erhältlich. Auch Überwachungskameras stehen auf dem Programm. Bei aller nachvollziehbaren Faszination für diese neuen Anwendungen bleibt zu bedenken: Hacker bekommen damit genaue Informationen, wann wer von uns zu Hause ist. Noch viel wichtiger ist die Nachricht, dass niemand von uns zu Hause ist. Diese Kenntnis ist für Kriminelle hochgradig interessant.[114] Smart Home ist damit auch ein ›Stolen Home‹, wenn unsere Daten professionellen Einbrecherbanden zur Verfügung stehen. Was wäre dann unter dem Strich gewonnen? Smart Home würde dann eben für uns nicht ›Gated Home‹ in einer ›Gated Community‹ bedeuten. Es ist eher unsere Totalüberwachung, eben auch von den Falschen, ohne jeden Auftrag dazu.

Trotz dieser Risiken für uns wird das Smart Home sicher zu einem riesigen Geschäftsmodell. Dabei werden insbesondere die Bereiche ›Home Automation‹, ›Sicherheit‹, ›Energiemanagement‹, ›Entertainment‹, ›Raumgestaltung‹ und ›rundumbetreutes Wohnen‹ stark beworben. Irgendwann werden alle diese wunderbaren »Verbesserungen« für uns zum Maßstab, vor allem wenn das Haus unseres Nachbarn bereits alle diese »Vorzüge« aufweist. Ganze Siedlungen könnten sich vernetzen, und die Sharing Economy würde so üblich werden, dass wir alle Bedenken ablegen und uns in falscher Sicherheit wiegen. Smart Home in der vollkommenen Form kann eben auch digitale Knechtschaft bedeuten – und das in den eigenen vier Wänden. Versicherer werden uns interessante neue Angebote machen, wenn wir uns komplett vernetzen. Demente oder gebrechliche ältere Personen unter uns werden vermutlich ohnehin bald ständig online überwacht werden. Dann voraussichtlich auch alle anderen. Was den meisten noch gar nicht bewusst ist: Durch die persönliche Risikozuordnung wird der solidarische Aspekt des Versicherungsprinzips ausgehöhlt. Wenn wir zu den Risikogruppen gehören, werden wir die Tarife irgendwann nicht mehr bezahlen können. Oder wir werden, wenn überhaupt, nur unter Auflagen versichert.[115]

Der ›Smart Meter‹ kontrolliert nicht nur unsere Wohnung und die Geräte darin. Er ist, bei entsprechender Programmierung, sogar in der Lage, die in den Gebäuden lebenden Personen und damit uns zu überwachen. Das bedeutet, dass er dann nicht nur den Strom misst, sondern dass er den Verbrauch auch bestimmten Geräten zuordnen kann. Er kann in Echtzeit den Verbrauch jedes Haushaltes melden. Insellösungen sind ausgeschlossen in der orwellschen Netz- und Kommunikationsgesellschaft. Allein die vorhandene Technik lädt zur Überwachung ein.

Stellen wir uns bereits jetzt darauf ein: Es geht um Daten und nichts anderes als die Daten, unsere Daten! Und das bedeutet Geschäft, sogar ein ganz großes Geschäft für clevere Datensammler. Ein besonders negatives Beispiel stellte die Kinderpuppe Cayla dar. Cayla kann nämlich Kinder und deren Bezugspersonen ausspionieren. Denn Cayla besitzt ein Mikrofon sowie eine Funkverbindung. Die Abhör- und Datenweiterleitungsmöglichkeiten waren jedoch gut getarnt, sodass Kinder und Eltern sie nicht erkennen konnten. Daher sind Einfuhr, Herstellung und Vertrieb gesetzlich untersagt, die Eltern wurden sogar aufgerufen, dieses Spielzeug zu vernichten. Für die Informationsbeschaffung wurden Gesetzesverstöße in Kauf genommen. Dabei wird von skrupellosen Datensammlern sogar rücksichtslos auch das Vertrauen von Kindern missbraucht.

Auch so vermeintlich schöne Spielereien wie Amazon Echo und Google Home könnten, verbunden mit dem ›Internet der Dinge‹

uns sprachgesteuert weiter verwirren und sozial verarmen lassen. Pannen, wie die massenhafte Bestellung eines Puppenhauses, zeigen die hohe Fragilität der Systeme.[116] Der Smart-Home-Markt wird jedenfalls heiß umkämpft sein. Nicht nur die Digitalkonzerne sind vorne mit dabei, auch große Versicherer erkennen ihr Geschäftspotenzial.

Die bislang bestehende Informationsasymmetrie zu Lasten der Versicherer wird sich verringern. Verwaltungskosten können durch den Einsatz von Algorithmen deutlich reduziert werden. Für das Versicherungsgeschäft ergeben sich ganz neue Geschäftschancen. Die Allianz hat beispielsweise aufgezeigt, was sie allein anhand von möglichen Smart-Home-Anwendungen alles steuern könnte: Ältere, insbesondere alleinstehende Mitbürger können unbesorgt zu Hause leben, wenn sie sich mit den Nachbarn oder Angehörigen vernetzen, denn die Wohnung beziehungsweise das Haus wird durch Überwachungstechnik gesichert, Haustiere werden digital vernetzt, und bei Bedarf werden Reparaturdienste organisiert sowie mobile Zusatzgeräte und digitale Risiken erfasst.[117] In einem derart optimierten System wird auch der Versicherungsbetrug durch Kunden weiter sinken. Mit diesen Verbundeffekten lassen sich neue Geschäftsmodelle entwickeln, die natürlich auch Nutzen für uns Kunden schaffen.

Letztlich hängt die Durchsetzung der digitalen Geschäftsmodelle vom Feedback der Versicherungsnehmer ab, bei denen sich immer mehr das von Google verwendete Fünf-Sterne-Rating durchsetzt. Wir geben unsere Daten erfahrungsgemäß eher dann preis, wenn wir ein Feedback erhalten und – vor allem – einen Nutzen oder Vorteil für uns sehen. Angesichts gestiegener Einbruchsgefahren dürften Smart-Home-Konzepte mit glaubwürdiger Verbesserung der Sicherheit – zumindest der gefühlten – auf große positive Resonanz stoßen. Andererseits werden wir so dann als gläserne Bewohner und Verbraucher selbst in unserem engsten Umfeld immer weiter unserer Privatheit beraubt. Das ist der Preis. Er könnte zu hoch sein, wenn wir künftig als gläserne Wohnungsnutzer uns mit unserer Datenweitergabe selbst so binden, dass wir unsere Freiheit und Verantwortung für unsere eigenen Angelegenheiten abgeben und, wenn überhaupt, sehr wenig Sicherheit und Komfort dafür gewinnen. Sicherheitsfachleute vertrauen angesichts der Sicherheitslücken der elektronischen Helfer daher weiter eher auf mechanische Schutzeinrichtungen.[118]

Fazit: Ob es sich um Smart-Home-Produkte oder andere Innovationen handelt, diese »freundlichen« Geschäftsmodelle sollten wir kritisch hinterfragen. Hier werden fast immer nur Bedürfnisse geweckt, die es üblicherweise vorher so nie gab. Für einen vermeintlich höheren Wohnkomfort werden wir in den eigenen vier Wänden zunehmend öffentlich. Dann gilt nicht mehr »my home ist my castle«, denn in einem solchen modernen Überwachungsgefängnis verlieren wir schleichend und weitgehend unbemerkt unsere Privatheit. Wir werden – wenn wir nicht rechtzeitig gegensteuern – zu ›ferngelenkten Haushaltstrotteln‹.

10. Mehr Wellness oder mehr Gesundheitsdiktatur?

»Ich [...] höre jetzt mit Freude, dass die ersten Testversuche mit geringen Datenmengen auf der Gesundheitskarte nun in einigen Regionen Deutschlands auf den Weg gebracht wurden.«

Bundeskanzlerin Angela Merkel[119]

Der Roman *Corpus Delicti* von Juli Zeh beschreibt anschaulich die Gefahren einer Gesundheitsdiktatur in einer nicht allzu fernen Zukunft. Wenn die Gesundheit zur Norm erhoben wird, muss Fehlverhalten geahndet werden. In dem Roman wird die Methode beschrieben, die die Basis der Gesundheitsdiktatur bildet: die Messung des Menschen anhand des Gegebenen und der Einstufung, ob er »normal, gesund und folglich gut« ist. »Oder man erhebt das Gewünschte zum Maßstab und stellt fest, dass der Betreffende gescheitert sei. [...] Solange man dazugehört, dient dieses Schwert der Verteidigung. Befindet man sich draußen, stellt es eine schreckliche Bedrohung dar. Es macht krank.« [120] In dem Buch wird spannend beschrieben, wie sich die auch in Diktaturen übliche Ausgrenzung – und, wenn man so will – auch das Mobbing durch die Träger des Systems beziehungsweise den Anhängern der Methode entwickeln. Mia Holl, die Hauptperson des Romans, ist davon betroffen. Sie pocht auf ihre individuellen Rechte und will die Unschuld ihres Bruders beweisen.

Was hat das mit der heutigen Situation zu tun? Oberflächlich betrachtet wenig. Sport und Wellness, für viele fast eine Art Religionsersatz, begleiten uns in unserem Alltag[121]: Ob verknüpft mit Esoterik, gesunden Nahrungsmitteln, Hoteldienstleistungen oder vielen

Leistungsmessgeräten, auf Schritt und Tritt werden wir von zahlreichen Angeboten verfolgt und stehen unter Rechtfertigungsdruck, wenn wir sie nicht annehmen. Klar, Sport und Wellness sind in angemessenem Umfang für jeden von uns empfehlenswert. Bereits in der analogen Welt hat sich unser Lebensstil gegenüber unseren Eltern und Großeltern verändert. Wem wird heute noch ein mehrwöchiger Kuraufenthalt verschrieben? Soviel Zeit haben wir nicht, und außerdem sind die Krankenkassen bei der Kostenübernahme restriktiver geworden. Also müssen wir die Wellnesswochenendangebote der Hotels studieren.

Zukünftig kommen noch weitere digitale Anbieter dazu. Bereits heute können wir uns Apps herunterladen, die unser Verhalten aufzeichnen und auswerten. Rundum erfolgt das Tracking, das wir als User gutheißen oder auch verdrängen. Tragbare Messinstrumente, auch Wearables genannt, können uns zu einem gläsernen Sportler oder Patienten machen. Wir brauchen uns nur ein Gesundheitsarmband, die Apple-Uhr oder eine Datenbrille wie zum Beispiel die von Google Glass anschaffen, deren Innenseite als Bildschirm genutzt wird. Sie ist allerdings noch schwer verfügbar. Bisher fehlt für diesen weiteren »großen Schritt« zu einer vollständigen Vernetzung mit Nutzung einer erweiterten Realität (Augmented Reality)[122] noch der Marktdurchbruch. Bislang stoßen solche Brillen noch auf starke Kritik, nicht zuletzt von Datenschützern.

Haben Sie schon eine Fitness- oder Gesundheitsapp? Ist es vielleicht eine App der gesetzlichen Krankenkassen oder privater Krankenversicherer? Auf jeden Fall sollten Sie genau darauf achten, welche Daten von Ihnen wofür gesammelt werden. Wofür bekommen Sie Bonuspunkte bei der Versicherung? Bereits Mitte 2015 warnte Deutschlands oberste Datenschützerin Andrea Voßhoff davor, nicht unbedacht Informationen weiterzugeben: »Allen Anwendern, die Fitnessapps freiwillig herunterladen, rate ich, nicht unbedacht mit ihren sensiblen Gesundheitsdaten umzugehen und die kurzfristigen finanziellen Vorteile, welche die Datenoffenbarung vielleicht mit sich bringt, gegen die langfristigen Gefahren abzuwägen.«[123] Das künftige Versicherungsgeschäft wird datengetrieben sein, und die Nutzung der Daten wird zum kritischen Erfolgsfaktor werden, der auch für die Regulierung eine immer größere Rolle spielt.

Die künftig immer häufiger benutzte Möglichkeit, Verträge individuell zu gestalten und zu überwachen, dürfte die Ausfallrisiken der Versicherer weiter reduzieren. Mit der zunehmenden Kenntnis der Gesundheitsdaten ihrer Versicherten werden Lebensversicherungsverträge präziser als bisher kalkuliert werden können. Ist dann noch ein angemessener Datenschutz für die Kunden gewährleistet? Anlass zur Sorge bieten in diesem Zusammenhang aber auch staatliche Stellen. Die digitale Gesundheitskarte der gesetzlichen Krankenkassen könnte der Einstieg in eine digitale Rundumüberwachung sein. Bislang halten die Gerichte noch dagegen. So hat das Landessozialgericht Baden-Württemberg in einem Grundsatzurteil zwar die Einführung der elektronischen Gesundheitskarte gebilligt, gleichzeitig aber auch das Recht auf informationelle Selbstbestimmung der Bürgerinnen und Bürger verlangt. Darüber hinaus müssen die Voraussetzungen und der Umfang der Speicherung sensibler (Gesundheits-)Daten gesetzlich klar geregelt sein und nicht Vereinbarungen zwischen den beteiligten Behörden überlassen werden.[124]

Rein formal ist damit erstmal ein Riegel vorgeschoben, wenn die Bürger auf die Selbstbestimmung ihrer Daten bestehen können. Sorge macht in diesem Zusammenhang jedoch die sogenannte ›Quantified-Self-Bewegung‹, die in den USA begann. Leidenschaftliche Selbstvermesser spielen nämlich den Datenverwertungsinteressen von IT-Konzernen und staatlichen Stellen in die Hände.[125] Dass es durch die Datenweitergabe auch zu medizinischen Verbesserungen kommen kann, ist unbestritten, aber wir Bürger sollten wachsam bei der Generierung unserer Daten bleiben, sonst verlieren wir als ›gläserne Patienten‹ den Überblick und lassen uns in Kernfragen des Lebens gegebenenfalls weitgehend fremdsteuern.

Trotz dieser bereits heute bestehenden Gefahren sind wir erfreulicherweise noch weit entfernt von einer Gesundheitsdiktatur, wie sie Juli Zeh in ihrem Roman *Corpus Delicti* beschrieb. Aber man kann hier nicht genug warnen. Wenn wir erst in der Falle einer ›digitalen Gesundheitsknechtschaft‹ sind, wird ein Entrinnen nur schwer möglich sein, da die Strukturen dann weitgehend zementiert sein dürften.

Aber gehen wir noch einen Schritt weiter. In unseren zunehmend alternden Gesellschaften wird die Frage der Bewältigung der ›sozialen‹ Kosten auch eine technische werden. Vor Robotern wird man dann voraussichtlich auch in Deutschland immer weniger zurückschrecken. Nicht nur in Japan, auch bei uns könnte ›Society 5.0‹ schon bald Wirklichkeit im Pflegesektor werden[126].

Die Vorstellung, nicht mehr selbstbestimmt leben zu können, ist unangenehm und wird daher häufig verdrängt. Angesichts der alternden Gesellschaft und steigender Abhängigkeit von fremder Hilfe bei zunehmendem Robotereinsatz, könnte folgender Tagesablauf in einem inländischen Pflegeheim in 25 Jahren typisch sein:

> Morgens um 7:30 Uhr weckt uns unser Pflegepartner ganz sanft mit unserer Lieblingsmelodie. Es wird zunehmend heller und unser Schlafraum zeigt unsere Lieblingsfarben in einem ruhigen Wechsel. Eine gut optimierte Stimme ist zu vernehmen, die uns daran erinnert, dass wir jetzt aufstehen müssen. Falls nicht, gibt es Strafpunkte! Das penibel geführte Sozialverhaltensindexsystem, dessen aktueller Stand laufend abrufbar ist, ist das Herzstück der Pflegeabteilung. Bei körperlich und geistig noch stärker eingeschränkten Personen entfällt der Warnhinweis eines zu erwartenden Punkteabzugs. Da ohnehin längst alles digitalisiert ist, bleibt der bestens informierten Leitung nichts verborgen. Auch unsere Kaffeekasse ist längst digitalisiert und Bestandteil unseres ›Bonus-/Malus-Systems‹.

Unser Hauptpflegepartner heißt Lenny. Er ist nicht irgendwer. Es ist der Roboter unseres Vertrauens, nachdem vor fünf Jahren menschliche Pfleger verbannt wurden. Einige waren unzuverlässig, manchmal stürzte ich schmerzhaft zu Boden, weil sie mich nicht fachgerecht vom Bett ins Bad brachten. Endlich gibt es Helfer, die nicht mehr versagen…

Lenny kennt keinen Ekel und funktioniert perfekt. Er wäscht mich bis 8:00 Uhr. Frisch für den Tag gerüstet fühle ich mich jetzt pudelwohl, um das reichhaltige Frühstück einzunehmen. Das ist ganz nach meinen Wünschen zubereitet. Mein liebevoller Assistent bringt mir den Becher, füttert mich und wischt mir auch noch am Ende gekonnt den Mund ab. Gleichzeitig messen weitere Helfer genau, wieviel ich gegessen und getrunken habe und dosieren meine Medizin optimal. Was war das für ein Stress damals, als überforderte menschliche Pfleger noch das Sagen hatten. Jetzt ist alles schön und gut kontrolliert. Die Station weiß immer Bescheid. Durch permanenten Datenabgleich ist der reibungslose Ablauf gewährleistet.

Am Vormittag spielt endlich wieder die äußerst attraktive Roboterpuppe Lisa mit mir. Das ist erneut ein Riesenspaß. Manchmal ist auch Pudel Daisy dabei. Diese perfekte Hundenachbildung gefällt uns allen – ohne Ausnahme – in der Station.

Um 12:00 Uhr erhalten wir unser Mittagessen – ein gut vorzeigbares Drei-Gänge-Menü –, das wieder gekonnt von unseren elektronischen Helfern zubereitet wurde.

Das Nachmittagsprogramm besteht wie gewohnt aus einem Mittagsschlaf, einem Spaziergang, meist mit Lennys Unterstützung, und natürlich wieder mit Lisa. Am Spätnachmittag wird ein Film gezeigt. Diesmal ist es ein historischer »Schinken«, der zeigt, wie schwerfällig und wenig perfekt noch das Leben vor einigen Jahrzehnten war. Erfreulicherweise sind wir längst viel weiter.

Punkt 18:00 Uhr gibt es Abendessen. Danach sitzen wir zu mehreren zusammen und lassen uns von unseren empathischen Robotern verwöhnen. Immer wieder wird uns eine Leckerei gebracht. Wir sind alle wohlgenährt und glücklich. Sorgen plagen uns nicht mehr. Unsere Helfer betreuen uns rund um die Uhr und passen auf, dass keine negativen Überraschungen passieren.

Ab 22:00 Uhr wird unser Wohnraum langsam abgedimmt. Ein angenehmer Geruch durchströmt den Raum, mit dazu passender Musik. So werden wir freundlich sediert auf unsere Schlafphase vorbereitet.

Das könnte in 25 Jahren oder schon früher angesichts des Pflegenotstands so verwirklicht sein. Hier ist die Effizienz des Roboters gefragt, da zu wenige unter uns gerne in Pflegeheimen arbeiten. Die Arbeit ist zudem schlecht bezahlt. Die Japaner gehen mit der Vision einer ›Society 5.0‹ so weit, dass nicht nur die Wirtschaft, sondern die gesamte Gesellschaft elektronisch erfasst und ausgewertet werden soll. Hier sind die Berührungsängste vor menschlich wirkenden Robotern anscheinend besonders gering und die Herausforderungen durch eine alternde Gesellschaft besonders groß. Der verstärkte Einsatz von humanoiden Robotern in Pflegeheimen ist dort weniger als anderswo ein Tabu.

Es bleibt aber die Frage, ob wir solche ›Rundum-Sorglos-Pakete‹ auch wirklich wollen? Wenn wir zu ausgeprägt und zu früh ein selbstbestimmtes Leben aufgeben, könnten wir uns nachhaltiger verändern als vielen von uns bewusst ist.

Werden die Menschen zu verfetteten Idioten, wie in dem Film *Wall•E* dargestellt? Der Film *Wall•E – Der Letzte räumt die Erde auf,* unter der Regie von Andrew Stanton aus dem Jahr 2008 zeigt nach

700 Jahren Automatisierung, Berieselung durch Medien und zu geringer Gravitation im Raumschiff Axiom fettleibige, offensichtlich degenerierte menschliche Lebewesen.[127]

Das muss nicht der Fall sein. Das haben wir selbst in der Hand!

Jüngste Entwicklungen zeigen aber, dass die Menschen sich doch in der großen Mehrzahl passiv verhalten. Auch sehr unangenehme Nebenwirkungen werden solidarisch abgefedert, aber nicht (mehr) in der Familie oder Nachbarschaft, sondern im größeren Kollektiv. Angesichts eines schwindenden Bewusstseins für Freiheit und Unabhängigkeit sind Fremdbetreuungseinrichtungen dann die erste Wahl.

Die nachfolgenden Fragen müssen an dieser Stelle dennoch gestellt werden: In welche Art von Wettbewerb bewegen wir uns damit, wenn wir nicht mehr Maschinen und Arbeitsprozesse optimieren, sondern unser eigenes Menschsein, unsere Freizeitgestaltung und unseren Körper als Hauptoptimierungsprobleme ansehen? Wohin bewegen wir uns in den nächsten Jahren? Können wir überhaupt noch aufhalten, dass die Maschinen uns auch im Pflegebereich übernehmen?

Fazit: Unsere Gesundheitsdaten gehören uns und gegebenenfalls den Ärzten unseres Vertrauens. Wenn unsere Daten zum Allgemeingut werden, besteht die Gefahr, dass wir zunehmend nicht mehr über uns und unseren Körper bestimmen können, sondern Teil einer fürsorglichen Überwachungsgemeinschaft werden, die uns auch noch kommerziell im Griff hat. Können wir überhaupt noch aufhalten, dass die Maschinen uns auch im Pflegebereich übernehmen?

11. Das Auto – Ihre rollende Überwachungsmaschine

»Was uns als Freiheit verkauft wird, ist nichts anderes als Überwachung.«

Diese Einschätzung, die meine Zahnärztin formulierte, als ich mit ihr über die Chancen und Risiken der Digitalisierung sprach, gefiel mir auf Anhieb. Diese Aussage gilt allgemein, aber insbesondere beim Thema Mobilität. Das Motorrad- und Autofahren galt schon immer auch als ein Stück Freiheit. Ein fahrbarer Untersatz machte unabhängig, das galt besonders für junge Menschen. Der Kauf des ersten Mofas oder Mopeds war, und ist wohl noch heute, für Jugendliche ein besonderes Ereignis. Die Fähigkeit, selbst fahren zu können und das Ziel der Reise zu bestimmen, empfinden wir als großen Gewinn. Die Suche nach Freiheit und Abenteuer steht in den Road Movies im Vordergrund, die vor allem in den USA große Erfolge feierten.

Und nun kommen die Entwickler aus dem Silicon Valley und vermitteln uns, dass dies alles Schnee von gestern ist.... Dass wir uns in ein Automobil im besten Sinne des Wortes setzen können, das uns abholt und sprachgesteuert hinfährt, wohin wir wollen. Wir können in dem uns zur Verfügung gestellten Elektrofahrzeug relaxen oder die vielfältigen Entertainmentangebote nutzen. Nicht mehr selbst steuern zu müssen, vermittelt einen Effizienzgewinn, da wir während der Fahrt auch arbeiten können, anstatt uns auf den Verkehr konzentrieren zu müssen. Staus werden dadurch von uns nicht mehr als verlorene Zeit erlebt. Wir werden gelebt, die Entscheidungshoheit haben wir abgegeben.[128] Wir Kunden werden zu einem Produkt, das maßgeschneidert gelenkt wird und dafür liefern wir auch noch für die großen Digitalkonzerne unsere Daten frei Haus.[129] Schon bald dürfte uns die Software am Zu-Schnell-Fahren hindern[130], wir werden nach und nach auf unseren Steuer- beziehungsweise Steuerungsverlust vorbereitet. Bereits heute schon sind wir angesichts der vielen elektronischen Helfer in hohem Maße fremdbestimmt. Wir dürfen immer weniger in unserem eigenen Auto, für das wir bislang immer mehr bezahlen mussten. Bald wird es uns nicht mehr gehören, und wir werden in größere Automaten-Shuttles umsteigen müssen.

Der Weg dahin ist vorgezeichnet: Die massiven Kartellvorwürfe gegen inländische Fahrzeughersteller[131] und die Diskussion um Dieselfahrverbote im Bundestagswahlkampf 2017 beschleunigen den Siegeszug des besser von außen steuerbaren Elektroautos. Es bietet angeblich künftig auch mehr Sicherheit. Die Zahl an Verkehrstoten könnte so weiter deutlich reduziert werden, wenn die Gefahr von Hackerangriffen auf die von uns genutzten Fortbewegungsmitteln begrenzt werden kann. Effizienz, Sicherheit und Bequemlichkeit werden in der neuen digitalen Autowelt die zentralen Motive sein, nicht mehr Freiheit und Abenteuer.

Die »Freude am Fahren«, langjähriger Slogan von BMW, wird dann ganz neu interpretiert werden müssen. Dann ist auch das Auto ein anderes als heute. Statt eines Autos mit Verbrennungsmotor und komplexer Mechanik wird das neue digitale Auto einfacher zu fertigen sein. Denn die Wertschöpfung verlagert sich zu Gunsten der elektronischen Komponenten. Dazu Peter Altmaier[132], der angesichts der Neudefinition des Fahrens besorgt ist, dass die deutsche Autoindustrie den Anschluss verliert: »Wenn am Ende 60 Prozent der Wertschöpfung digital sind und 20 Prozent auf die Batterie entfallen, nützt es uns gar nichts, wenn wir 80 Prozent der Oberklasseautos bauen, aber nur noch 20 Prozent der Wertschöpfung im eigenen Land haben«[133]. Die deutsche Autoindustrie steht damit unter massivem Druck. Die großen Digitalkonzerne könnten sie aufkaufen, den Erwerb dann aus der Portokasse zahlen. Sie könnten aber auch kooperieren und die bislang stolzen Hersteller zu Zulieferern degradieren. Bislang ist das Rennen noch nicht entschieden.[134]

Das Geschäftsmodell könnte sich dramatischer verändern als bislang gedacht. Die Kartellvorwürfe belasten die inländische Machovorreiterbranche schwer.[135] Auch die anhaltende Diskussion um Dieselfahrverbote, die sich im Bundestagswahlkampf beschleunigte, verstärken den Trend zum besser von außen steuerbaren Elektroauto. Vielleicht werden wir unsere jetzigen Autos schon in zehn Jahren als aus der Zeit gefallene »Stinker« betrachten.

Für die Autoindustrie beschreibt Henning Peitsmeier den Wandel anschaulich anhand neuer Zielstrukturen: »Google, Apple oder Uber arbeiten an Geschäftsmodellen, die den Gewinn je zurückgelegtem Kilometer maximieren – und nicht den Gewinn je produziertem Fahrzeug.« [136] Auch hierzulande werden selbstfahrende Autos entwickelt sowie die stärkere Bedeutung der Datennutzung erkannt. Aber die Bedeutung einiger grundlegender Veränderungen sind noch immer nicht richtig berücksichtigt worden, zum Beispiel die hohe Akzeptanz des Carsharings, die Vorteile einer verbesserten Fahrzeugauslastung sowie von Bezahlmodellen auf der Basis der gefahrenen Kilometer und/oder der Zeitdauer.

Die Übernahme von Nokia Here durch mehrere Hersteller ist ein Versuch, von den Silicon Valley Giganten unabhängiger zu werden.[137] Die Autoindustrie arbeitet sogar schon an eigenen Betriebssystemen, um nicht »als Blechbieger« von den Disruptoren aus dem Silicon Valley verdrängt zu werden oder als unwichtigstes Glied der Wertschöpfungskette zu enden.[138] Wie auch immer: Auf jeden Fall wird das Auto zukünftig wohl eher ein Modul, das ständig Daten liefert und empfängt.[139] Die Markendifferenzierung erfolgt bei einem selbstfahrenden batteriegetriebenen Elektromotorfahrzeug nur noch über das Design – wenn die Regulierer das noch zulassen.

Autos werden, wie bereits angesprochen, immer seltener in unserem Besitz sein. Vor allem in größeren Städten werden Autos zunehmend geteilt. Mobilität wird sich gänzlich verändern, und wir sind schon voll dabei. Wie auch andere Hersteller hat Daimler seinen Schwerpunkt schon verlagert, den das Kürzel CASE andeutet, das für ›Connectivity, Autonomous, Shared & Service, Electric Drive‹[140] steht. Diese Antwort der Hersteller auf die Herausforderung durch die Disruptoren in den Digitalkonzernen bedeutet auch: Bereits jetzt sammeln die Fahrzeughersteller Bewegungsdaten, dieser Trend wird sich verstärken. Das Nutzungsprofil der Fahrer bleibt nicht ausgespart.[141] Die Versicherer werden mit im Boot sein und die neue, zunehmend sichere Verkehrswelt wird die ›Schwachstelle Mensch‹, also uns, immer stärker eliminieren. Angesichts der Fehlerträchtigkeit ist dies im Prinzip nur logisch und konsequent.

Kanzlerin Angela Merkel war wissenschaftlich als Physikerin tätig. Sie müsste daher wissen, wovon sie spricht, wenn sie vor Studenten in Argentinien erklärte: »Wir sind das größte Risiko.« Auf die Frage, wie sie sich die Welt in zwanzig Jahren vorstelle, antwortete sie, dass es das autonome Fahren geben werde sowie: »Wir werden in zwanzig Jahren nur noch mit Sondererlaubnis selbstständig Auto fahren dürfen.«[142]

Die Fahrer haben sich ohnehin schon immer überschätzt. Bei Befragungen haben sie sich in der Mehrzahl als überdurchschnittliche Fahrzeuglenker eingestuft. Damit ist dann bald Schluss. Wie schnell, das ist noch offen, aber die Kanzlerin hat dem heutigen Selbstlenker mit ihrer Äußerung das Aus in naher Zukunft in Aussicht gestellt. Aus jetziger Sicht ist daher in den nächsten zehn bis 20 Jahren mit einem weitgehenden Umbau des Individualverkehrs zu rechnen.

Wir werden uns wohl eher mit dem Verlust der Selbststeuerung und Individualität abfinden müssen, wenn die ›DDR 2.0‹[143] ebenso auf der Straße verstärkt realisiert wird: Künstliche Intelligenz wird auch auf der Straße an die Stelle unserer Unzulänglichkeiten treten, wir werden »kollektiv systemgelenkt«. Neben Elektrofahrzeugen, die uns laufend steuern und überwachen, könnten für die Nomenklatura Vorrangregeln gelten. Für sie könnten dann auch elektrische Hubschrauber ohne Pilot als ›Lufttaxis‹[144] zur Anwendung kommen. Aber vielleicht gibt es hier doch eine kollektive Verweigerungshaltung. Selbst wenn man im Stau steckt, möchte man die Kontrolle über das eigene Fahrzeug nicht ganz abgeben. Hartmut Rosa bezeichnete dies als »Selbstwirksamkeitserfahrung«.[145]

Freiheit und Unabhängigkeit bleiben vor allem technikbegeisterten Männern im mittleren Alter wichtig. Sie wollen weiterhin selbst am Steuer sitzen und auch Herr der Lage bleiben. Wenn das Auto diese Freiheit – bei hoher Fahrsicherheit – nicht mehr bietet, würde das Motorradfahren für diese Klientel sogar attraktiver. Zukunftsszenarien bei BMW zeigen, wie intelligente und sichere Zweiräder zukünftig aussehen könnten.[146] Vermutlich wird es auch bei den Automobilen Kompromisse geben. Trotz der aktuellen Euphorie bleibt auch richtig: Der Weg zum vollautomatischen Fahren ist noch weit. Ein vollständig autonomes Fahren ist technisch bis auf absehbare Zeit noch unrealistisch[147], teilautonome Systeme werden sich dagegen schon in wenigen Jahren nach und nach durchsetzen.[148] Juristische Hürden sind zu nehmen, bevor ein Algorithmus in einer Gefahrensituation über Menschenleben entscheiden darf. Außerdem ist die Technik noch weiter zu perfektionieren.

Übrigens ... zu autonomen Systemen ... Werden wir zu Sklaven von Algorithmen? Harald Lesch sagt dazu mit einem kritischen Blick auf selbstfahrende Autos und andere autonome Systeme:

»Wenn wir uns von total autonomen Systemen völlig abhängig machen, dann werden wir zu Sklaven von Algorithmen, und die kennen nur Einsen und Nullen. So Begriffe wie Großzügigkeit, Freiheit, Vertrauen, Würde, sind für diese Systeme Fremdworte. Die kann man nämlich nicht programmieren, die muss man leben«.[149]

Während es sich hier noch um Zukunftsfragen handelt, ist die Weitergabe von Telematikdaten bereits jetzt aktuell und verbreitet. So sind beim Datensammeln nicht nur die Digitalkonzerne und die Fahrzeughersteller, sondern auch die Versicherer mit an Bord. Die Kfz-Versicherungen werben mit günstigeren Tarifen, wenn die Versicherten der permanenten Lieferung eigener Bewegungsdaten zustimmen[150]. Für vorsichtige Fahrer erscheint so ein Angebot attraktiv. Etliche Kunden sind bereit, das zu akzeptieren, und es dürften zukünftig noch deutlich mehr werden.[151] Die Versicherer dürften das irgendwann sogar zum Standard erheben. Wer das nicht akzeptiert, muss deutlich mehr für den Vertrag zahlen oder wird im Extremfall ganz vom Versicherungsschutz ausgeschlossen.

Unsere digitale Verkehrslenkung und -überwachung erscheint zunehmend als beschlossene Sache. Wir dürften dann individuell nur noch mit Sondergenehmigung fahren und würden von einem Kartell von Abzockern und vermeintlichen ›Gutmenschen‹ gemaßregelt. Mit der Bekämpfung des Diesels droht das viel schnellere Aus für alle Verbrennungsmotoren, das für digital gesteuerte kollektive Geschäftsmodelle gleichzeitig die Türen noch mehr denn je öffnet.

Zu hoffen ist, dass wir Bürger nicht zulassen, dass unsere Mobilitätsdaten von kommerziellen Datenkraken und von staatlichen Stellen ausgelesen werden, damit wir nicht als Passagiere einer ›rollenden Überwachungsmaschine‹ einer Orwellschen Fremdsteuerung ausgesetzt sind.

Fazit: Das vollautomatische Fahren ist noch Zukunftsmusik. Die Weitergabe von Telematikdaten ist dagegen bereits jetzt aktuell. Die Mobilität ist im Umbruch, und unsere Daten liefern den Disruptoren die Handhabe einer kompletten Fremdsteuerung auch außerhalb des ›Smart Homes‹.

12. Die zunehmende Macht der Digitalkonzerne

»Wir wissen, wo du bist. Wir wissen, wo du warst. Wir wissen mehr oder weniger, worüber du nachdenkst.«

Eric Schmidt, Chairman von Alphabet (vormals Google)[152]

Der Aufstieg von kleinen Internetdienstleistern zu international operierenden Digitalkonzernen ist eine moderne Erfolgsstory, die ihresgleichen sucht. Und es ist fast ausschließlich eine amerikanische. Treiber der Entwicklung, vom stationären Computer, über den Laptop bis hin zum heutigen »Telefon« mit Internetanschluss (Mobile), waren Intel (Prozessoren/Chips), Microsoft (Software) und anfangs IBM (Hardware), vor allem aber auch Apple, die von Anfang an auf die Integration von Hard- und Software setzten. Mit der fortschreitenden Erhöhung der Speicherfähigkeit wurden gleichzeitig auch die Computer kleiner und schließlich auch transportabel (Laptop). Mittlerweise ist in fast jedem Haushalt in den entwickelten Staaten ein Kleincomputer vorhanden, der auch mit dem Internet verbunden ist. Dadurch wurden zahlreiche neue Geschäftsmodelle möglich. Mit der digitalen Revolution, die sich aus den phantastischen Nutzungsmöglichkeiten des Internets ergab, ist der spätere Aufstieg einiger Pioniergesellschaften zu großen, weltweit tätigen Gesellschaften – mit riesigen Börsenwerten – verbunden.

Beispiele für die revolutionäre Entwicklung dieser kommerziellen Anbieter sind der Suchmaschinenanbieter Google, der Versandhändler Amazon, das soziale Netzwerk Facebook oder die digitale »Kultfabrik« Apple.[153] Dieser Aufstieg wurde vielfach beschrieben, mal mehr bewundernd, mal mehr ablehnend. Yvonne Hofstetter schrieb zum Beispiel Bestseller wie *Sie wissen alles,* der erstmals 2014 erschien, oder *Das Ende der Demokratie,* der 2016 herauskam und kritisierte darin Geschäftsmodelle der führenden Digitalkonzerne. Im Nachwort von *Sie wissen alles* bezieht sie sich auf das Buch *Ego* von Frank Schirrmacher, der aus ihrer Sicht »als scharfsinniger Beobachter des Informationskapitalismus auftrat«. Er ermunterte sie Mitte 2013, ein Buch zu schreiben. Yvonne Hofstetter wollte *Ego* »aus Sicht seiner technischen Baumeister« erzählen. Die technischen Baumeister könnten sagen: »Wir sind Ego. Denn Ego ist Realität und hat eine Geschichte. Heute hat sie uns als ›Big Data‹ eingeholt und seine Architekten und Erbauer nachdenklich gemacht wie Dürrenmatts Physiker.«[154]

Die Entwickler dürften sich heute in einer ähnlichen Situation wie der Zauberlehrling in Johann Wolfgang von Goethes gleichnamiger Novelle befinden: » ... Herr, die Not ist groß! Die ich rief, die Geister, Werd ich nun nicht los.« Aber gibt es Forscher oder Entwickler, die freiwillig eine Entwicklung, den »Fortschritt« bremsen oder gar abbrechen? Um so etwas herbeizuführen, wäre ein Engagement von uns Bürgern notwendig. Wir müssten bewusst darauf verzichten, unsere persönlichen Daten preiszugeben.[155] Der Schutz unserer persönlichen Daten und die Sicherung unserer Menschenwürde, in einem demokratischen Rechtsstaat, sollte es uns wert sein. *Ego* fußt, wie Schirrmacher schreibt, auf einer einzigen These, dem ›ökonomischen Imperialismus‹: »Damit ist gemeint, dass die Gedankenmodelle der Ökonomie praktisch alle anderen Sozialwissenschaften erobert haben und sie beherrschen (die imperialistischste ökonomische Theorie war bekanntlich der Marxismus) ... «[156]

Die Ohnmacht des Einzelnen gegenüber den digitalen Mächten, die Schirrmacher beschrieb, hat unseres Erachtens bislang noch nicht zu einem Umdenken geführt. Oft ist sogar das Gegenteil zu beobachten. Macht ist sexy und die Macht definiert sich heute zunehmend über den Besitz von Daten und ihrer Verwendung zur Gewinnsteigerung. Viele deutsche Unternehmen haben heute insgeheim bereits kapituliert, nachdem man hierzulande die digitale Revolution weitgehend verschlafen und ihr ökonomisches Potenzial kaum genutzt hat. Sie huldigen den großen US-Digitalkonzernen. Welche andere Alternative gäbe es wohl für sie? Jetzt aber ist es an der Zeit, alten Fehlern nicht neue hinzuzufügen. Denn auch die Plattform ›Industrie 4.0‹[157] könnte in die falsche Richtung laufen, wenn nur die Geschäftsmodelle der US-Giganten kopiert werden. Dann ginge es vorrangig um die Daten und gegebenenfalls um neue, auch manipulative Geschäftsmodelle, zur Bildung von Gegenmacht.

Disruptive Ansätze können auch solide Strukturen vernichten, die sich auf redlichen Kaufmannsprinzipien berufen. Wenn im Kampfmodus einer digitalisierten 0/1-Welt gilt, »ich oder der andere?«, dann werden Vernichtungsstrategien, wie in den Simulationsmodellen in der Zeit des kalten Krieges, auch in der Wirtschaft üblich. Insofern schaffen die kompromisslos auf Sieg setzenden US-Digitalmächte keine Richtgrößen, die den Prinzipien von Fairness in einer freiheitlich demokratischen Gesellschaft entsprechen. Denn bei diesen Unternehmensgiganten handelt es sich um schwer zu fassende, multinationale Gebilde, deren Hinterbühne vielfach unbekannt ist.[158] Durch ihre Internationalität können sie sich einer Reglementierung weitgehend entziehen. Sie zahlen kaum Steuern und stehen, wie wiederholt in den Medien berichtet wurde, unter dem Druck, mit den Geheimdiensten zusammenzuarbeiten.

Fazit: Die Macht der Digitalkonzerne ist groß, vor allem wenn sie untereinander oder mit Staaten kooperieren. Wir können dann schutzlos mithilfe von ›Big Data‹ kommerziell manipuliert und staatlich überwacht werden.

13. Gleiche Eigner

»Man gehört sich selbst.«

Hans-Jürgen Jakobs[159]

Die Kapitalmacht der großen Anleger, die Hans-Jürgen Jakobs in seinem Buch *Wem gehört die Welt?* beschreibt, ist besonders eindrucksvoll, wenn man das globale Geldgeflecht anhand der weltweiten Beteiligungsverhältnisse visualisiert.[160] Die früher viel kritisierte Deutschland AG war vergleichsweise harmlos und beschränkte sich im Wesentlichen auf das eigene Land. Die im Folgenden vorgestellten Firmen, die man auch als »Abwehrkartell« bezeichnen könnte, gehen weit über die USA hinaus. Sie sind global vernetzt. Die wichtigsten Akteure, auch als ›Masters of Capital‹ bezeichnet, mit Anteilen an den großen US-Digitalkonzernen sind[161]:

BlackRock

Der weltgrößte Vermögensverwalter BlackRock betreute per 30.09. 2017[162] Assets in Höhe von fast 6 Bio. US-Dollar und ist mit 135 Teams in 30 Ländern tätig. Kunden hat BlackRock in mehr als 100 Ländern. Hauptanteilseigner[163] sind PNC Financial Services mit 21,46 Prozent, Vanguard Group mit 5,28 Prozent, Norges Bank mit 5,04 Prozent, Wellington Management mit 4,53 Prozent, BlackRock mit 4,33 Prozent, Capital Group mit 4,13 Prozent und Bank of America mit 3,93 Prozent. Die Gesellschaft mit Hauptsitz in New York ist an der dortigen Börse NYSE gelistet.

Das große Marktgewicht könnte ein Klumpenrisiko für die Finanzmärkte bedeuten. Wenn eine marktrelevante Gruppe von Marktteilnehmern ihre Anlagen nach dem gleichen System steuert, könnte dies zur Instabilität führen. Bei BlackRock bestreitet man solche

Vorwürfe. Aladdin, der von BlackRock verwendete Supercomputer, sei völlig ungefährlich und nur ein Ratgeber.[164]

Vanguard

Die 1975 gegründete Vermögensverwaltungsgesellschaft Vanguard Group, Inc. mit Sitz in Malvern, Pennsylvania, USA, betreut institutionelle Anleger, Privatanleger und Finanzintermediäre. Die von den Fondsbesitzern getragene Gesellschaft verwaltete nach Angaben auf der Webseite[165] der Gesellschaft per 30.09.2017 weltweit ein Kundenvermögen von über 4,5 Bio. US-Dollar.

Fidelity Investments

Fidelity Investments wird häufig nur als Fidelity oder FMR LLC bezeichnet. Der Hauptsitz des 1946 gegründeten Vermögensverwalters ist Boston, Massachusetts. Die Gruppe verwaltete am 30.06.2017 ein Investmentvermögen in Höhe von rund 2,3 Bio. US-Dollar.[166] Haupteigner von Fidelity Investments ist die Familie Johnson sowie unter anderem eine kleine Gruppe von Fidelity-Mitarbeitern.[167]

The Capital Group

The Capital Group Companies, Inc. mit Sitz in Los Angeles, USA, beteiligt sich als Investmentgesellschaft im Kundenauftrag an Großunternehmen. Zu den Tochterfirmen gehören Capital International, Capital Guardian, Capital Research and Management, Capital Bank and Trust und American Funds. Mit einem Anlagevolumen von mehr als 1,4 Bio. US-Dollar am 30.06.2017[168] gehört die Capital Group, die im Besitz der Fondseigner ist, zu den einflussreichsten Unternehmen der Weltwirtschaft.

State Street

Die als Finanzdienstleister und Depotbank tätige State Street Corporation mit Sitz in Boston, USA wurde bereits im Jahr 1792 gegründet. Das verwaltete Vermögen lag am 31.09.2017 bei 2,7 Bio.

US-Dollar. Haupteigner sind T. Rowe Price mit 8,55 Prozent, Sun Life Financial Inc. mit 7,53 Prozent, Vanguard Group, Inc. mit 6,72 Prozent, BlackRock mit 5,74 Prozent und State Street mit 4,96 Prozent.[169]

T. Rowe Price

T. Rowe Price wurde 1937 gegründet; der Hauptsitz der börsennotierten Gesellschaft ist in Baltimore, Maryland, USA. Das verwaltete Vermögen betrug am 31.12.2017 991 Mrd. US-Dollar. Haupteigner sind The Vanguard Group, Inc. mit 7,22 Prozent, BlackRock mit 6,80 Prozent, State Street mit 5,61 Prozent und JP Morgan Chase mit 4,94 Prozent.[170]

Allein die Auflistung dieser sechs Vermögenshalter zeigt, welches Problem sich bei einem möglichen Gleichverhalten dieser Großanleger ergeben könnte, die auch durch Überkreuzbeteiligungen eng miteinander verzahnt sind. Monopolistische Strukturen in der Wirtschaft werden so verstärkt. Im Zweifel werden sie sich bei möglichen Übernahmen für weitere Marktmacht zulasten des Wettbewerbs entscheiden. Damit verfolgen die Manager nichts anderes als die von ihnen erwartete Gewinnmaximierung, was selbstverständlich auch im Interesse ihrer Aktionäre ist. Obwohl sie nicht gesetzwidrig handeln, ist das Ergebnis für die Erhaltung eines fairen Wettbewerbs unbefriedigend. Politisch werden diese Strukturen und Entwicklungen zumindest in Kauf genommen. Die hohe Verflechtung zeigt sich auch bei der Auflistung der Kapitalanteile dieser großen US-Investoren an den großen US-Digitalkonzernen[171]:

Konzern-eigner	Alphabet (Google)	Apple	Facebook	Amazon	Microsoft
Vanguard	6,98	6,77	6,96	5,68	7,41
BlackRock	6,26	6,18	5,92	5,02	6,43
Fidelity Investments	5,85	2,86	5,43	3,74	2,23
State Street	3,84	4,06	3,77	3,27	3,90
The Capital Group	2,86	1,40	2,48	5,36	5,65
T. Rowe Price	2,13	1,41	2,76	3,59	2,69
Summe	27,92	22,68	27,32	26,66	28,36

Eigner der US-Digitalkonzerne: Closed Shop, in den Händen der ›Masters of Capital‹ der Wall-Street (in Prozent)

Mit diesen Beteiligungen der größten Wallstreet-Anleger prägen die großen Vermögensverwalter kapitalseitig die führenden US-Digitalkonzerne. Bei Amazon – hier hält der Gründer Jeff Bezos auch noch wesentliche Anteile – macht der Anteil der oben genannten führenden US-Geldverwalter beispielsweise 26 Prozent aus. Die ›Masters of Capital‹ sind damit stark engagiert.[172]

Durch Gewinnmaximierungsstrategien sowie andere auf der Digitalisierung aufbauende Strategien werden die Kunden verstärkt gelenkt, die Arbeitswelt nachhaltig verändert und Vorteile für die Anleger geschaffen. Shareholder-Value-Strategien ermöglichten einen neuen ›Sozialismus für Reiche‹.[173] Alles wird monetarisiert und immer weitere Lebensbereiche werden durch die Monetarisierung der Daten zum Nutzen großer Digitalkonzerne und großer Anleger ökonomisiert. Kleine können sich in dem Haifischbecken schwerer behaupten. Den Kollateralschaden für den neuen Digitalkapitalismus trägt die Allgemeinheit.

Selbst die aufkommende Sharing Ökonomie ist kritisch zu hinterfragen. Freiwillige, christliche Solidarität wird von neuen gewinnoptimierenden Geschäftsmodellen verdrängt. Harald Welzer nennt es die »Monetarisierung sozialer Praktiken« und beschreibt die Risiken des »Plattformkapitalismus«, in dem »auf die Bedürfnisse sowohl unbeteiligter Dritter (wie der Bewohner von Nachbarwohnungen) so wenig Rücksicht genommen wird wie auf Schutzrechte von Arbeitnehmern, Versicherungen, Pflege von Gemeinschaftsgütern et cetera.«[174] Eine Welt, in der durch die Digitalisierung alles kommerzialisiert wird, ist daher nicht unbedingt eine bessere Welt, auch wenn dies von denen, die von diesen Trends profitieren, behauptet wird.

Fazit: Die Wall Street gehört – überspitzt formuliert – sich selbst und auch das Silicon-Valley wird kapitalseitig von wenigen Wall-Street-Akteuren mitgeprägt.

14. Anonym geht auch ohne Bargeld: die Blockchain-Technologie

»Eine Währung, die von allen kontrolliert wird, benötigt keine (Zentral-)Bank. Dazu kommt die Kombination aus der Transparenz des Gesamtsystems und dem Schutz der Privatsphäre für den einzelnen Teilnehmenden.«

Johannes Boie[175]

Unser staatliches Geldsystem hat durch Bitcoins Konkurrenz bekommen. Der Vertrauensentzug gegenüber den führenden Papiergeldwährungen, deren Bonität vom Handeln der Regierenden abhängt, zeigt sich in der Explosion der Bitcoin-Notierungen 2017. Bei hoher Volatilität spiegeln die Preise auch die Erwartungshaltung, ob die Dauerfinanz- und Schuldenkrise im Verbund mit den Notenbanken gemeistert wird oder mangels Reformen neu eskaliert.

Aber was sind Bitcoins eigentlich?

Es handelt sich um nichtstaatliches elektronisches Geld (auch als Kryptowährung bezeichnet), das dezentral und digital über eine Blockchain (dazu später) gesteuert wird. Bitcoins stehen im Verdacht, ein Zahlungsmedium der Schattenwirtschaft zu sein, denn wie Bargeld ermöglichen sie anonyme Transaktionen.[176] Die Gefahr von Hackerangriffen ist auch bei Kryptowährungen nicht auszuschließen. Inwieweit Bitcoins als Zahlungsmittel oder als Anlageform akzeptiert werden, hängt von der Sicherheit und Akzeptanz des neuen Mediums ab, die Recheneinheitsfunktion ist durch die hohe Volatilität eingeschränkt.

Durch die Konkurrenz zum staatlichen Geld könnten sie verboten werden, wenn sie das Papiergeldmonopol der Notenbanken zu deutlich infrage stellen. Aber das Imperium der öffentlichen Gelddrucker, im Verbund mit finanziell klammen Regierungen, könnte zurückschlagen und die Möglichkeiten des Digitalgelds selbst nutzen. So könnten Staaten selbst Kryptowährungen einführen, ein Beispiel bildet die geplante Einführung eines Krypto-Rubels.[177] Dann hätte der Staat die Kontrolle. Letztlich geht es um Macht, die Kompetenzkompetenz und damit um die Frage, wer die Regeln festlegt.[178] Auch die Konkurrenz von privaten und staatlichen Kryptowährungen wäre möglich und unter Wettbewerbsgesichtspunkten wünschenswert. So könnten auch große Digitalkonzerne, unterstützt von der Blockchain-Technologie, neue elektronische Währungen verstärkt international durchsetzen. Ein solches Digitalgeld könnte auch zum Beispiel durch Gold gedeckt sein, worauf James Turk hinwies.[179]

Für die Privatwirtschaft und die digitalen Konzerne ergeben sich enorme Chancen: Bitcoins und die Blockchain-Technologie ermöglichen, und das ist auch das Revolutionäre an diesen Innovationen, dass international Transaktionen stattfinden können, ohne dass Standortnachteile – zum Beispiel durch das Missmanagement maroder Regierungen – gegenseitig vorteilhafte Geschäfte nicht korrupter Art unmöglich machen.

Was ist eine Blockchain eigentlich, möglichst kurz und einfach erklärt?

Unter dem Begriff ›Blockchain‹ versteht man eine Technologie, die auch der Internetwährung Bitcoin zugrunde liegt. Gemeint ist eine Art Register, in dem alle Transaktionen sichtbar sind und das nicht auf einem, sondern auf sehr vielen Rechnern bereitgestellt und verwaltet wird. Einfach nachvollziehbar und präziser hat Frank Schäffler in seinem Blog das geniale Funktionsprinzip wie folgt erläutert: »Blockchain ist ein öffentliches Protokoll im Internet, das dazu dient, Transaktionen mit Bitcoins für jedermann zu dokumentieren. Ein öffentlicher Schlüssel dient als eine Art Kontonummer, an die jeder, der sie kennt, Bitcoins überweisen kann. Um jedoch an die Bitcoins heranzukommen, benötigt der Empfänger einen privaten Schlüssel, der nur ihm bekannt ist. Das öffentliche Protokoll schützt vor Missbrauch. Nicht eine Regulierungsbehörde, der Staat oder eine Zentralbank überwacht die Einhaltung der Regeln, sondern alle Nutzer gleichzeitig.« [180]

Der dezentrale Aufbau der Blockchain-Technologie gibt den Nutzern das Gefühl der Sicherheit und macht zentrale Überwachungsinstitutionen[181] entbehrlich. Das wäre ein radikaler Wandel in der Finanzwelt. Die Blockchain-Technologie revolutioniert bereits jetzt die Vertragsgestaltungen, Bankgeschäfte und die Verwaltung von Eigentümerrechten.

Nach Konrad Hummler handelt es sich sogar um »ein System, das kraft seiner lückenlosen Historie Beweiskraft erlangt, um Eigentumsverhältnisse zu regeln«.[182] In seinem Beitrag » Blockchain – der nächste Wohlstandsschock?«[183] beschreibt er das große Potenzial dieser neuen Technologie: »Wie auch immer die Strukturen am Ende aussehen mögen, die Blockchain-Technologie wird sehr vieles ersatzlos überflüssig machen. Die Margen werden schrumpfen, neue Anbieter auftauchen; voraussichtlich wird kein Stein auf dem anderen bleiben.«

Die Blockchain-Technologie wird zwar nach wie vor häufig in einem Atemzug mit der Kryptowährung Bitcoin genannt. Die Anwendungsmöglichkeiten der Blockchain-Technologie sind aber breiter und umfassen auch andere Kryptowährungen. Auch die Deutsche Börse beispielsweise hat die Möglichkeiten der Blockchain erkannt und ein Coin-Konzept entwickelt, das einen risikofreien Geldtransfer über eine Blockchain erlauben soll. Der Vorteil von Zentralbankgeld abbildenden Coins bestünde darin, dass mit ihnen Währungen, Derivate und andere Vermögenswerte auf der Blockchain gehandelt werden können »ohne die Bonität anderer Marktteilnehmer überprüfen zu müssen, beim Ausfall eines Handelspartners stünde das Clearinghaus mit harten Euros bereit, um eingesetzte digitale Münzen einzulösen«.[184]

Wenn es um Anonymität geht, ist Bargeld nicht das einzige Transaktionsmedium. Vor allem bei sehr hohen Beträgen ist Bargeld unhandlich, und damit unattraktiv. Wenn die Blockchain weiter an Bedeutung gewinnt, ist aus Besteuerungs- und Transparenzgründen möglicherweise doch mit Aufweichungsversuchen der Transparenz zu rechnen, worauf Konrad Hummler hinweist: »Wenn die Blockchain ihren segensreichen, wohlstandsfördernden Siegeszug antreten soll, dann nur, wenn die totale Anonymität zugunsten einer Kontrollierbarkeit aus dem Netz verbannt wird.« Aus seiner Sicht ist dies ein hoher, aber alternativloser Tribut, der an die Institutionen der Macht zu entrichten ist: »Die Institutionen der Macht wollen Kontrollmöglichkeiten zur Aufrechterhaltung der Sicherheit, und sie brauchen Anknüpfungspunkte zur Erhebung von Steuern.«[185]

Da wäre dann doch die Konkurrenz verschiedener elektronischer Geldsysteme für uns eine finanziell attraktivere und die persönliche Freiheit stärker sichernde Variante. Die Vermeidung einer digitalen Knechtschaft durch autokratische Machtausübung erfordert weitestmöglichen Wettbewerb, nicht nur in der Privatwirtschaft, sondern auch von Staaten. Zu hohe Gebühren für die Nutzung der neuen Finanztechnologien führen dann zur Kundenabwanderung zur Konkurrenz, und im Falle von Staaten führt eine maßlose Besteuerung ohne entsprechende Gegenleistungen zu einer digital erleichterten Abwanderung von Finanzmitteln, die der Abstimmung mit den Füßen vorausgeht.

Fazit: Die Blockchain-Technologie wird sich aller Vorausschicht nach durchsetzen. Im Idealfall wird sie den Wettbewerb beflügeln, unsere Freiheit weitestmöglich sichern und eine digitale Knechtschaft durch machtbewusste Autokraten verhindern.

15. Digitaler Kapitalismus: gemeinsame Interessenlagen von Datensammlern, Finanzwirtschaft und Sicherheitsdiensten

»Die Ausstrahlungszentren des Informationskapitalismus des 21. Jahrhunderts befinden sich im Silicon Valley und der Wall Street. Ein drittes, das mächtigste von allen, das sich unablässig mit den Gedanken von Menschen beschäftigt, aber liegt in Virginia. Dort befindet sich der Sitz der NSA.«

Frank Schirrmacher[18]

In den USA hat sich bereits in den frühen Nachkriegsjahren ein gewaltiger militärisch-finanzieller Komplex herausgebildet. Das US-Militärbudget ist nach wie vor das mit Abstand größte weltweit. Der Militärapparat gehört – neben der herausragenden Position als zivile Hochtechnologie-, Energie-, Medien- und Finanzmacht, die von der Leitwährung US-Dollar gestützt wird – zu den wesentlichen Säulen der weltweiten Vorrangstellung der USA.

Die Medienmacht ist von ähnlich großer Bedeutung. Das Internet und die Filmindustrie sind US-dominiert. Das weltweite Wissen ist vor allem durch Nordamerikaner bestimmt, nicht zuletzt durch die Sprache. Wer nicht in Englisch publiziert, gehört nicht dazu. Die veröffentlichten Publikationen in Sprachen anderer Kulturen verkommen so zu einem Randdasein. Im Finanzbereich verfügt die USA über die Top-Adressen weltweit, zu einem großen Teil werden sie nur von wenigen Eignern dominiert.

Vor allem die Europäer, deren Banken in weit höherem Ausmaß noch notleidend sind, müssen mit großem Respekt beobachten, dass die US-Banken weit besser durch die Finanzkrise gekommen sind. Das spricht für eine höhere Professionalität, auch im politischen Management der Krise. Die EU ist darüber fast heillos zerstritten.

Hinzu kommt, dass Europa ein »Fliegengewicht« in militärischen und sicherheitsrelevanten Fragen ist. Der Verbund zwischen Forschung und Wirtschaft ist in den USA weit enger als in Europa. Die großzügige Hochschulfinanzierung durch Finanzinstitute und Industrie in den USA führt dazu, dass mittelbar auch eine Steuerung des Wissens und Denkens im Sinne der Interessen der US-Wirtschaft erfolgt. Wer zahlt, prägt auch Inhalte. Zunehmend mischen hier auch die Digitalkonzerne aus dem Silicon Valley mit, deren »Hausuniversität« Stanford ist.[187] Die USA ist offener für Monopole oder enge Oligopole als beispielsweise Deutschland. Bei uns gelten sie richtigerweise als anstößig, weil sie wettbewerbsfeindlich sind. Sie stehen nicht im Einklang mit den ordnungspolitischen Vorstellungen Walter Euckens oder Ludwig Erhards. Letzterer prägt das deutsche Kartellrecht bis heute, auch wenn es mittlerweile durch die Ministererlaubnis aufgeweicht ist.[188]

Forciert durch die Globalisierung, hängt fast alles irgendwie mit allem zusammen. So ist die zivile und militärische Hochtechnologie nicht mehr sauber zu trennen. Beim Sammeln von Daten haben der militärisch-industrielle Komplex und die Geheimdienste eine besonders große Erfahrung. Ihre Modelle haben später auch den Handel an der Wall Street geprägt. Im Zusammenhang mit der Kooperation der US Firma RAND Corporation mit dem Staat wies Frank Schirrmacher auf die »einzigartige Mischung aus schier unbegrenzten Geldmitteln, computergesteuerter Datenberechnung, Spieltheorie und der Atombombe« hin. Sie ermöglichten seines Erachtens »jene emotionalen und sexualisierten Allmachtsfantasien, die später genauso in eben jenen Insiderberichten von der Wall

Street auftauchten.« [189] Die Folgen eines Auslebens von destruktivem Egoismus nach dem Motto »The winner takes it all« haben wir Steuerzahler bezahlen müssen beziehungsweise stehen noch davor. Wir sind weit von einem Ende der Krise entfernt. Wir bewegen uns sogar eher in die entgegengesetzte Richtung, wie die Preisblase beispielsweise bei Staatsanleihen zeigt. ›Fair Play‹ jedenfalls sieht anders aus, und dieser Finanzkasinokapitalismus sollte daher geächtet werden.

Die Überwachung durch die NSA[190], die auch Wirtschaftsspionage umfasst, wurde im Zuge der Anschläge am 11. September 2001 in den Vereinigten Staaten massiv ausgebaut und steht weiter im Mittelpunkt kontroverser Diskussionen. Um das etablierte System zu erhalten, wurde ein weites Spionagenetz mit hochtechnologischen Sicherheits- und Überwachungssystemen installiert. Dies schafft jedoch die Gefahr, dass sich selbst hochentwickelte Demokratien von Werten entfernen, die das ureigenste Wesen unseres Gemeinwesens ausmachen. Wenn das Vertrauen fehlt und durch lückenlose Kontrolle ersetzt wird, mutieren auch Demokratien durch die Verselbstständigung ihrer Apparate zu ›technokratischen Herrschaftssystemen‹, die leicht in eine Oligarchendiktatur übergehen können. Wodurch würde sich der heutige Westen dann noch von den früheren sozialistischen Ostblockstaaten unterscheiden? Die von ihren Politikern geschürte Paranoia diente damals der Stabilisierung ihrer autokratischen Macht. Bei der Aufmerksamkeitslenkung[191] in unseren Medien kann leicht der Eindruck entstehen, dass auch der Westen diesem Herrschaftsmuster zunehmend folgt.

Durch die zunehmende Instabilität, die auch durch Terroranschläge in jüngster Zeit verstärkt wird, gewinnt die Sicherheitsindustrie auch in Europa enorm an Bedeutung. Cyberkriminalität ist längst kein Randthema mehr. Ein immer kosten- und zeitaufwendigerer Wettbewerb im Bereich der sicheren Verschlüsselung und Entschlüsselung durch Unbefugte findet bereits statt. Für führende private Sicherheitsdienstleister ist das ein lukratives Geschäftsmodell.[192] Der Hackerangriff auf den deutschen Bundestag Mitte 2015 war ein erstes öffentlichkeitswirksames Warnsignal.[193] Auch wenn »das Imperium jetzt zurückschlagen« will und die Bundesregierung – wie zum Beispiel bei Angriffen auf das Stromnetz – einen finalen Rettungsschuss plant[194], bleibt auch richtig: Nicht nur der Politikbetrieb zeigte sich verwundbar, auch die Wirtschaft[195], wobei davon auszugehen ist, dass Hackerangriffe nur selten publik werden.

Es ist für jedes Unternehmen sehr peinlich, wenn die Sicherheitslücken so groß sind, dass auch Kundendaten entwendet werden können. Das schadet dem Firmenimage und verstört Geschäftspartner und Kunden. Die Dunkelziffer ist hier vermutlich sehr hoch. So soll jeder fünfte Hackerangriff beziehungsweise Datenklau (21 Prozent) nur zufällig entdeckt worden sein.[196]

Die Erpressungssoftware Wannacry legte Mitte Mai 2017 mehr als 240.000 Computer lahm, darunter auch etliche in Krankenhäusern in England. Nordkorea steht im Verdacht, hinter dem Cyberangriff zu stehen.[197] Unsere Behörden wirken, trotz der neuen Ausspähbefugnisse, ohnmächtig. Auch die Bundeswehr steckt bei ihren Bemühungen, sich gegen die neue Bedrohung zu wehren, noch in den Kinderschuhen. Deutschland ist den neuen Gegnern nicht gewachsen. Die Experten, die das Problem lösen können, sitzen jedoch in der Privatwirtschaft, beispielsweise in den US-Firmen FireEye und Symantec, Trend Micro in Japan oder Kaspersky in Russland.[198] Dieser weltweit kleine Kreis von Experten verdient prächtig an der gestiegenen Unsicherheit, nicht zuletzt an dem internationalen Versagen der Politik.

Nicht wir, sondern Diktatoren, die Cyberangriffe durchführen, bestimmen heute die Regeln. Beim asymmetrischen Krieg liegen nach Martin Rösler alle Vorteile beim Angreifer. »Der entscheidet, wann er angreift und wie er angreift. Der Verteidiger muss sich auf alles vorbereiten«.[199] Wer die Datenknotenpunkte zerstört, hat den Sieg davongetragen, denn das Netzwerk des Angreifers ist vergleichsweise wertlos. Mit einem derartigen Erpressungspotenzial wird Willkür-

und Despotenherrschaft international erleichtert. Schurkenstaaten und ihre fragwürdigen Führer bestimmen die Regeln, nicht die Weltgemeinschaft, die zunehmend zerstritten erscheint.

Das könnte nur der Vorbote weiterer, weit gefährlicherer Angriffe sein. Manche sprechen bereits von einem Cyberkrieg[200], der hinter den Kulissen tobe. Nach dem Wahlsieg von Donald Trump in den USA wurde sogar behauptet, dass das Ergebnis durch Mail-Hacks aus Russland beeinflusst worden wäre.[201] Russland steht generell im Verdacht, den Westen durch das Ausbringen von »falschen Informationen« destabilisieren zu wollen.[202] Auch in Deutschland entstand eine Debatte über den Einfluss von gezielten Falschnachrichten. Wenn aber zwischen Wahrheit und Fake kaum mehr zu unterscheiden ist, sinkt das Vertrauen in die Medien und die staatliche Ordnung.

Die Arbeit der Geheimdienste wurde durch die Digitalisierung, wenn man so will, disruptiv verändert. Früher war das Ausspähen einzelner Personen ein extrem personalintensiver Job. Die Beobachter vor Ort lebten gefährlich und konnten enttarnt werden. Heute besorgt dies »smart« die digitale Überwachung. Ein Günter Guillaume im Kanzleramt ist heute überflüssig.[203] Das Ministerium für Staatssicherheit der DDR brauchte noch zehntausende Mitarbeiter für die Überwachung. Die Spitzel fielen den Bürgern oft auch noch auf, weil eine langjährige Beschattung extrem schwierig ist, wenn man nicht erkannt werden will. Die heutige Überwachung ist dagegen perfektioniert und unauffällig.[204] Dabei mischt auch die kriminelle Unterwelt mit, die längst auch in der Lage ist, Stromnetze und andere wichtige Infrastrukturbereiche lahmzulegen.[205] Ehemalige Grenzen verwischen zusehends. So sind die Digitalunternehmen in der Zwischenzeit nicht nur eifrige Datensammler, sondern rüsten selbst technologisch auf, wie zum Beispiel durch den Kauf von Drohnenherstellern.[206]

Dies könnte der Einstieg in eine weitere Machtverlagerung sein. Die Staaten verlieren dabei weitere Handlungsspielräume, während die international tätigen Digitalanbieter, die in jeder Nische digitaler Wertschöpfung tätig sind, zunehmend auch militärische Macht besitzen.[207] Neue Gegner werden dann von den Verkäufern von Sicherheitstechnik erfunden, um ihr Geschäft auszuweiten. In einem zunehmenden Klima der Angst und des Misstrauens sind dann Verschwörungstheorien allgegenwärtig. Verlässliche Nachrichten werden zu einem Luxusgut für die Wenigen, die die Quellen kennen. Die breite Masse wird mit manipuliertem Quatsch traktiert. Bei einem derartigen Grad der Verunsicherung wird dann auch den Staatsmedien nicht mehr geglaubt. Die Wahrheit muss, wie bei einem Puzzle, aus teilweise widersprüchlichen Meldungen gesucht werden. Ein solches Klima der Paranoia wurde beispielsweise in dem Film *Der Vorgang aus dem Jahr 1973* – von Fritz Umgelter mit den Darstellern Horst Frank und Klaus Schwarzkopf – beschrieben. Er ist nach wie vor sehenswert. Durch die ›Lizenz zum Hacken‹ des Staates[208], mit dem Einsatz von Staatstrojanern, ist ein fragwürdiger Angriff auf die Privatsphäre verbunden, mit der vermeintlich größeren Sicherheit wird sicher unsere Freiheit ausgehebelt. Wir werden gemaßregelt und unsere Gesichter im öffentlichen Raum bereits testweise gescannt.[209] Wehret den Anfängen! Bei immer weniger Rechtsstaatlichkeit und Bürgernähe kann das eigene politische System sogar immer weiter kippen, wie in der deutschen jüngsten Geschichte mehrfach erlebbar bar. Staatsterrorismus wäre hier nichts Neues. Heute wäre das dann eine »Twitter-Diktatur« mit Rundumüberwachung.

Umso wachsamer müssen die Bürger vor dem Hintergrund solcher Möglichkeiten sein, vor allem wenn sich staatliche Überwachung mit einer zunehmenden Ökonomisierung der Netze paart. Viel spricht daher dafür, dass die besten Zeiten für uns Internetuser vorbei sind. Wir werden zunehmend überwacht, abgezockt und gegängelt.

Nicht nur das: Für uns Normalbürger in den hochzivilisierten Staaten sind mit diesen Entwicklungen auch Frieden, Freiheit und Demokratie in Gefahr. Die Politiker sehen jedoch eine Chance, durch die neue Bedrohungssituation ihre Macht gegenüber den eigenen Bürgern auszubauen – ohne diesen wirklich mehr Sicherheit zu gewähren.

Ist das nicht eine offensichtliche Versuchung, die für Politiker in geschwächten Demokratien zu einer ernsthaften Option werden könnte? Immer neue Alternativlosigkeiten treiben uns in einen Krieg, dessen Regeln wir nicht bestimmen. Es wird vor diesem Hintergrund Zeit, die neuen politischen Disruptoren wieder zum Rechtsstaat und zum Völkerrecht zurückzuführen.

Fazit: Ein Verbund von Geheimdiensten und kommerziellen Datensammlern kann sich zu einem Staat im Staate entwickeln, dessen rechtsfreie Räume neue Möglichkeiten zu unserer Einschüchterung schaffen.

Staatliche Treiber der Digitalisierung Machtausweitung für die Volksvertreter und digitale Knechtschaft fürs Volk

16. Kriminalitäts- und Steuerfluchtbekämpfung – die wesentlichen Scheinargumente zur Einschränkung Ihrer Freiheit

»Immer wieder wird behauptet, dass mit der Abschaffung des Bargeldes Kriminalität und Schwarzarbeit verschwinden würde. Das ist natürlich lächerlich. Kreditkartenbetrug ersetzt heute Bargelddiebstahl; das Abfischen von Daten ist extrem leicht.«

Roland Tichy[210]

Roland Tichy entzaubert erfreulich klar die Schutzbehauptungen der uns vermeintlich fürsorglich belagernden Politiker. Sie misstrauen uns und wollen uns zunehmend tracken. Die bürgerliche Freiheit steht bei ihnen offensichtlich nicht hoch im Kurs, Daten über uns schon eher. Da erscheinen auch fragwürdige Begründungen wie die Terror- und Kriminalitätsabwehr gerade recht. Etwas überraschend war, dass sogar John Cryan, der Vorstandsvorsitzende der Deutschen Bank, auf dem Weltwirtschaftsforum in Davos 2016 Bargeld mit verbrecherischen Handlungen in Verbindungen brachte. Er erklärte, es würde nur noch Geldwäschern und anderen Kriminellen helfen.[211] Bis dahin hatte sich noch kein Vorstand einer inländischen Bank[212] so klar geäußert. In Deutschland ist Bargeld traditionell besonders beliebt. Ein solch öffentlichkeitswirksamer Vorstoß löste viel Befremden und Verunsicherung aus. Erfreulicherweise hält eine bemerkenswerte neuere Studie der Deutschen Bank dagegen: Danach würde die Abschaffung von Bargeld die »gewinnorientierte Kriminalität nicht beseitigen«. In Schweden, einem bereits jetzt weitgehend bargeldlosen Staat, hätte sich die Kriminalität verlagert, »weg von Geldfälschung und Banküberfällen, hin zu elektronischem Zahlungsbetrug.«[213]

Es zeigt sich auch hier: Wenn es darum geht, Einnahmen zu sichern, sind Unternehmen und Staaten nicht zimperlich. Selbst weit hergeholte Begründungen sind als Totschlagargumente willkommen, um jede weitere Diskussion erst gar nicht aufkommen lassen. Das Bankgeheimnis ist längst ausgehöhlt. Wir Bürger sind – mangels eines wirkungsvollen Protests – selbst mitverantwortlich für diese Fehlentwicklung, die die neue Misstrauenskultur institutionell absichert. Die Unschuldsvermutung, die ein unverrückbares Dogma zu sein schien, wird ausgehöhlt: Politiker und Konzernlenker können so besser zu unseren Lasten umverteilen. Schleichend werden wir auf die Anklagebank geschoben. Das macht uns gefügig.

Wir achten leider auch selbst nicht ausreichend auf den Schutz unserer Daten, nicht einmal wenn sie sensibel sind. So geben wir unseren Geburtstag, Adressen, Kontodaten und Kartennummern oft leichtfertig weiter und liefern den Digitalkonzernen damit weitere Spielräume für ihre oft fragwürdigen, den Wettbewerb ausschaltenden, Geschäftsmodelle. Auch Missbrauch ist nicht ausgeschlossen, denn die digitale Welt ist längst auch Spielball für findige und zunehmend einflussreiche Hacker geworden.[214] Der Krieg um die Kundendaten macht es immer schwerer, zwischen den »Guten« und »Bösen« zu unterscheiden. Auch die vermeintlich Guten verfügen über monopolistische Macht, die sie zu Lasten der Kunden weiter nutzen können.

An uns Normalbürgern wollen alle verdienen, mit mehr oder minder manipulativen Methoden. Auch die Staaten sind mittlerweile dabei.[215] Und gerade diese sind nicht zimperlich. Zunehmend entwickelt sich wieder eine antiliberale Grundstimmung, nach dem Motto »Der Staat ist alles und Du bist nichts«. Kanzlerin Angela Merkel plädierte schon vor vielen Jahren für Überwachungsmaßnahmen auf großen Plätzen und forderte »Null Toleranz« gegenüber

Gesetzesbrechern.[216] Das hört sich zunächst gut an. Beim Umgang mit illegal eingereisten Kriminellen hätte man sich eine solch harte Linie gewünscht. Sie sind das trojanische Pferd für gesellschaftspolitische Veränderungen. Merkels trotziges »Wir schaffen es« muss mit ihrem Zusatz verbunden bleiben, dass Deutschland sich in den nächsten Jahren bis zur Unkenntlichkeit verändern werde.[217] Dafür fehlte jeglicher Auftrag der Wähler. Deutschland war seit dem Spätsommer 2015 mit einer bislang nie dagewesenen Massenimmigration konfrontiert. Das Land drohte im Chaos zu versinken, während die Kanzlerin immer wieder dieselben Floskeln wiederholte.

Mit den Aufrufen zu einer »Willkommenskultur« und dem Motto »Wir schaffen das« wurden Diskussionen weitgehend unterbunden. Agitation und Propaganda, kurz ›Agitprop‹ könnte sie noch in der DDR gelernt haben, in welchem Ausmaß, ist nach wie vor umstritten.[218] Angst erfasste die Bürger und dies ermöglichte Veränderungen, die sonst so nicht durchsetzbar gewesen wären. Die grassierende – und jetzt verstärkt medial gestützte – Angst vor Terrorismus, Fake News und Cyberangriffen ermöglichen eine weitere Einschränkung unserer persönlichen Freiheitsrechte.

Hinzu kommt, dass Stellvertreterkriege, religiöse Konflikte, Stammesfehden und Chaos im Nahen Osten und Afrika die Auswanderung, nicht zuletzt durch hohe Geburtenüberschüsse vor allem in Afrika, begünstigen. Die Terrorrisiken sind gestiegen. Autokratische Herrschaftsformen scheinen sich insbesondere in den nicht westlich geprägten Ländern zunehmend durchzusetzen. Eine Diktatur wird zudem dank der Digitalisierung billiger.[219] So ist mithilfe elektronischer Überwachung kein personalintensiver Apparat mehr notwendig, wenn wenige Spezialisten auf Knopfdruck ermitteln können. Über bürgerliche Freiheitsrechte wird wenig gesprochen. Adam Smith zeigte die Grenzen des Staates klar auf. So formulierte er in seinem Vortrag »Das liberale Manifest« 1755: »Menschen werden üblicherweise von Staatsmännern und Projektemachern als Material einer Art politischer Mechanik betrachtet, obwohl nichts anderes erforderlich ist, als die Natur sich selbst zu überlassen, damit sie ihre eigenen Ordnungen verwirklichen kann. Um einen Staat aus niederstem Barbarismus zu höchstem Reichtum zu führen, bedarf es kaum etwas außer Frieden, mäßigen Abgaben und einer erträglichen Handhabung der Gerechtigkeit. Alles andere bringt der natürliche Lauf der Dinge mit sich. Jede Regierung, die diesem natürlichen Lauf entgegenarbeitet, die Dinge in eine andere Richtung zwingt oder die bestrebt ist, den Fortschritt des Gemeinwesens an einem bestimmten Punkt aufzuhalten, muss zwangsläufig, um sich selber zu erhalten, unterdrückend und tyrannisch sein.«[220]

Damit ist umrissen, wo die Grenzen staatlichen Handelns liegen. Adam Smith bleibt somit hochaktuell. Einen Krieg gegen die eigenen Bürger sollte eine Regierung nicht führen. Angesichts der enormen Finanzlasten schließen wir aber nicht aus, dass es genau dazu kommt.

Inzwischen stehen wir Bürger zunehmend unter dem Verdacht, mit kriminellen Methoden Steuern hinterziehen zu wollen. Bereits ab 2017 wurden wir »gläsern«[221]. Vor Jahren wäre das für viele unter uns ein Schreckensszenario gewesen. Jetzt immer weniger, denn die zunehmend geschürte Angst vor Kriminalität und Terror[222], die pausenlos medial verbreitet wird, macht solche Schritte auch in übernationaler Kooperation möglich. So haben sich 2014 in Berlin 51 Staaten geeinigt, automatisch Kontodaten auszutauschen, um Steuerflüchtige zu ermitteln[223]. Die mediale Aufmerksamkeitslenkung funktionierte, Angst macht gefügig und es regte sich kaum Widerstand, aber: Die international gut vernetzten Kriminellen aus der ersten Reihe wird man damit kaum treffen, sie sind bestens geübt in Steuerverschiebung und dem Ausspielen von Regierungen gegeneinander.

Solche Steuereintreibungsmaßnahmen hören sich populistisch und gut an, aber angesichts des bereits zitierten liberalen Manifestes bleibt doch die Frage, ob das Maß zwischen bürgerlicher Freiheit einerseits und Misstrauen gegenüber den eigenen Bürgern anderseits noch stimmig ist. Setzt nicht der Staat selbst unfaire, umverteilende Regeln, gegen die dann zwangsläufig zunehmend verstoßen wird? Nicht von ungefähr wird inzwischen auch von der Gefahr einer »totalitären Demokratie« in westlichen Staaten gesprochen.[224] Dann wären wir beim Politikversagen. In der Wahrnehmung vieler Bürger haben Politiker Vertrauen verspielt. Ihnen und den Medienvertretern wird immer mehr Skepsis entgegengebracht. Das ist kein billiges Stammtischgerede, sondern muss in einer Volksherrschaft, also der Demokratie, als Alarmsignal wahrgenommen werden.

Insofern sollte die arrogant wirkende Bezeichnung ›Populist‹ für Andersdenkende von den meisten der Regierungsmeinung Nahestehenden doch kritisch hinterfragt werden. Politikern könnte heute nach wie vor die Lektüre von John Stuart Mill helfen, nach der sie ihre Macht im Sinne ihrer Bürger einsetzen und nicht auch eigene ›Fake News‹ gegen die oft nur vermeintlichen ›Fake News‹ anderer setzen sollten. Mill schreibt in seinem erstmals 1859 veröffentlichten Werk *Über die Freiheit*[225]: »Es ist Pflicht der Regierungen ebenso wie jedes Einzelnen, ihre Meinungen so richtig zu bilden wie möglich, sie sorgfältig zu formen und sie niemals aufzuzwingen, wenn sie nicht ganz sicher sind, im Recht zu sein.« Mehr Fairness bei öffentlichen Diskussionen wäre hilfreich. Dazu gehört auch die Berücksichtigung von gegenteiligen Meinungen oder Argumenten der Opposition.

Vor dem Hintergrund der vielfach geäußerten Unzufriedenheit wird aber auch deutlich, dass es einen Markt für eine konservativ-liberale Partei mit positiven Zukunftsleitbildern gibt. Der Optimismus eines Ludwig Erhard steckte die Menschen an. Er war eine Wählerlokomotive bis Mitte der 60er-Jahre, danach wurde er vom ›Establishment‹ beiseite geschoben, wobei eine Reihe junger und ehrgeiziger Politiker nachhalfen. Heute würde man vermutlich auch ihn als Populisten verunglimpfen. In den Apparaten der Macht, den Institutionen, war er schlecht verankert. Das förderte seinen Sturz als Bundeskanzler, der Politik ›von unten her‹ dachte. Seitdem, so scheint es uns, haben die mehr etatistisch, also ›von oben her‹ orientierten Politiker, die Bodenhaftung zunehmend verloren. Das Bad in der Menge und der Diskurs an Stammtischen werden nicht mehr gesucht. Mit fast schon propagandaartigen Phrasen wie »alternativlos«, »Deutschland geht es gut« oder »Wir schaffen das« wird nahezu jede Diskussion abgewürgt und ein Durchregieren ermöglicht. Aber wie wir immer wieder sehen: Das Misstrauen in der Bevölkerung bleibt, unseres Erachtens wird es sogar massiv größer.

Verängstigte Menschen lassen sich leichter führen. Dazu gehören auch klare Feindbilder, wie »die Terroristen«, »der Islam«, Fake News aus dem Ausland, Cyberangriffe etc.. Dann kann man auch die Verwendung von Bargeld begrenzen oder es gleich ganz abschaffen. Friedrich Schneider, Experte für Schattenwirtschaft an der Universität Linz, ist der Auffassung, dass die Einschränkung von großen Bargeldzahlungen und die Abschaffung großer Geldscheine »nur minimal senkende Effekte auf die Schwarzarbeit oder die Kriminalität« hätte.[226] Selbst bei einer vollständigen Bargeldabschaffung sieht er nur einen geringen Rückgang um zwei bis drei Prozent. Seines Erachtens hängt die Attraktivität von Schwarzarbeit vor allem von der Differenz zwischen dem Schwarzarbeiterlohn und dem offiziellen Lohnniveau, inklusive Steuern und Sozialabgaben, ab. Dieser Unterschied liegt heute bei rund 25 Prozent, d.h. Schwarzarbeit ist etwa ein Viertel günstiger als offizieller Lohn.[227] Verschwiegen wird von den Gegnern des Bargelds auch, dass die deutliche Zunahme elektronischer Zahlungsvorgänge zu mehr Straftaten geführt hat. Es fällt Kriminellen leicht, Daten abzugreifen. Geldflüsse können verschleiert und so weiter Geldwäsche betrieben werden. Daher würde eine Bargeldabschaffung nach Peter Schneiderhan, Präsidiumsmitglied beim Deutschen Richterbund, Terrorismusfinanzierung oder Geldwäsche nicht verhindern, sondern nur auf elektronische Zahlungswege verlagern.« [228]

Wir Bürger müssen unsere Freiheit immer wieder neu verteidigen. Die durchsichtigen Scheinargumente von Etatisten und sozialistisch geprägten Politikern, die uns mit »Terrorismusgefahr« Angst einjagen wollen, sollten wir ruhig zu einem großen Teil als Propaganda einstufen. Denn mit dem Terrorargument wird unsere Privatsphäre immer weiter ausgeleuchtet. Inzwischen ist sogar anonymes Telefonieren durch die Registrierung der Daten des Prepaidkartenkäufers nicht mehr möglich[229].

Vor allem dann, wenn von den Bürgern immer mehr Transparenz gefordert wird, die politischen Entscheidungsträger sich aber immer mehr in Schweigen hüllen, sollte ihr steigender Aktionismus[230] mehr denn je von uns überprüft werden. Gerade an das Handeln der Regierung sollten wir höhere Transparenzmaßstäbe ansetzen.

Sonst sinkt unser Vertrauen in die Fähigkeit der Politiker, die Probleme, die sie nicht selten selbst geschaffen haben, zu lösen, immer mehr.

Fazit: Trotz Desinformation bleibt für uns die weitestmögliche bürgerliche Freiheit im Fokus. Kampf gegen den Terror und Steuerhinterziehung sind vielfach nur ein Alibi für übermäßige Kontrolle. Eine Ordnung, die gegen uns Bürger gerichtet ist, ist nicht stabil und muss auf Dauer scheitern.

17. Aufbau neuer Feindbilder und der Kampf gegen das Internet

»Statt mit ernsthaftem Kennenlerninteresse stehen sich beide Seiten mit Argwohn und Ressentiment gegenüber [...] So haben dieselben Leute, die die herabsetzende und pauschalierende Bezeichnung ›Nafri‹ für Nordafrikaner kritisieren, kein Problem damit, AfD-Wähler pauschal und herabsetzend als ›Nazis‹ zu bezeichnen.«

Jochen Bittner[231]

Jochen Bittner beschreibt in seiner Kolumne die zunehmende Spaltung der Gesellschaft. Während die zahlenmäßig unterschätzte Gruppe der Landbevölkerung unzufriedener wird, da sie sich abgehängt fühlt und an Entscheidungen nicht beteiligt ist, kommunizieren die multikultureller ausgerichteten Städter nicht mit ihnen. Die Entfremdung der beiden Gruppen nimmt zu, ein Phänomen, das auch in England und in den USA zu beobachten ist. Die Brexit-Entscheidung und die Wahl von Donald Trump werden ganz wesentlich mit dem Protest der Landbevölkerung erklärt, die um ihre Arbeitsplätze besorgt ist.

In seiner Abschiedsrede ging Obama auf die verengte Welt, die das Internet liefert, ein. Die eigene Meinung wird bestätigt und wirkt wie ein Echo, aber der gesellschaftliche Diskurs bleibt aus.[232] Die Verengung der Diskussion durch immer mehr gesellschaftlich abgeschlossene Gruppen kann als Warnsignal nicht ernst genug genommen werden. Das Internet als Medium der Freiheit zu erhalten, bleibt eine Gestaltungsaufgabe für uns alle. Sie erfordert nicht nur Bildung, sondern auch die Fähigkeit, sich mit längeren Texten auseinanderzusetzen. Das schnelle Verfassen von Kurzmitteilungen sowie das stupide Chatten in sozialen Netzwerken fördert Oberflächlichkeit. Eine Jugend, die mit Ohrstöpseln oder Kopfhörern herumläuft, kapselt sich ab. Es trägt zur Anonymität und Vereinzelung bei, wenn immer mehr Textnachrichten über das Smartphone verfasst werden und nur noch im Ausnahmefall zum Telefonhörer gegriffen wird. Soziale Teilhabe wird so verlernt, ebenso wie ein kritisches, gesellschaftliches Miteinander, wenn der öffentliche Diskurs immer mehr fehlt.

Politische Bildung ist aber vor allem bei jüngeren Menschen erforderlich, um eine Sensibilität dafür zu bekommen, dass eine von Politikern eingeführte Zensur im Internet nicht hingenommen werden darf. Das sogenannte Netzwerkdurchsetzungsgesetz, kurz Netz-DG[233] wurde unter hohem Zeitdruck, ohne ausreichende Einbeziehung von Informatikexperten, erstellt, und Politiker bedienen sich bereits verstärkt der Technik, um zu überwachen.[234] Das Netz-DG findet Nachahmer im Ausland.[235] Aber damit nicht genug. So plante Justizminister Heiko Maas auch ein digitales Antidiskriminierungsgesetz, das vorsieht, dass eine Digitalagentur von der Regierung eingesetzt Regeln im Netz festsetzen soll.[236] Ein vermeintlich ehrenvolles Betätigungsfeld für Politiker und neue Kontrolleure, die einer Internetzensur das Wort reden. Die durch die verstärkten Möglichkeiten einer Internetzensur gemaßregelten Bürger protestieren gar nicht mehr. Angst, Stress und Reizüberflutung machen gefügig. Unsere Medien klären uns über die Folgen der Preisgabe unserer Freiheit zu wenig auf. Wir Bürger scheinen nicht mehr mit im Spiel zu sein. Letztlich geht es um die Frage, wer künftig die Macht über die Daten hat. Die Datenkraken bestimmen derzeit die Regeln, die auch ihre Geschäftsmodelle sichern.

Politiker wie Maas, die vermeintliche Hassreden und ähnliche Stellungnahmen im Internet, zum Beispiel bei Facebook, verbieten wollen, sind nach Bettina Röhl gar nicht zuständig: »Im deutschen Recht [...] taucht die Vokabel Hassrede nicht auf. In den Vorschriften des Strafgesetzbuches und des übrigen Strafrechtes findet die

Vokabel Hassrede nicht statt. Und dennoch will der für die Strafverfolgung oder ähnliche Hoheitseingriffe absolut unzuständige Justizminister [...] eine Art zensierende Pönalisierung von Äußerungen, die er Hate-Speech nennt, in das deutsche Rechtssystem faktisch implementieren und durchsetzen.« [237] Es ist hier zu vermuten, dass die Regierung am Aufbau von Feindbildern arbeitet. Und Feinde sollen ihre Regierungsmacht stabilisieren. Das muss nicht nur der äußere Feind sein, sondern möglicherweise auch der im Innern. Dazu zählen, so scheint es, auch etliche Teile der unzufriedenen Bürger, die abschätzig als ›Wutbürger‹ bezeichnet werden. Sie sollen die so definierten Hassbotschaften oder Fake News verbreiten. Ihre Bekämpfung – das zeigt der lesenswerte Beitrag von Bettina Röhl[238] – steht juristisch jedoch auf wackeligen Füßen.

Fazit: Der Kampf aller gegen alle, gefangen in der Echowelt des Internets und ohne offene Diskussion miteinander, zerstört die Grundfeste unserer Gesellschaft. Demokratie und Freiheit verlieren vor dem Hintergrund eines steigenden Misstrauens immer mehr an Bedeutung.

18. Pre-Crime-Verfolgung zur Terrorabwehr und Cyberwar – Alibis für die Komplettüberwachung

»Stell dir vor, deine Regierung oder die Polizei würden von dir verlangen, dass du die ganze Zeit ein Kästchen mit dir herumträgst, das permanent meldet, wo du bist und was du gerade tust. [...] Die Datenoligarchen dieser Welt bezahlst du auch noch dafür, dass sie dich ausspionieren. Das ist die hohe Kunst der Überwachung!«

Marc Elsberg[239]

»Auch die Gefährder, also bevor ein Verfahren oder eine Verurteilung stattfindet, können eine Fußfessel angelegt bekommen.«

Heiko Maas[240]

Die Forderung von Heiko Maas passt in den Zeitgeist. Nach dem Anschlag in Berlin am 19. Dezember 2016 wird von der Regierungsseite wieder ein starker Staat inszeniert. Razzien und Hausdurchsuchungen gehören inzwischen zur neuen Normalität. Die Angst vor ›Gefährdern‹ wird durch die Berichterstattung gefördert. Solche Menschenjagden – bislang völlig unüblich und an autoritäre Regime erinnernd – wurden in dem Film *Das Millionenspiel* von Tom Toelle bereits vorgedacht, wenn auch im Zusammenhang mit der Entertainmentindustrie Es scheint, dass der Schutz der Privatsphäre ohne moralische Vorverurteilung der Medien schon einmal größer war.

Der neue Aktionismus führt auch zu der Frage, ob Politiker inzwischen Angst vor der eigenen Bevölkerung haben, die ihnen das Regierungsmandat gaben? Ein Motiv wäre zum Beispiel, dass man mit der Schaffung von Feindbildern und potenziellen Gefährdern einschüchtern[241] und vom Versagen in anderen Politikfeldern ablenken kann. Eine Komplettüberwachung wird mithilfe der vermehrten Daten und besseren Auswertungsmöglichkeiten immer mehr möglich, um potenzielle Gefährder vorzeitig von ihrem Handeln abzuhalten. Der frühere Cheftechniker des US-Auslandsgeheimdienstes CIA, Gus Hunt, lobte auf einem Amazon-Gipfel, dass die »Märkte uns erlauben, Dinge mit Informationen zu tun, die wir niemals haben tun können [...] Wir bewegen uns weg von dem Paradigma der Suche hin zur Korrelation von Daten im Voraus, um zu wissen, was passieren wird.«[242] Der Datenschutz wird so brüchiger, vor allem wenn durch potenzielle Gefährder die ganze Gesellschaft auf dem Prüfstand steht.

Die Einführung der Quellen-Telekommunikationsüberwachung (Quellen-TKÜ), auch Bundestrojaner genannt, wurde von der Großen Koalition im Eilverfahren beschlossen. Damit kann der Staat zur Ausspähung privater Daten unbemerkt in Smartphones oder Computer eindringen und auch verschlüsselte Nachrichten überwachen.[243] Diese sehr weitgehende staatliche Überwachung ist zu Recht nach wie vor umstritten. Wir inländische Bürger, die schon länger hier leben, stehen verstärkt unter Generalverdacht, Ausländerhasser zu sein. Über den Schaden, die verschlechterte Sicherheit im Innern, wird der Mantel des Schweigens gehüllt, obwohl die Gefahr durch Terroranschläge auch eine Folge der Massenzuwanderung ab Sommer 2015 war, ohne Kenntnis, wer da kommt. Diese Entscheidung der Kanzlerin hatte weitreichende Folgen.

Um das hier in Erinnerung zu rufen: Die Unschuldsvermutung, ein wichtiges Prinzip des Rechtsstaates, gilt weiterhin bis zu einer rechtskräftigen Verurteilung. Wenn aber die Festnahme durch staatliche Stellen – professionell medial inszeniert – den Höhepunkt der Berichterstattung darstellen, entsteht bei der Bevölkerung der Eindruck, dass da »jemand Dreck am Stecken haben muss«! Das wird sicherlich öfter so sein. Aber die Medien schaffen so einen Generalverdacht, der bei den Bürgern in Erinnerung bleibt.

Solche Personen gehören in der Wahrnehmung dann »nicht mehr zu uns« – trotz möglicher und gegebenenfalls nachweisbarer Unschuld!

Damit besitzen die Medienvertreter Deutungshoheit darüber, wer eventuell ausgegrenzt wird. Dies kann in Abstimmung mit Entscheidungsträgern erfolgen oder im vorauseilenden Gehorsam, um Privilegien wie einen besseren Zugang zu Nachrichten oder Dienstreisen mit Politikern zu sichern. Darüber beklagte sich bereits Ludwig von Mises in seinen Erinnerungen. Darin beschrieb er den Verfall des journalistischen Niveaus in Österreich nach 1900: »Die Regierung hatte es nicht nötig, die Journalisten zu bestechen; es genügte, sie zu informieren. Die Journalisten fürchteten nichts so sehr, als daß man sie einen Tag später als andere ihrer Zunft informieren könnte. Um dieser Strafe zu entgehen, waren sie immer bereit, den Regierungsstandpunkt zu vertreten.« [244] Diese Einschätzung ist auch heute aktuell.[245] Politiker und Journalisten scheinen heute eher noch enger zu kooperieren. Journalisten werden zunehmend auch selbst aktiv, um Gruppen oder Personen auszugrenzen.

Die Durchsuchung des Privathauses von Klaus Zumwinkel am 14. Februar 2008 wirkte durch die Präsenz der Medien vor Ort wie eine öffentlich inszenierte Demütigung eines vorher angesehenen Managers – unabhängig von der Tatsache, ob und in welchem Umfang er Steuern hinterzogen hatte. Aufmerksamkeit erregten auch Razzien gegen die Rockerbande Hells Angels und die diesen Staat juristisch in Frage stellenden ›Reichsbürger‹. Über deren Verfolgung, aber auch über viele Einzelpersonen und Kleingruppen, bei denen zugegriffen wurde, wurde ebenfalls breit berichtet. Man hat bei diesen Berichterstattungen fast immer den Eindruck, dass es dabei vor allem um die mediale Aufbereitung der »Gefährlichkeit« solcher Gruppierungen geht. Sogar die Bundeswehr wurde im Zuge der Aufdeckung potenzieller Attentäter wie Franco A. unter Generalverdacht gestellt.[246]

Viele unter uns sind verunsichert, wenn solche staatstragenden Institutionen wegen einer geringen Anzahl von unter Verdacht stehenden Personen in Misskredit geraten. Geschürte Ängste verändern das Kollektivverhalten: Es gilt dann wieder der Grundsatz, lieber eine graue Maus zu sein, die sich bei strittigen Fragen zurückhält. Denn eine zu klare Positionierung könnte schon als volksgefährdende Hassbotschaft interpretiert werden. Die Einordnung als Volksverhetzer oder Staatsgefährder kann dann allein schon durch Vorverurteilung in den Medien erfolgen. Das rot-grüne Mainstreamdenken dort bestimmt die noch erlaubten kritischen Stellungnahmen. Andere Meinungen – vor allem auch noch öffentlichkeitswirksam verbreitet – werden dann von diesen gesinnungsethisch[247] geprägten Journalisten bekämpft. Dann besteht die Gefahr, dass sich ein Jakobinerstaat der Meinungsvielfalt entledigt und eine eng begrenzte ›political correctness‹ durchsetzt. Wer sich nicht an die vorgegebenen ›Sprachregelungen‹ hält, wird dann schnell im politischen Diskurs damit konfrontiert, dass man »das« so doch nicht sagen könne.

Es will wohl niemand als auffälliger ›Querulant‹ oder gar als ›Gefährder‹ gebrandmarkt werden, der den Behörden Schwierigkeiten macht. Aus streitbaren Kämpfern für die Demokratie können im Umfeld einer besonders regierungsfreundlichen Medienlandschaft schnell stille Duckmäuser oder gar Denunzianten werden.

Es fragt sich, ob es den Politikern nicht gelegen kommt, über das Flüchtlingschaos wieder mehr Macht zu gewinnen. Das Thema Sicherheit lässt sich derzeit gut verkaufen. Vor der Verabschiedung der Notstandsgesetze 1968 gab es noch massive Proteste, heute wirkt die Bevölkerung eher eingeschüchtert und uninteressiert. Bei einer kollektiven Sedierung, die medial gestützt wird, ist auch im Westen – und konkret in Deutschland – ein Umbau zu einer ›totalitären Demokratie‹ möglich. Das wäre dann für uns mehr als nur eine »fürsorgliche Belagerung«, die Heinrich Böll 1979 vor dem Hintergrund der Sicherheitsmaßnahmen zur Terroristenbekämpfung beschrieb.[248]

Die Vorrangigkeit des Sicherheitsthemas lässt pragmatische Lösungen reifen, die noch vor Jahren undenkbar schienen. Der verstärkte Einsatz von Fußfesseln wird nicht nur diskutiert.[249] So soll beispielsweise in Niedersachsen die elektronische Fußfessel sechs Monate getragen werden, wobei eine Verlängerung oder Wiederholung möglich sein soll. Nach Ansicht von Innenminister Boris Pistorius könne ein Anschlag mithilfe der Fußfessel zwar nicht verhindert werden, er sieht sie aber als sinnvollen Baustein[250]: »Aber neben der Entziehung von Pässen und der Erteilung von Meldeauflagen ist sie ein weiterer sinnvoller Baustein, insbesondere dann, wenn kein einschlägiger Haftgrund vorliegt.« Das Kabinett hat elektronische Fußfesseln für Gefährder inzwischen schnell gebilligt. Bereits verurteilte Extremisten sollen nach einem Gesetzesentwurf auch nach der Haft eine elektronische Fußfessel tragen.[251] Darüber hinausgehend wird die Informationstechnik der Polizei modernisiert.[252] In Bayern können Gefährder künftig bereits präventiv bis zu drei Monate in Gewahrsam genommen werden.[253] Angesichts der Pannen bei der rechtzeitigen Abschiebung eingewanderter Gewalttäter, die den Behörden bereits bekannt waren, dürfte auch die testweise durchgeführten Gesichtsscans wenig Fortschritte bringen[254], aber uns Bürger einschüchtern oder das fatale Gefühl vermitteln, es werde jetzt durchgegriffen. Sicherheit wäre dann nur noch gefühlt, ist aber real nicht mehr vorhanden.

Nach Zeiten des laissez faire und der weitgehend unkontrollierten Einwanderung vor allem im Jahr 2015 ist es natürlich grundsätzlich zu begrüßen, dass der Rechtsstaat sich wieder handlungsfähig zeigt. Das ist immer noch besser, als wenn ein Staat ohnmächtig zulässt, dass Personen zum Beispiel zielgerichtet ohne Papiere einreisen. Das führt zu mangelndem Respekt gegenüber der Polizei sowie anderen inländischen Behörden und fördert dauerhafte Rechtsverletzungen. Carsten Linnemann weist zutreffend darauf hin, dass der »Rechtsstaat schon in der Vergangenheit die Zügel hat schleifen lassen. Wenn mir ein Richter erzählt, dass er seit 20 Jahren immer wieder dieselben Straftäter mit ausländischem Pass verurteile, dass diese aber nie abgeschoben werden, und dass er sich darüber ärgere, weil er selbst nur immer wieder Strafen verhängen könne, dann stimmt etwas nicht.«[255] Auch so wird der Rechtsstaat demontiert. Das Übel fängt schon damit an, dass nach wie vor Personen ohne oder mit gefälschten Pässen ungeprüft einreisen konnten und noch immer können.[256]

Beim Aufenthalt in Lagern ohne Beschäftigung kommen die Migranten eher mit den falschen Personenkreisen, wie religiösen Fanatikern oder gar Schwerverbrechern, in Kontakt. So kann Integration nicht gelingen. Obwohl etliche der Geflüchteten in Deutschland nach Gewalttaten verurteilt oder ihre Asylanträge abgelehnt wurden, erfolgten bisher nur in Einzelfällen Rückführungen in ihre Heimatländer – oft weil sie keine Pässe hatten, die sie jedoch zuvor selbst vernichtet hatten.[257] Die Lobby für ein Bleiberecht aller Migranten ist hierzulande nach wie vor stark. Der Bundesvorsitzende der Polizei-Gewerkschaft Rainer Wendt sprach von einer »regelrechten Abschiebungsverhinderungsindustrie«.[258]

Dabei droht in manchen Städten bestimmter Regionen eine Art »Bürgerkrieg«, vor allem im Ruhrgebiet. Hier leben in den ›No-go-Areas‹ zunehmend Gefährder, wenn man diesen derzeit häufig benutzten Begriff auch hier anwenden will. Für die Einwohner in Duisburg Marxloh ist beispielsweise ›No-go-Area‹ kein abstrakter Begriff mehr, auch wenn diese offensichtliche Realität von zahlreichen Politikern immer wieder bestritten wird. Selbst die Polizei ist bei ihren Einsätzen dort nicht mehr sicher.[259] Nach Jahren des Schlendrians und Akzeptieren von illegaler Einwanderung wird nun plötzlich nach der Eskalation der Gewalt wie in Berlin 2016 kurz vor Weihnachten proaktiv gehandelt und die Gewaltprävention in den Vordergrund geschoben. Dies geschieht jedoch reichlich spät, womöglich ohne Maß und mit zu wenig Verstand, auch wenn dies natürlich nicht wünschenswert ist. Zukünftig könnten sogar von der Polizei verstärkt Elektroschocker eingesetzt werden.[260] Immer weitere Personenkreise könnten zu Gefährdern werden, die mit immer wirkungsvolleren Waffen und drohnengeschützt bekämpft werden müssen. Das Bundesamt für Migration und Flüchtlinge möchte nun von allen Flüchtlingen Fingerabdrücke abrufbar haben.[261] Das erscheint zur Betrugsabwehr adäquat, könnte aber das Vorspiel einer generellen Nutzung von Fingerabdrücken werden.

Gibt es eine klare Definition des Begriffs ›Gefährder‹? Tatsächlich ist dies schwer, denn die Trennschärfe ist auch bei noch so viel Datenerhebung und -analyse schwierig.

Die Möglichkeit einer frühzeitigen Gefahrenabwehr wird auf jeden Fall eine große Rolle spielen. Ein Theaterstück – *Heilig Abend*, geschrieben von Daniel Kehlmann[262] – befasste sich damit. Darin möchte ein Verhörspezialist eine Terrortatverdächtige zum Geständnis bewegen, dass sie zu Weihnachten einen Anschlag plane. Daniel Kehlmann reflektiert in einem Interview zu seinem Stück auch die aktuelle politische Situation und die Sorge, dass die Daten trotz einer berechtigten Angst vor Terroristen in die falschen Hände geraten: »Aber die Wahrheit ist auch, dass der oberste Chef der NSA jetzt Donald Trump heißt. Edward Snowdens Argument, dass unsere privaten Informationen plötzlich in den Händen einer Regierung liegen könnten, die nicht mehr vertrauenswürdig oder auch nur gutwillig ist, ist auf einmal nicht mehr reine Theorie.[...] In einem Moment wie diesem dürfen wir keine Rechte mehr im Tausch gegen Sicherheit aufgeben.«[263] Aber es spricht viel dafür, dass genau das passieren wird.

Im Ausland ist man hier nicht zimperlich, vor allem im westlichen Vorbildstaat USA. Es ist zu befürchten, dass dort das ›Profiling‹ die Religionszugehörigkeit berücksichtigt. George Orwells Buch *1984* wurde ein neuer Bestseller.[264] Es könnte sein, dass die Sorge vor zunehmender Menschenjagd und ›Hass-Wochen‹ – wie in dem Roman beschrieben –die Menschen wieder umtreibt. Die Pre-Crime-Verfolgungen wecken eben auch Urängste, dass das lange Zeit freiheitsorientierte und die Bürgerrechte achtende Land gesellschaftspolitisch weiter abkippt.

Mit der auch medial breit aufbereiteten Gefahr durch einen verstärkten ›Cyberwar‹[265] sowie ›Terrorangst‹ wird ein Überwachungsniveau möglich, das für uns noch vor Jahren undenkbar war. Die oft illegale Massenmigration gab schließlich den Anstoß, um dies zu ermöglichen. Die nicht erwartete Menge des Flüchtlingsstroms führte zu einem Kontrollverlust. Ab einem bestimmten Punkt konnten die Institutionen nur noch eingeschränkt ermitteln, wer da kommt. Die in der Folge steigende Terrorgefahr im Inland ist ein unterschätzter Treiber bei den zentralistischen Überwachungsbemühungen: Das völlige Chaos bei der Erfassung der Daten[266] machte eine rasche Neustrukturierung und Zentralisierung der Datenerfassung notwendig und schließlich auch möglich. Neben dem Digitalisierungsschub bekommt nun auch die Polizei die Daten, die sie braucht, um Täter mit neuesten technischen Verfahren vorab zu observieren oder zu überführen. Die deutsche Verwaltung übte sich in der ›Datenfusion‹, dem Abgleich der Daten aus verschiedenen Bundesländern, um gezielt fahnden zu können. Neben der verbesserten Datennutzung wird sogar ein verstärkter Einsatz der Bundeswehr zur Unterstützung der Polizei diskutiert.[267]

Vor dem Hintergrund der verschärften Bedrohungslage wird sicher auch die Videoüberwachung künftig massiv ausgebaut werden. Wird das potenzielle Terroristen aber wirklich abschrecken? Der Kollateralschaden, der durch die Rundumüberwachungspolitik ausgelöst wird, könnte viel größer sein als der Nutzen. Wir Bürger könnten nämlich dazu neigen, uns möglichst unauffällig zu verhalten, um nicht zu Unrecht in Verdacht zu geraten. Auch eine schlichte Staatshörigkeit sowie ein allzu unkritisches Vertrauen in die Staatsorgane könnte zunehmen.

In Frankreich ist der Ausnahmezustand mit Ausgangssperren sowie Hausarresten und Durchsuchungen, auch ohne richterlichen Beschluss, schon zur neuen Normalität geworden.[268] Dazu gibt es aber auch kritische Stimmen, denn trotz des Ausnahmezustandes gab es den Anschlag in Nizza. Der Vorsitzende des International Institute for Strategic Studies, François Heisbourg, ist deshalb der Ansicht, dass »statt mit dauerhafter Mobilisierung von Militär und Polizei sowie Gesetzeseinschränkungen solche Attacken nur mit Geheimdienstarbeit und Glück verhindert werden könnten. Ein Ausnahmezustand müsse die Ausnahme bleiben, er dürfe nicht auf Dauer bestehen.«[269] Das führt zu der Frage, ob der Präventionsstaat überhaupt deeskalierend wirken kann. Mit Verweis auf den Film *Minority Report* geht es laut Ilija Trojanow und Juli Zeh in Wahrheit um immer mehr Überwachungsbefugnisse: »Pre-Crime braucht Pre-Cogs.«[270]

Die Frage nach den Grenzen staatlicher Gewalt hat somit eine hohe Relevanz. F. A. von Hayek beispielsweise räumte der Erhaltung der individuellen Freiheit einen hohen Wert bei, wie folgendes Zitat zeigt: »Sowohl allgemeine Überlegungen als auch die Erfahrungen der letzten Zeit zeigen, daß Demokratie nur solange wirksam bleiben wird, als sich der Staat in der Ausübung seiner Zwangsgewalt auf Aufgaben beschränkt, die demokratisch durchgeführt werden können. Die Demokratie ist ein Mittel zur Erhaltung der Freiheit, aber die individuelle Freiheit ist nicht weniger eine wesentliche Bedingung für das Funktionieren der Demokratie.«[271] Machtbewusste Politiker können das Argument der Terrorabwehr missbrauchen und dies als Vorwand für den Aufbau eines Sicherheitsapparates benutzen – wie frühere Diktatoren.

Und aktuelle Diktatoren in verarmten Staaten tun das längst.[272] Sie nutzen sogar die Möglichkeiten des asymmetrischen Cyberkriegs. Für uns Normalbürger sind Frieden, Freiheit und Demokratie in Gefahr. Für die Politiker besteht dagegen die Chance, durch die öffentlichkeitswirksame Verbreitung neuer Bedrohungen, ihre Macht gegenüber den eigenen Bürgern auszubauen, ohne mehr Sicherheit zu ermöglichen.

Das ist eine Versuchung, die in den zunehmend geschwächten Demokratien zu einer ernsthaften Option werden könnte. Entwurzelte Bürger in einer grenzüberschreitend wertelosen, mobilen »liquid society«, wie Zygmunt Bauman sie beschreibt[273], werden als wehrhafte Bürger ihre Demokratie nicht mehr verteidigen wollen und auch nicht mehr können. Immer neue Alternativlosigkeiten treiben uns in einen Krieg, dessen Regeln wir nicht bestimmen. Die neuen politischen Disruptoren müssen wieder zum Rechtsstaat und zum Völkerrecht zurückgeführt werden.

Wenn erst einmal eine Organisation, wie der damalige Staatssicherheitsdienst in der DDR unter Führung von Erich Mielke, neu geschaffen ist, spielen unsere Grundrechte absehbar keine Rolle mehr. Auch die derzeit medial im Fokus stehende »Notwendigkeit« zur Terrorabwehr darf nicht zu einem politischen Argument für eine unbeschränkte Herrschaft werden. Folgender Äußerung von Bundeskanzlerin Angela Merkel wird zwar kaum jemand widersprechen, sie löst unseres Erachtens jedoch weitere Fragen aus: »Wir können doch unseren Beamten ernsthafterweise nicht zumuten, dass sie technologisch nicht auf der gleichen Höhe wie diejenigen sind, die unser System umgehen wollen.« Deshalb sei es »eine Frage des gesunden Menschenverstands, dass man mit der Fortentwicklung technischer Möglichkeiten diejenigen, die für Sicherheit und die Einhaltung der Gesetze sorgen, mit modernen technischen Möglichkeiten ausstatten muss«.[274]

Wird hier vielleicht doch durch die Hintertür eine neue ›DDR 2.0‹[275] ermöglicht? Ist das Umfeld nicht gerade jetzt dafür günstig? Der Dauerkrisenmodus seit Ausbruch der weltweiten Finanzkrise im Jahr 2007 hat vielen Bürgern die Zuversicht genommen, dass Staat und Wirtschaft die gestiegenen Herausforderungen noch meistern können. Mit einer Mischung aus Resignation und Apathie nimmt der Großteil von uns Bürgern zur Kenntnis, dass sie Zeugen einer Entwicklung sind, bei der sie unter dem Strich verlieren. Sie zahlen für die Nichtbewältigung der Krise mit einer Einschränkung ihrer Freiheit und einem generellen Misstrauen, das immer mehr Menschen erfasst und zunehmend auch unser Zusammenleben prägt.

Besser sieht es für staatliche Stellen bei dem Thema Sicherheit aus. Nach der Vielzahl von Anschlägen und der gefühlten Bedrohung durch internationale Kriminalität sind die meisten Bürger bereit, Freiheit für mehr Sicherheit zu opfern. Dass wir möglicherweise auf diese Weise beides verlieren werden, ahnen viele unter uns noch nicht.

Auf die umfassende Mitarbeit der Bevölkerung bei der Terrorabwehr können die Regierenden vor diesem Hintergrund setzen. Das ist einerseits gut, denn es unterstützt die Aktivitäten zur Gefahrenabwehr. Andererseits weckt das absehbar wieder niedere Instinkte wie in der früheren DDR und der NS-Diktatur, denn Deutsche sind eben auch Duckmäuser, oft sogar Denunzianten. Der traditionelle »deutsche Untertanengeist« wird dadurch gefördert. Zu den Bedrohungen von Demokratie und Freiheit äußerte sich Karl Jaspers bereits weitsichtig im Jahr 1966: »Wie aber, wenn bei dieser Abstimmung die Mehrheit die Demokratie, das Mehrheitsprinzip selber abschafft? Wenn die Mehrheit einer Minderheit [...] die unbeschränkte Herrschaft überträgt? Wenn die Grundrechte, die nach unserem Grundgesetz jeder Änderung und auch einer späteren Abstimmung entzogen sind, durch Mehrheit abgeschafft werden?« [276]

Der Dauerkrisenmodus kann sich vor allem dann als freiheits- und demokratiezersetzend erweisen, wenn das Vertrauen fehlt, dass sich die Dinge bessern. Die Finanz-, oder besser Weltwirtschaftskrise, die inzwischen seit einem Jahrzehnt besteht, verschärfte die Fronten und hat die radikalen politischen Lager verstärkt. Der Dauerkrisenmodus ist inzwischen in eine neue Phase getreten und ist jetzt zusätzlich flächendeckend mit Terrorgefahren verbunden. Es begann mit den Anschlägen in New York am 11. September 2001 und entwickelte sich über verschiedene kriegerische Nahostkonflikte zu Stellvertreterkriegen, inzwischen mit dem erklärten Ziel, die Terrorgruppe ›Islamischer Staat‹, kurz IS, auszulöschen.[277]

Selbstverständlich muss ein demokratischer Staat alles Notwendige für die Gefahrenabwehr von uns Bürgern tun. Wer will da widersprechen? Vor dem derzeitigen Bedrohungshintergrund könnte aber auch ein undemokratischer Schnüffelstaat immer mehr zum ›new normal‹ werden. Über jeden von uns können heute, falls gewünscht, Dossiers über mehrere hundert Seiten abgerufen werden; die Digitalkonzerne machen es möglich. Dies muss nur angefordert werden, wenn der Staat nicht schon in Eigenregie ausreichend Daten sammelt. Und in Zeiten zunehmender Terrorgefahren und Berichten über Cyberangriffe fordern das ja auch viele Bürger. Dazu muss der Staat über die entsprechenden Mittel zur Abwehr verfügen.[278] Das ist dann die Logik der Vergeltung, die in einer zunehmend unsicheren Welt weitere Gewaltspiralen erzeugen kann.

Ilija Trojanow und Juli Zeh halten dagegen. Denn, wie sie zutreffend warnen, könnte dabei auch die Demokratie unter die Räder kommen. Sie plädieren daher für eine Beschränkung der staatlichen Eingriffsbefugnisse: »Sie sind praktische Existenzbedingung unserer Staatsform. Der von staatlichen Eingriffen bedrängte Bürger könnte seine Mitwirkungsrechte nicht mehr adäquat ausüben und die Demokratie wäre schnell dahin.« [279] Zynisch könnte man jetzt behaupten: Ja, darum geht es gerade. Durch die Zulassung einer Masseneinwanderung ohne hinreichende Kontrolle, wer kommt und – nach einer Reihe von Anschlägen - gewann das öffentlichkeitswirksam vertretene Argument an Glaubwürdigkeit, zur Terrorabwehr über alle staatliche Machtmittel verfügen zu müssen. Bei der Bevölkerung konnte ein dauerhaftes Gefühl der Angst entwickelt werden, das letztlich einen Überwachungsstaat im Ausnahmezustand schaffte. Erst jetzt wurde für die Politiker ein Durchregieren leichter möglich.

Die Beachtung demokratischer Regeln ist für Regierende nur lästig, wenn sie ihrem Machtzuwachs im Wege stehen. Und Autokraten findet man inzwischen fast überall. Die Erhaltung von Demokratie und Transparenz gegenüber uns Bürgern wird dadurch, wenn man so will, teurer. Auch passt es dann nicht mehr in den vermittelten neuen Zeitgeist, der die Politiker vermeintlich zu Notmaßnahmen zwingt, um Wirtschaft, Staat und Gesellschaft zu stabilisieren. Und wenn man einmal damit anfängt, die Überwachung in einer Dauerkrise als notwendig zu vermitteln, gewöhnen wir uns vielleicht daran.

Wir sollten nicht zu viel für unsere Totalüberwachung als Gegenleistung erwarten. Kein Staat dieser Welt kann absolute Sicherheit garantieren. Wir verlieren so sicher die Freiheit, bekommen aber dafür kaum mehr Sicherheit.

Im Rahmen unserer Aspekte zur digitalen Knechtschaft möchten wir noch den Begriff ›Gefährderprofil‹ in einem anderen Zusammenhang einführen. Ein Begriff der bisher nur im Bereich der Flugreisen definiert, aber noch nicht im Zusammenhang mit Big Data verwendet wurde.

Unsere politische Klasse in Europa versucht immer intensiver, angesichts der zunehmenden Terrorakte und der zunehmenden Gefährdung der Bevölkerung durch Terroristen durch die Sammlung möglichst vieler Daten, geplante Terroranschläge schon im Voraus zu prognostizieren, um die eventuell in diesem Sinne handelnden Personen beziehungsweise deren Absichten frühzeitig verhindern zu können. Wir möchten nun aber nicht in diese Diskussion einsteigen, die sicherlich in Bezug auf Ihre Prävention positive Aspekte aufweist, sondern den Bogen etwas weiter spannen.

Nehmen wir nun einmal das folgende mögliche Zukunftsszenario an:

Herr Schmid ist ein 40-jähriger, politisch interessierter, unbescholtener und bisher nicht auffälliger Bürger. Er hat ein einwandfreies polizeiliches Führungszeugnis und bisher brav seine Steuern bezahlt. Leider ist momentan die aus seiner Sicht falsche Regierungspartei an der Macht, sodass er sich in den letzten zwei Jahren schon öfters spontan in sozialen Netzwerken und anderen elektronischen Medien kritisch über die aktuelle Politik geäußert hat.

Nun verabschiedet diese für ihn unpassende Regierungspartei irgendeine neue Regelung oder ein Gesetz (wie zum Beispiel ein komplettes Rauchverbot oder ein komplettes Fahrverbot für Dieselfahrzeuge), was ihn erstmals in seiner persönlichen Freiheit richtig heftig trifft und einengt. Daraufhin schreibt er in seiner ersten Wut und Aufregung eine geharnischte und bösartige Mail an den Politiker, der seiner Meinung nach dafür verantwortlich ist. Eine Mail, die ihn allerdings kurz darauf wieder reut, weil sie auch für seine Verhältnisse im ersten spontanen Ärger zu krass formuliert war.

Weil nun aber der Politiker an diesem Tag sowieso schlecht gelaunt ist und schon mit vielen ärgerlichen Mails genervt wurde, sticht ihm diese Mail von Herrn Schmid besonders ins Auge. Er leitet sie daher an eine spezielle Einheit der Polizei oder des Verfassungsschutzes (welche Ordnungseinheit auch immer dazu existiert oder existieren wird) weiter, weil er sich persönlich angegriffen und sogar bedroht fühlt.

Obwohl wir aktuell noch nicht komplette Zugriffsrechte unserer Staatsorgane haben, können wir uns trotzdem vorstellen, dass nur ein Mitarbeiter dieser »Überwachungseinheit« diese Mail tatsächlich als »gefährlich« ansieht und den dahinterstehenden Autor/Bürger, also Herrn Schmid, als »gefährliche Person« einstuft. Im Rahmen des Big Data läuft nun eine Maschinerie an, die alle elektronischen Äußerungen und Vorgänge dieses unbescholtenen Bürger durchscannt (viele sind jetzt schon öffentlich zugänglich, und viele dürften es auch »unöffentlich« sein, wie mittlerweile zum Beispiel WhatsApp-Nachrichten). Und dabei fallen dann auch viele passende Schlagwörter und Handlungen auf, die zu einem festgelegten »Gefährderprofil« von Vater Staat passen.

So hat Herr Schmid beispielsweise bestimmte Rechnungen nicht zügig bezahlt und protestiert, weil er sich mit der dahinterstehenden Firmenpolitik des Verkäufers nicht einverstanden gezeigt hat. Des Weiteren hat er bissige Kommentare zu Polit-Sendungen oder Nachrichtenmeldungen abgegeben und hat keinen Hehl daraus gemacht, dass er mit der aktuell vorhandenen Regierung nicht einverstanden ist. Unglücklicherweise wurde sein Profil auch bei Demonstrationen aufgenommen, auch wenn er dort eigentlich nur passiv zugegen war. Und so sind noch viele andere opportunistische Dinge Herrn Schmid zuzuordnen, die eigentlich zu einer normalen Demokratie mit freier Meinungsäußerung gehören. Aufgrund seines spontanen und sporadischen Kaufverhaltens bei Onlinekäufen wird dann mit anderen Analysen noch ein psychologisches Profil erstellt, welches zu dem Schluss kommt, dass Herr Schmid ein gewisses Potenzial hat, irgendwann auch mal physisch »auszurasten«, was zudem die bedrohliche Mail an den Politiker noch unterstützt. Zu guter Letzt ist er noch aktives Mitglied im Schützenverein und hat einen Waffenschein.

Da nun diese Person im Rahmen des aktuellen internen Gefährderprofils der Staatsorgane mit dem dafür entwickelten Datenprogramm eine Quote von über 50 Prozent erreicht, wird Herr Schmid als »potenzieller Gefährder« für die Staatssicherheit eingestuft.

Dass es solch geartete Datenüberprüfungen und Auswertungen schon längst gibt, zeigen zum Beispiel die vielen offiziellen Berichte über die vorausschauende Polizeiarbeit, wo aufgrund von Metaanalysen mit Wahrscheinlichkeitsrechnungen die nächsten voraussichtlichen Einbruchsorte und Zeitpunkte prognostiziert werden. Diese arbeiten dabei tatsächlich mit einer hohen Trefferquote. Und auch Google, Amazon und Co. suchen immer fieberhafter nach Möglichkeiten, ihren Kunden schon einen Schritt voraus zu sein, um den nächsten Kaufwunsch schon zu kennen, bevor der Kunde es selber weiß oder entschieden hat. Somit ist es nur ein Frage der Zeit bis diese Analysen den einzelnen Menschen soweit einschätzen können, dass sie seine nächsten Gedanken und Schritte mit einer hohen Trefferquote prognostizieren können.

Jetzt fragt sich der Leser, wie kann es nun weitergehen und was soll dieses Szenario nun aussagen?

Wenn wir uns die Vorgänge in der Türkei nach dem versuchten Putschversuch 2016 anschauen, bekommen wir ein gutes Beispiel dafür, wie letztendlich unbescholtene Bürger sehr zügig aufgrund von passenden Datenauswertungen als Gefährder für die im Amt stehende Regierung definiert werden können. Sind sie erstmal auf diese Weise »gebrandmarkt«, ist der Schritt, diese gefährlichen Personen im Rahmen von Ausnahmesituationen einfach einzusperren oder anderweitig unschädlich zu machen, nicht mehr fern. Hierzu bedarf es nicht einmal eines so öffentlichen Vorgehens wie in der Türkei. Wenn wir uns andere schon erfolgte »Justizirrtümer« unserer jüngeren Geschichte in unserer deutschen Demokratie anschauen (zum Beispiel der Fall Gustl Mollath), dann können wir nicht mehr ausschließen, dass zukünftig unerwünschte Personen anhand eines Gefährderprofils unter dem Deckmantel der »Staatssicherheit« aus dem Verkehr gezogen werden. Ob dann noch eine wirkliche Opposition möglich ist, die eigentlich zu einer intakten Demokratie gehört, ist fraglich.

Oder sind Sie sich, lieber Leser, sicher, dass Sie nicht schon irgendwo oder irgendwann mal »unpassende« Statements gegenüber der bestehenden Regierung oder Ordnung in irgendeinem elektronischen Medium abgegeben haben? Sicherlich hat dies jeder von uns schon mal im Rahmen der Meinungsfreiheit in einer bestehenden Demokratie gemacht. Aber wo ist die Grenze? Ab wann ist die Wortwahl so heftig, dass es in das Gefährderprofil passt? Ab wie vielen Vorgängen ist die Schwelle überschritten, da man nicht mehr nur als ›Kritiker‹, sondern bereits als ›Gefährder‹ eingestuft wird? Darf man dann überhaupt noch an einer öffentlichen Demonstration teilnehmen, auch wenn diese nur friedlich ist und keine Ausschreitungen damit verbunden sind?

Auch wenn dieses Thema noch nicht in den Medien diskutiert wird, so ist es doch sicherlich ein weiteres heißes Eisen in Bezug auf die schon begonnene digitale Knechtschaft.

Fazit: Der starke Staat wird wählerwirksam inszeniert. Der Überwachungsstaat braucht starke Argumente, die jetzt geliefert werden. Durch die – auch von Politikern geschürte – Angst vor Terroranschlägen verändert sich das Verhältnis zwischen uns Bürgern und dem Staat tiefgreifend. Wann wird jemand zum Gefährder? Ist es auffälliges Benehmen, die Wortwahl bei einer Systemkritik oder schon die Eingabe von bestimmten Suchbegriffen im Internet, die als »gefährdend« eingestuft werden? Angst macht auch gefügig. Die ständig thematisierte Terrorgefahr und die Überwachung wird unseren Alltag stark verändern – der Ausnahmezustand könnte dann zum neuen Normalzustand werden. Durch den Dauerkrisenmodus steigt unsere Angst, wir sehnen uns nach mehr Sicherheit. Der Ruf nach modernster Überwachungstechnik kommt dann nicht mehr überraschend. Fürsorgliche Staatsvertreter nutzen daraufhin die Geister, die sie riefen. Aber wir werden sie nicht mehr los. Die Überwachung bleibt, auch wenn die Gefahren nicht mehr bestehen. Wir gewöhnen uns daran und merken nicht, dass wir gleichzeitig unfrei geworden sind.

19. Marx goes digital? – Über sozialistische Volksbeglückungsträume

»Es könnte tatsächlich sein, dass die sozialistische Planwirtschaft an der damals noch nicht vorhandenen Technologie gescheitert ist und dass eine neue Planwirtschaft unter digitalen Vorzeichen möglich wäre.«

Christoph Keese[280]

Christoph Keese hält eine sozialistische Planwirtschaft unter digitalen Vorzeichen zwar für möglich, aber nicht für wünschenswert. Nach ihm wäre das Scheitern eines solchen ›Digitalen Sozialismus‹ vorprogrammiert, denn »ein System, in dem es von sozialen Grundsicherungen nur so wimmelt, ohne Anreize für eigene Leistungen zu schaffen«, würde »nicht genug produzieren, um Wohlstand zu erzeugen«. Uns Bürgern sollte dieses Experiment erspart werden, denn es wäre nicht nur mit einer Einschränkung der Eigenverantwortung verbunden. Das ökonomische Scheitern könnte durch digitale Überwachung und finanzielle Abschöpfung – jedes Handeln von uns ist trackbar und damit für uns eine potenzielle zusätzliche finanzielle Belastung, beispielsweise in Form einer rein digitalen Besteuerung – sehr, sehr lange hinausgezögert werden.

Marx goes digital? Nach Paul Cockshott und Allin Cottrell ist eine Wiederbelegung marxistischer Vorstellungen durch die verbesserten Rechnerleistungen möglich. Für viele scheint dieser Gedanke verlockend zu sein. Die Relativierung unseres Eigentums ist mit der internetbasierten ›Sharing Economy‹ bereits erfolgt. Dann wäre nur noch ein kleiner weiterer Schritt notwendig: die Ermittlung von Zugangsrechten, die unter Gemeinwohlaspekten festzulegen wären.

Geld ist dann auch kein Eigentum mehr. Das Gemeineigentum ist entscheidend, das nach Gerechtigkeitskriterien aufgeteilt werden soll. Wer legt nach einer Sozialisierung aller Assets fest, welchen Wert die verschiedenen »Gemeineigentümer« dann haben sollen? Das könnte den Weg zu einer digital gesteuerten Willkürherrschaft ebnen und damit zu einer weit schlimmeren Digitalknechtschaft als bei konkurrierenden Digitalkonzernen mit gewinnorientierten Eigentümern führen. Letztlich ist diese Zukunftsvision rein spekulativ, auch wenn das bisherige Versagen sozialistischer Systeme dafür spricht.

Das heißt aber natürlich nicht, dass der Digitalkapitalismus eine wünschenswerte Variante wäre. Wie bereits an anderer Stelle beschrieben, wäre das ebenfalls keine verbraucherfreundliche und keine freiheitssichernde Perspektive für uns. Wir wären bei beiden Varianten der digitalen Knechtschaft, die zunehmend Künstliche Intelligenz einsetzen, die Verlierer. Wir geben unser Recht auf Selbstbestimmung auf, erst schleichend und später zunehmend, mit einem Freibrief für kommerzielle, staatliche Institutionen oder NGOs' etc., wenn wir nicht aufpassen.[281]

Befremdlich ist folgendes Zukunftsszenario der dänischen Politikerin Ida Auken, das Adrian Lobe treffend als Gesellschaft im Jahr 2030 beschreibt, in der Roboter die Arbeit übenehmen, der Privatbesitz abgeschafft und es dank optimaler Nutzung des freien Wohnraums möglich ist, mitfrei zu wohnen. Auch im Verkehrswesen sind neue Errungenschaften zu vermelden: »Staus gehören der Vergangenheit an, seit autonome Fahrzeuge durch die Straßen kurven und Passagiere just in time von A nach B kutschieren. Die Städte sind eine einzige Amüsement-Arkade.« [282] Auken schreibt in einem Gastbeitrag: »Alles, was Sie als Produkt erachteten, ist nun eine Dienstleistung. Wir haben Zugang zu Transport, Unterkünften, Essen und allen Dingen, die wir im täglichen Leben brauchen. Nach und nach wurden diese Dinge kostenlos, also ergab es irgendwann keinen Sinn mehr, viel zu besitzen.« [283]

Diese Allmende, darauf weist Adrian Lobe in seinem Beitrag hin, wird mit der Preisgabe von Rechten bezahlt. Personenbezogene Daten würden dann zu einer Sache, Eigentum und Privatsphäre wären abgeschafft.[284] Der daraus resultierende Trade-off zwischen Zugangsfreiheit zu allen Gemeingütern einerseits und der Aufgabe von Privatsphäre und dem Eigentum andererseits wäre fragwürdig.

Offen ist auch die Frage, wie ein »Wohlstand für Alle«, um den Erfolgstitel Erhards aufzugreifen, gesichert werden könnte. Es müsste Anreizsysteme geben, um derartige postindustrielle Digitalgesellschaften wirtschaftlich lebensfähig zu halten. Es ist zu befürchten, dass der Preis für uns Bürger viel zu hoch ist. Über den Freiheitsverlust hinaus wäre voraussichtlich ein permanenter Umverteilungsmechanismus notwendig, der die Finanzierung der Wächter dieses neuen »Paradieses« für uns durch uns sicherstellen müsste. Eine solche mögliche Geschäftsführung ohne Auftrag einer digitalen Superoligarchie müssen wir rechtzeitig mit demokratischen Mitteln verhindern. Es bestünde die Gefahr, dass immer mehr unter uns von der Hand in den Mund leben müssten, um die Funktionäre in einem solchen digital-sozialistischen System zu subventionieren.

Die Digitalisierung macht Überwachung kostengünstiger, warum sollte man das nicht nutzen? Wenn Diktatur aber billiger wird[285], dann ist der Schritt, weg von demokratischen und hin zu totalitären Regierungssystemen, noch verführerischer als bisher. In der digitalen Welt können sich Menschen dank lückenloser Überwachungsmöglichkeit schlechter verstellen als in der früheren UdSSR oder DDR, die über solche Techniken noch nicht verfügten. Zustimmung oder Ablehnung sind bereits jetzt jederzeit, auf Knopfdruck, abrufbar, wenn wir online sind.

In der neuen Idealstadt Ida Aukens können zwar dank der gewonnen Freizeit alle Menschen begeistert spazieren gehen, Rad fahren, kochen, zeichnen sowie Pflanzen züchten[286] und dies auch nach außen zeigen. Vielleicht ist ihnen aber auch irgendwann langweilig, und sie lehnen dieses System als ›Glücksdiktatur‹ ab. Was macht man dann? Wird dann nachgeschult, verbunden mit ‚psychologischer Betreuung und Unterbringung in einer Resozialisierungsanstalt oder einem Internat?[287] Das wäre eine schlimme Strafe.[288]

Glück kann eben nicht von oben verordnet werden. Das kann auch die digital modernisierte Form eines sozialistischen Staates nicht. Kreativität ist nicht die Stärke solcher Systeme. Wettbewerb und Innovation brauchen ein entsprechendes Umfeld. Das sollten auch die Technokraten in Brüssel bedenken. Brüssel sollte sich nach Peter A. Fischer »fragen, wieso derart viele ›coole‹ Netzwerk-Konzerne aus den USA stammen und nicht aus der EU«.[289] Statt einer technokratisch gelenkten sozialistischen Datenknechtschaft bleiben wird doch lieber bei freiheitlich subsidiären Lösungen. Politik muss Räume für Kreativität und Freiheit belassen. Wir Bürger sind der Maßstab und nicht sozialistische Digitalüberwacher und Volksbeglücker: Regeln sind nur dazu da, um unsere Freiheit bestmöglich zu sichern und unser Leben in möglichst großer Eigenverantwortung zu gestalten. Hierfür ist ein starker Staat gefordert. Auch Staatenverbünde wie die EU müssen primär unsere Freiheit- und Eigenverantwortung sichern, wenn sie nicht als neusozialistische Variante einer UdSSR mit zentralplanerischen Knechtschaft – das wäre eine digital gestützte Jakobinerherrschaft – scheitern will.

Fazit: Sozialistische Volksbeglückungsträume hören sich gut an, scheitern aber regelmäßig in der Realität, wenn sie die Natur des Menschen nicht beachten. Gerade die digitale Welt bietet den neuen sozialistischen Glücksversprechern Möglichkeiten, uns zu kontrollieren und umzuerziehen. Alles vermeintlich nur zu unserem Besten. Eine solche Jakobinerherrschaft wäre in der Sache brutal, würde sich aber gutmenschlich tarnen. Das wäre dann eine besonders perfide Form einer Digitalknechtschaft.

20. Gibt es noch Raum für Subsidiarität und Familien?

»Freundschaften müssen am Ende stets eine ausgewogene Bilanz von Geben und Nehmen vorweisen, das was die Evolutionsbiologie ›reziproke Kooperation‹ nennt. Bei Verwandten hingegen darf es zu einem Ungleichgewicht im Geben und Nehmen kommen… «

Frank Schirrmacher[29]

Großmütter waren in der Vergangenheit oft bereit, für die Ideen ihrer Enkel Geld zu spenden. Manchmal sogar anonym und dabei auch noch an den eigenen Eltern des Enkels vorbei. Mit diesem familiären Wagniskapital wurden unter glücklichen Umständen und mit viel Einsatz sogar sehr erfolgreiche neue Firmen geschaffen. Warum gelang das so häufig? Der Enkel stand unter einem sozialen Druck, aus dem Geld etwas zu machen, vor allem wenn kein Geldgeber wie eine Bank bereit gewesen wäre, seine vermeintlichen Flausen zu finanzieren. Er stand bei seiner Großmutter im Wort, sie wiederum setzte auf ihn und stärkte damit sein eigenverantwortliches Handeln. Es geht hier auch um Vertrauen, das beidseitig nicht beschädigt werden soll.

Der klassische Fall, dass eine Oma ihrem Enkel Geld zusteckt, könnte künftig komplizierter werden. Wenn das Bargeld abgeschafft wäre, müsste das Geld überwiesen werden. Dann könnte diese Transaktion besteuert werden, das heißt eventuell wäre eine Schenkungssteuer fällig. Dieses Beispiel zeigt sehr schön, dass mit der Digitalisierung auch die Kontrolle und möglicherweise auch finanzielle Abschöpfung, vor allem privater, wirtschaftlicher Hilfen, ermöglicht werden.

Auch die Geldübergabe an einen Freund würde nicht mehr anonym bleiben und mit einer Transaktionssteuer belegt werden. Eine so gestaltete Digitalisierung könnte damit auch den Subsidiaritätsgrundsatz infrage stellen, wenn das Abschöpfungsinteresse staatlicher Träger so groß ist, dass sie private Hilfen allein aufgrund der Geldüberweisung besteuert. Dann wären Familien als Sozialgemeinschaft noch schneller als bisher »draußen«.

Die Ökonomisierung immer weiterer Lebensbereiche verdrängt die gegenseitige Hilfe in einem Familienverbund und subsidiäre Ansätze. Auch das bedingungslose Grundeinkommen, dass im Zuge der fortschreitenden Digitalisierung zunehmend diskutiert wird, würde den Familienverbund weiter schwächen. Warum sollte man sich gegenseitig noch in der Not helfen? Die Abhängigkeit vom System wird so erhöht. Die ›Schicksalsgemeinschaft‹ ist dann nicht mehr die Familie, sondern der Staat, der ohnehin alles über uns weiß.

Die mediale Aufmerksamkeitslenkung setzt uns auch einem Dauerstress aus, der künstlich erzeugt erscheint. Wir kommen nicht mehr zur Ruhe. Der Arbeitsplatz ist unsicher. Der neue Alarmismus und die zunehmende Unsicherheit führen dazu, das Bindungen zwar gesucht, aber nicht mehr dauerhaft eingegangen werden. Bindungslos und entwurzelt sind wir besser denn je steuerbar. Der Einzelne steht nur noch dem System gegenüber, das uns die neuen Regeln der digitalen Knechtschaft aufdrückt. Das ist für uns keine ›Win-Win-Story‹, sondern eher ein permanentes ›Loser-Game‹. Ohne Solidarität und Subsidiarität werden wir mehr denn je abgezockt.

Mit der Ökonomisierung immer weiterer Lebensbereiche wird auch die selbstverständliche, gegenseitige Hilfe, die bei Familienmitgliedern üblich ist, verdrängt. Unter Freunden war das Geben und Nehmen ja immer eine Sache, bei der zumindest ein lockerer Ausgleich vorgesehen war.[291] Bei Familien war dagegen auch Hilfe ohne Gegenleistung selbstverständlich. Dies entspricht auch den subsidiären Ansätzen der christlichen Soziallehre.

Solidarität war hier selbstverständlich und nicht abstrakt. Die aufopfernde Rolle der Mütter wird durch den Sozialstaat, der Familien ohne Kinder auch noch begünstigt, sanktioniert. Mit der Digitalisierung könnte die Autonomie der Familie noch weiter beschädigt werden.[292] Der Staat ist als Schicksalsgemeinschaft aber nebulös, vor allem aber Staatenverbünde wie die EU.

Es wird hier schwierig, Solidarität von deutschen Sparern und Steuerzahlern von oben zu erzwingen, wenn die Gelder anschließend anonym verteilt werden und womöglich auch noch in korrupte Hände geraten.

Nur vor Ort, beispielsweise im Kreis der Familie, können Lebenschancen und -risiken konkret abgestimmt werden. Je höher und je abstrakter die Ebene ist, desto weniger werden Problemlösungen gelingen. Das ist eigentlich ein alter Hut, aber die Digitalisierung könnte, so ist zu befürchten, den Machbarkeitsglauben von Sozialutopisten beflügeln. Das würde Technokraten auf zentraler Ebene darin bestärken, alles regeln zu wollen. Subsidiarität würde zu einem Störfaktor.

In der EU scheint diese Machtusurpation ohne rechtliche Grundlage bereits üblich geworden zu sein. Der inzwischen verstorbene frühere Bundespräsident Roman Herzog wies in seinem lesenswerten Buch, *Europa neu erfinden,* das 2014 erschien, auf die vielfältigen demokratischen Mängeln dieses ›Überstaates‹ hin, den er allenfalls als Staatenverbund bezeichnet.[293] Diese überstaatlich gesteuerte Machtentfaltung ist rückwärtsgewandt imperial, um vermeintlich mit den USA und China gleichzuziehen. Dieses fragwürdige Elitenprojekt kann sich auf europäische Bürger nicht berufen. Wir wissen schon selbst, wie wir unser Leben gestalten wollen. Wir brauchen keine Erlaubnis von EU-Funktionären, die von oben umerziehen und kontrollieren wollen und sich dabei in Lebenssphären einmischen, die sie nichts angehen. Im Gegensatz zum absehbaren Scheitern dieser Zentralisten sollten wir uns auf unser eigenes Können verlassen und Familien- und Freundesnetzwerke analog aufrechterhalten. Wer in Facebook Hunderte Freunde hat, der hat vermutlich keine echten Freunde.

Fazit: Wenn der Staat jede Transaktion überwachen kann, könnte die Hilfe durch Familien zurückgedrängt werden. Das Subsidiaritätsprinzip würde immer mehr beiseite geschoben. Wir sind dann immer mehr »draußen« und von staatlicher Stütze abhängig. Diese gibt uns weniger zurück, als sie uns vorher genommen hat.

21. Bargeldverbot und digitale Enteignung

»Ein vollelektronisches Geldsystem – völlig transparent, ohne jeglichen Schutz der Privatsphäre bei Transaktionen und mit dem ständigen Risiko einer Enteignung durch den Staat – bedeutet, dass Geld kein privates Eigentum mehr sein wird. Der Weg in die Hölle ist mit guten Absichten gepflastert.«

Andreas Höfert[294]

Die Warnung von Andreas Höfert, des bereits 2015 verstorbenen, früheren Chefökonomen der Großbank UBS, war allzu berechtigt, wie die jüngsten Entwicklungen zeigen. Wenn Geld kein Eigentum mehr ist, sondern im Extremfall nur noch ›Access‹, dann leben wir in einer komplett veränderten Welt. Noch vor Jahrzehnten drehten sich Arbeiter noch um, bevor sie ihre Lohntüte aufmachten. Sie schauten verstohlen hinein, und sie wollten damit vermeiden, dass ein anderer mitbekam, wieviel man verdiente.[295] Auch im heutigen Arbeitsleben besteht diese Diskretion weiter. Insbesondere in Deutschland spricht man nicht gerne über Geld, demgegenüber wird die Privatheit der Daten generell längst nicht mehr so ernst genommen. Andererseits geben heute die User nicht nur den Inhalt einer virtuellen Lohntüte preis, sondern ihr komplettes Fühlen und Denken sowie Bewegungsbilder. Dabei sollten wir beim Geld noch aufmerksamer sein. Denn wir sind gerade dabei, schleichend unser Eigentumsrecht aufzugeben.

Seit der Veröffentlichung des Buches *Bargeldverbot*, das am 8. Juni 2015 herauskam, sind Dinge eingetreten, die wir so schnell nicht erwartet hatten. Viele Entwicklungen, die wir beschrieben, waren zum damaligen Zeitpunkt noch eine Utopie, auch wenn die technischen Voraussetzungen bereits bestanden. Besonders spektakulär war die Äußerung von John Cryan, des Vorstandsvorsitzenden der Deutschen Bank am 21.01.2016 beim Weltwirtschaftsforum in Davos.

Nach seiner Ansicht würde Bargeld in den nächsten zehn Jahren verschwinden: »Cash ist fürchterlich teuer und ineffizient.« Im Rahmen der Diskussion wies er darauf hin, dass Bargeld besonders hilfreich für Geldwäscher und andere Kriminelle sei, um ihre Geschäfte zu verschleiern.[296] Spätestens jetzt war klar, dass an den höchsten Stellen der Finanzwelt nicht nur über eine Bargeldabschaffung theoretisch nachgedacht wird, sondern bereits über das praktische Prozedere. Äußerungen wie die von John Cryan sollen die Bevölkerung – so ist zu vermuten – darauf vorbereiten, was in den nächsten Jahren umgesetzt werden soll.

Die Bargeldeinschränkung wird nicht nur in den beiden nördlichen Staaten Europas, Schweden und Dänemark, forciert. Während sie dort eher schleichend vonstattengeht, erfolgte sie in Venezuela mit einem Paukenschlag, gefolgt von einem erneuten Rückzug. Auf jeden Fall lieferte der venezolanische Staatspräsident Nicolás Maduro Moros dabei Schlagzeilen. Im Dezember 2016 wurde in dem sozialistischen Hochinflationsland[297] plötzlich der 100-Bolivar-Schein nicht mehr als Zahlungsmittel akzeptiert. Die geplante Ausgabe von Scheinen mit höheren Werten verzögerte sich. Nach heftigen Protesten musste die Regierung schließlich wieder zurückrudern.[298]

Auch die indische Regierung wurde überraschend aktiv mit drastischen Maßnahmen zur Bargeldabschaffung. Premierminister Narendra Modi ließ im November 2016 völlig überraschend große Banknoten, konkret die 500- und 1.000-Rupienscheine, entwerten. Sie konnten jedoch umgetauscht werden. Die wenigen Rücknahmestellen sowie das bürokratische Prozedere führten zu einem riesigen Chaos im Land. Die drakonische Maßnahme wurde mit der starken Korruption und Schattenwirtschaft in Indien begründet.[299]

Der frühere Premierminister Manmohan Singh kritisierte die Maßnahmen. Er sagte jedoch auch, dass die Absichten ehrenwert seien und aus vollem Herzen Unterstützung verdienten, und er fügte hinzu, dass der Weg zur Hölle mit guten Absichten gepflastert wäre.[300] Dieses Statement ähnelt dem von Andreas Höfert, das zu Beginn dieses Kapitels zitiert wurde. Diese Gefahr ist nicht von der Hand zu weisen. Technische Umsetzungsmöglichkeiten zur Erleichterung einer eleganten, das heißt unauffälligen Enteignung der Sparer zur Lösung chronischer Schuldenprobleme sind bei Politikern aus nachvollziehbaren Gründen willkommen.

Ein vollständig digitalisiertes Geldsystem ist technisch ohnehin längst machbar, in Indien gibt es Bestrebungen, das bis zum Jahr 2020 zu erreichen, gegebenenfalls sogar ausschließlich mit der Verwendung biometrischer Daten.[301] Geld wäre dann nur noch ein individuelles Zugriffsrecht in digitalen Systemen privat- oder staatswirtschaftlicher Art. Geld wäre kein Eigentum mehr, sondern nur noch ein mehr oder weniger abgesicherter Anspruch in einem Umverteilungssystem, das was man heute auch als ›Access‹ bezeichnet.[302]

Man könnte dann leicht den Zugang selektieren oder auch ganz sperren: Privilegierte sind frei und haben vollen Zugang, auf der mittlere Stufe gibt es Einschränkungen, die auch individuell gesteuert werden können.[303] Ganz unten sind dann, wenn es für uns schlecht läuft, wir, die neuen Abhängigen, die de facto zu Sklaven im System werden. Wir wären dann, wenn man so will, die neuen digitalen Knechte. Wir wären weitgehend vom gesellschaftlichen Leben ausgegrenzt oder sogar gänzlich aus dem System Ausgestoßene.

Wir werden unterdrückt, leben verängstigt durch manipulierte Nachrichten und träumen höchstens davon, aus unserer misslichen Lage irgendwann befreit zu werden. Wir, als neuer plebejischer und damit gut steuerbarer Personenkreis, hätten nach Ansicht von Verantwortlichen in Digitalkonzernen oder in der Politik sehr viel »auf dem Kerbholz«. Die Schuld der Betroffenen kann beispielsweise lediglich darin bestehen, sich ungeschickt, zu unreflektiert oder auch noch regierungskritisch geäußert zu haben. Auch könnte ihr Zahlungsverhalten zu wünschen übrig lassen. Auf jeden Fall könnte man in diesem neuen System abgestufter Zugangsberechtigungen bestimmte »Gute« belobigen und »Böse« strafen. Solange Geld Eigentum ist, ist es neutral und es können keine mächtigen Dritten, seien es Digitalkonzerne oder Vertreter des Staates, Einfluss nehmen.

Wie bereits erwähnt, ist ein vollständig digitalisiertes Geldsystem inzwischen längst keine Utopie mehr. Die bedrohlichen Seiten der Abhängigkeit von digitalen Systemen sind längst bekannt. Wolfgang P. Warth, Mitinitiator des PDU (Project for Democratic Union), kommt dabei zu folgenden Erkenntnissen:

»In der analog-realen Welt ist Eigentum »in den Händen« des Eigentümers. Gehört es nicht ihm, muß der Anspruchsgegner dies beweisen. Anders in der digital-virtuellen Welt. Der Eigentümer hat zweifelhafte Dokumente in der Hand, die u.U. nichts beweisen und auch den Hauch einer Fälschung verkörpern. Er hängt ganz davon ab, daß es Datenbanken gibt, in denen seine Ansprüche verzeichnet sind, auf die er aber keinen Zugriff hat.«

Schleichend werden wir zu ›Digitalknechten‹, wenn politisch nicht gegengesteuert wird. Im Roman *Circle* von Dave Eggers werden diese Gefahren aufgezeigt. Die Manipulationsmöglichkeiten stellen die Rechtssicherheit infrage. Schutzgesetze können wegen der freiwilligen Datenweitergabe ausgehebelt werden und schaffen dann immer einflussreichere Digitalkonzerne, die staatliche Strukturen anzweifeln. Bereits jetzt wäre, unterstützt von der Blockchain-Technologie, ein neues Google-Digitalgeld weltweit einsetzbar.[304] Die traditionellen Finanzdienstleister könnten dadurch schon bald ersetzt werden.

Mit dem neuen digitalen Geld wäre eine Enteignung auf Knopfdruck möglich. Negativzinsen, die problemlos durchgesetzt werden können, führen zu einer echten Enteignung, der wir nicht entgehen können, da eine Hortung von Bargeld nicht mehr möglich ist. Professor Gerald Mann spricht im Zusammenhang mit der vorgesehenen Durchsetzung von Negativzinsen zutreffend von einer »Konsumverweigerungssteuer«. Denn das Sparen wird den Bürgern verleidet. Stattdessen werden sie in den Konsum und eine neue Abhängigkeit vom Staat getrieben. Es geht darüber hinaus auch wieder ein Stück bürgerlicher Freiheit verloren. Die Negativzinsen wirken wie eine unauffällige Besteuerung.

Ein Dauerkrisenmodus, wie er seit der Weltwirtschaftskrise ab 2007 der Fall ist, kann dann mit einer schleichenden Dauerenteignung einhergehen. Es kommt zur Hölle in einer unfreien Gesellschaft, einer von oben gelenkten Knechtschaft, der die Bürger immer schwerer entgehen können. Mit der Abschaffung der großen Euro-Scheine, beginnend mit dem 500er, dann dem 200er und dem 100er, verteuert sich die Lagerung von Bargeld. Die Tresorkosten steigen, auch dies kommt einer Besteuerung gleich.[305] So fängt man an, wenn man zunächst das Bargeld abschaffen und anschließend flächendeckend Negativzinsen durchsetzen will. Nach Andreas Höferts Ansicht führt Kenneth S. Rogoffs Idee der Bargeldabschaffung, zwecks Kriminalitätsbekämpfung und Besteuerung der Schattenwirtschaft, zu einem »orwellschen Albtraum der finanziellen Repression«.[306]

Bei der derzeitigen Gemengelage würde uns dann eine Willkürherrschaft drohen. Sie wäre mit den Prinzipien einer freiheitlichen und demokratischen Ordnung nicht mehr vereinbar und übrigens auch nicht mit einer sozialen. Zudem würde eine Zwangssteuerung mit Negativzinsen zu Lasten der Gläubiger und zum Nutzen der Schuldner erhebliche rechtliche Probleme schaffen. Das wäre dann eine ›digital gesteuerte Schuldensozialisierung‹. Dennoch vertrat Kenneth Rogoff beim Weltwirtschaftsforum 2017 in Davos erneut die Ansicht, dass der Staat Digitalgeld einführen müsse. Allenfalls kleinere Banknoten und Münzgeld sollten beibehalten werden. Vom Währungswettbewerb und Bitcoins hält er anscheinend wenig.

So würde, nach Rogoff, der technische Fortschritt die Zentralbanken veranlassen »über die Einführung digitaler Währungen nachzudenken«. Die in China weit verbreiteten Bitcoins sind aus Rogoffs Sicht »keine Währung, sondern in China eher eine Art Ersatz von Kreditkarten«.[307] Rogoff sieht einen weiteren Vorteil staatlichen digitalen Geldes und der damit verbundenen Bargeldabschaffung. So könnte dies sogar die illegale Einwanderung begrenzen.[308]

Hier zeigt sich die etatistische Perspektive, die für viele Bargeldgegner typisch ist. Besonders radikale Vertreter misstrauen den Bürgern so sehr, dass sie dafür lieber die digital gesteuerte Kontrolle jeglicher Alltagsabläufe einführen wollen.

In einem solchen System sind dann Bargeld, Edelmetalle oder privates Digitalgeld alternativlos nicht mehr zu gebrauchen. In einer bemerkenswerten Studie der Deutschen Bank wurde vor der Abschaffung oder weitgehenden Einschränkung der Bargeldnutzung gewarnt, um das »Vertrauen der Bürger in staatliche Behörden« zu erhalten. Man könnte sich dann staatlicher Kontrolle nämlich nicht mehr entziehen: »Dies kann leicht kontraproduktiv sein: Sich staatlichen Stellen gegenüber ausgeliefert zu fühlen – d.h. Untertan statt Bürger zu sein – würde das Band zwischen den Menschen und ihrer Regierung deutlich lockern.« Völlig zutreffend ist unseres Erachtens auch die Ansicht, dass die »Entscheidung zwischen Bargeld und Buchgeld auf elektronischen Konten« den Nutzern überlassen bleiben sollte, zumal eine deutliche Senkung der Kriminalität kein überzeugendes Argument wäre, »da Bargeld weder der Grund für Kriminalität noch die einzige Methode ist«.[309] Dies sollte den »finanzsadistisch« anmutenden Bestrebungen digitaler Räuber bewusst sein. Der Weg in eine totalitäre, digitale Knechtschaft wäre geebnet. Wir sollten selbst darüber entscheiden können, wie wir bezahlen wollen und nicht per Dekret von oben dazu angewiesen werden.

Erfreulich ist, dass es noch eine Reihe prominenter Bargeldbefürworter gibt, nicht zuletzt in der Deutschen Bundesbank, wie Stellungnahmen von Jens Weidmann oder Carl-Ludwig Thiele zeigen.[310] Die Gegner des Bargelds bezeichnet EZB-Direktor Yves Mersch als »Anti-Bargeld-Kartell«, das seines Erachtens aus drei Lagern besteht[311]:

- **Die Alchemisten**: Für sie stellt Bargeld nach Mersch eine Hürde dar, die verhindert, dass die Leitzinsen zur Ankurbelung wirtschaftlicher Aktivität in den negativen Bereich abgesenkt werden. Das wäre für sie wichtig: »Denn über die Flucht ins Bargeld können Haushalte und Firmen der nominalen Entwertung ihrer Bankeinlagen entgehen. Lieber halten sie eine endlos laufende Nullzinsanleihe der Zentralbank – und nichts anderes ist eine Banknote –, bevor sie selbst Zinsen auf ihr Giralgeld entrichten.«

- **Die Finanz-Tech-Allianz**: »Lagerung, Bearbeitung, Transport, Ausgabe am Schalter oder Automaten« stellen nach Mersch für die Kreditwirtschaft große Kosten dar. »In Zeiten niedriger Margen würde sie gerne darauf verzichten. Für die sogenannte Fintech-Branche eröffnen sich profitable Chancen im elektronischen Zahlungsverkehr. Diese fallen natürlich umso lukrativer aus, je mehr Geschäft im unbaren Bereich abläuft.«

- **Das Recht-und-Ordnung-Lager**: Es »plädiert dafür, Bargeld abzuschaffen, um kriminelle und zwielichtige Aktivitäten finanziell auszutrocknen. Dabei geht es nicht nur um große Summen und Scheine sowie die Bargeldlager von Drogenbossen und Terroristen. Auch Drogen- und Waffenhandel, Prostitution sowie Steuervermeidung soll so der Garaus gemacht werden.«

Die Kategorisierung von Yves Mersch hilft dabei, die Interessenlagen der Bargeldgegner besser zu differenzieren. Als weitere, vierte Gruppe wären noch die Politiker zu nennen, die den Ausbau eines Überwachungsstaates befürworten, um ihren Machtspielraum zu erweitern. Das führt letztlich zur Überwindung der Demokratie und ist sicherlich nicht im Sinne von uns Bürgern.

Ein Motiv könnte auch sein, dass sich Regierungspolitiker durch die Erfolge kommerzieller Digitalkonzerne in den Hintergrund gedrängt fühlen. Ihr Einfluss sinkt, die Bürger laufen ihnen davon. Das dürfte vor allem in wirtschaftlich schwächer entwickelten Staaten der Fall sein. Sie wollen deshalb die technischen Möglichkeiten in ihrem Sinne nutzen. Kontrolle, Überwachung und gegebenenfalls sogar ein finanzsadistisches Vorgehen gegen die eigenen Bürger wären die Folgen einer digital gestützten Diktatur, die auch keine großen Denunzierungsapparate mehr braucht, um die Bevölkerung in Schach zu halten.

Zurück zu den drei von Yves Mersch genannten Lagern: Den Alchemisten kann entgegengehalten werden, dass die Bürger Wege finden werden, um den Negativzinsen zu entgehen. Im Zweifel wird auf andere Sachwerte zurückgegriffen, wie auf die nach dem Zweiten Weltkrieg beliebte Zigarette oder andere gut haltbare Tauschartikel. Das könnten auch wertbeständige Gutscheine sein.[312] Die Finanz-Tech-Allianz sieht ihre geschäftlichen Chancen bei einer Bargeldabschaffung ganz eindeutig verbessert.

Das Recht-und-Ordnung-Lager ist schon schwerer zu umreißen. Hier treffen Haushaltspolitiker, denen es vorrangig um die staatliche Einnahmenmaximierung, sicher aber auch um politische Macht geht, auf überzeugte Gutmenschen.

Die extrem gestiegene Cyberkriminalität zeigt, dass längst eine Verlagerung bei den Schwerverbrechen eingesetzt hat. Yves Mersch weist zu Recht in seinem Beitrag darauf hin, dass man dann auch alle Handys verbieten müsste, um die Abstimmung der Kriminellen zu unterbinden. Das ist natürlich abwegig, denn die Smartphone-Lobby dürfte wohl weit schlagkräftiger sein als die Befürworter einer Bargelderhaltung.[313]

Nicht nur in Skandinavien wird eine bargeldfreie Gesellschaft forciert. Trotz der großen Umstellungsprobleme scheint der indische Versuch, Bargeld zurückzudrängen, Nachahmer zu animieren. So erklärte auch die australische Botschafterin Harinder Sidhu in Neu-Delhi, dass man über eine »Demonetisierung« nachdenke.[314] Dabei ist die Bargeldeinschränkung, wie bereits beschrieben, auch in Indien umstritten, die Gefahren durch Big Data werden in den Medien laufend thematisiert.[315] Befremdlich ist, dass offensichtlich nicht nur das fiskalische Interesse der Regierung sowie die Korruptionseinschränkung eine Rolle spielen, sondern auch die Lobbyarbeiten bedeutender Stiftungen.[316]

Mithilfe von Softwareunternehmen und Beratern wie der Boston Consulting Group will die indische Regierung angeblich das ganze Wirtschaftssystem verändern. Die indische Regierung soll auch von der amerikanischen Entwicklungshilfebehörde USAID unterstützt worden sein, die in einer Pressemitteilung am 14. Oktober 2016 die Initiativengründung »Catalyst: Inclusive Cashless Payment Partnership« ankündigte.[317] Mithilfe von »Catalyst« soll die Akzeptanz digitaler Bezahlmedien bei Händlern und Kleingewerbetreibenden verbessert werden.[318] Mehr als nur einen schalen Beigeschmack hätte die Sache, wenn hier die Tür für Kartendienstleister noch weiter geöffnet werden sollte. Eine Hand würde dann die andere waschen.

Norbert Häring wies im Zusammenhang mit der weitgehenden Bargeldeinschränkung[319] auf die Interessen von Digitalkonzernen und Regierungen hin, die finanzielle Inklusion zu sichern. Sonst, wenn beispielsweise die USA nicht darauf zugreifen könnten, wäre eine Verfolgung der Transaktionen nicht oder nur viel schwieriger möglich. Die Bill & Melinda Gates Stiftung soll nach den Worten von Bill Gates eng mit der indischen Zentralbank zusammenarbeiten, um den indischen Zahlungsverkehr bis Ende 2018 komplett auf bargeldlose Transaktionen umzustellen.[320]

Indien gehört – im Gegensatz zu China – zur westlichen Welt, wenn man das noch so bezeichnen will. Aber was bringt die drastische Maßnahme den Indern?

Der indischen Bevölkerung der Unterschicht könnte durch die Bargeldeinschränkung vielleicht zu mehr Steuerehrlichkeit »verholfen« werden. Die Frage ist nur, ob auch die großen Einkommensbezieher dadurch zur Kasse gebeten werden können.[321] Die Regierungskorruption könnte möglicherweise unverändert möglich sein, wenn sie politisch zu wenig bekämpft wird. So könnten die Interessenlagen der Finanz-Tech-Allianz, die in einem Entwicklungsland neue Wachstumsperspektiven erhält, der Umverteilungsalchimisten und der Law-and-Order-Politiker verbunden werden. Für den Schutz von unserem Eigentum und unserer Privatsphäre ist dies keine gute Perspektive, auch nicht für die soziale Ausgewogenheit, wie die Erfahrungen der Bargeldeinschränkungen in Indien zeigen. Wir sollten dabei bedenken: Indien ist nur ein Testlauf und eine Blaupause für unsere digitale Steuerung, Überwachung und immer offensichtlichere Enteignung.

Fazit: Wir Bürger werden bei einer Bargeldabschaffung mit einem Geldsystem konfrontiert, das wir nicht wollen, da es unseren Interessen eklatant widerspricht. Geld wäre dann nämlich kein Eigentum mehr, sondern nur noch ein mehr oder weniger abgesicherter Anspruch in einem Umverteilungssystem. Über die Einführung von Negativzinsen wäre nicht zuletzt sogar eine Dauerenteignung möglich.

22. Digitale Besteuerung

»Wenn die Arbeit als Finanzierungsbasis wegbricht, bleiben die Wertschöpfung und der Konsum übrig. Es wird also notgedrungermaßen zu einer Form der wertschöpfungsbezogenen Besteuerung kommen müssen. Und zwar zumindest auf europäischer Ebene. Und es wird höhere Konsumsteuern [...] geben.«

Josef Urschitz[322]

Mit der Einführung einer Steueridentifikationsnummer, kurz Steuer-ID, wurde ein wesentlicher Schritt getan, um unsere steuerlichen Daten zentral zu erfassen und zu überwachen.[323] Bizarr ist, dass sogar für Neugeborene schon eine steuerliche Identifikationsnummer vorgesehen ist. Die Frage »Wann bekomme ich die IdNr für mein Neugeborenes?« wird auf der Internetseite des Bundeszentralamtes für Steuern (BZSt) wie folgt beantwortet: »BZSt teilt Ihrem Kind die IdNr zu, sobald die Meldebehörde dem BZSt die benötigten Daten übermittelt hat. Sollte Ihrem Kind nach drei Monaten noch keine IdNr mitgeteilt worden sein, können Sie dem BZSt die persönlichen Daten Ihres Kindes (Name, Vorname, Anschrift (Straße, Hausnummer, Postleitzahl, Wohnort), Geburtsdatum, Geburtsort) mitteilen. Das BZSt wird sich dann mit der Meldebehörde in Verbindung setzen und Ihrem Kind die IdNr mitteilen.« [324]

Behörden, Finanzinstitute und Familienkassen können jetzt Hand in Hand arbeiten. Transparenz, die man ›von unten nach oben‹ oft vermisst, wird so ›von oben nach unten‹ und auch im Quervergleich möglich. Die kontinuierlich verbesserten Möglichkeiten der Datengewinnung machen die früher üblichen Steuerdenunzianten, zum Beispiel frustrierte Ehepartner und geschiedene Rosenkrieger, die nach Rache suchen, zu Randfiguren. Ein »normaler« Angestellter wird im Datenträgeraustausch und durch Pauschalierungen zu einem Standardfall, der einer individuellen Besteuerung nicht mehr bedarf. Wie am Scanner eines Supermarktes erfolgt dann der Ausweis der jährlichen Steuerschuld. Bei einem angestellten Nettonormalzahler erfolgen die entsprechenden Abbuchungen bereits monatlich als Abschlagszahlungen – im Voraus.

Aber was passiert, wenn unsere Arbeit nicht mehr für unsere Besteuerung herangezogen würde? Es wäre auf jeden Fall ein Systembruch. Angesichts der sozialpolitischen positiven Effekte und neuer Alternativen der Abschöpfung lohnt die Prüfung einer solchen Reform. Sicher ist, dass die Digitalisierung mehr finanzielle Abschöpfungsmöglichkeiten für die Konzerne und staatliche Stellen schafft. Die digitalen Spuren unseres Alltagshandelns, nicht zuletzt bei einer weitgehenden Bargeldabschaffung, erlauben eine moderne und vergleichsweise unauffällige Besteuerung. Dies betrifft vor allem die Einkommensverwendung. Denn ein wesentlicher Trend der Digitalisierung ist, dass der Steuerstaat verbrauchsseitig leichter als bisher finanziell abschöpfen kann, da alle Transaktionen elektronisch ablaufen. Dadurch können Verbrauchssteuern weiter erhöht werden. Im Verbund mit den Gewinnmaximierungsstrategien der Digitalkonzerne kann der Staat davon profitieren, dass die internetaffinen Bürger immer mehr zu »ferngelenkten Konsumtrotteln« (Gerald Mann) [325] umerzogen werden. Die international führenden Digitalkonzerne zahlen, wenn es schlecht läuft, weiter – unter der staatlichen »Obhut« – keine oder kaum nennenswerte Steuern.

Der Preiswettbewerb wird durch Kundenbindungsmaßnahmen dabei immer mehr außer Kraft gesetzt. Zunächst wird mit Vorzugskonditionen gelockt. Wenn der Kunde zufrieden ist, schnappt die Falle zu. Anschließend sorgt das Datensammeln und -abgleichen mit der Digitalisierung dafür, dass es für uns Kunden teurer wird. Außerdem freut sich der Staat, wenn er von uns höhere Einnahmen durch Verbrauchssteuern erhält. Mit so einer Fehlentwicklung können wir nicht zufrieden sein.

Auch bei der Einkommensentstehung werden wir abgezockt, wenn wir Arbeitnehmer sind. Hier erleichtert die Digitalisierung zwar die technische Abwicklung und die Transparenz, aber bestehende Disparitäten könnten künftig mehr als bisher zu Korrekturen Anlass geben: Während die Kapitalbesteuerung im Inland mit 25 Prozent relativ moderat ausfällt, ist die Besteuerung von Arbeit vergleichsweise viel zu hoch. Der Spitzensteuersatz liegt nach wie vor bei 42 Prozent. Insgesamt ist die Steuerquote in Deutschland durch die kalte Progression und die Mehrwertsteuererhöhung weiter gestiegen.[326] Es ist auch zu befürchten, dass sich am Steuererhöhungstrend – ohne einen massiven Veränderungskatalysator – grundsätzlich wenig ändert, auch wenn Arbeit viel zu hoch besteuert wird, wodurch die Verdrängung, auch durch die Digitalisierung gefördert wird. Eine Maschinen- oder Robotersteuer könnte jedoch weitere Fehllenkungen auslösen und beispielsweise Innovationen behindern.[327] Eine moderate Besteuerung von Einkommen aus Arbeit und Kapital würde solche Verzerrungen vermeiden.[328]

Die Digitalisierung könnte ein Anstoß sein, zumindest die viel zu hohen Lohnsteuern in Deutschland zu senken. Mehrere Trends kommen nämlich zusammen. So wird einerseits die Mobilität der Arbeitnehmer zunehmen. Andererseits werden sie die relativ hohe Steuer auf Lohneinkommen im Inland zunehmend infrage stellen. Im Zweifel wandern sie aus. Das betrifft vor allem Facharbeiter und Akademiker. »Sozialflüchtlinge« können diese frei werdenden Stellen nicht ohne Weiteres besetzen. Dadurch wird die Wirtschaft, die händeringend Facharbeiter sucht, weiter unter Druck gesetzt. Die europäischen Sozialstaaten werden angesichts der zu teuren Standards in Anbetracht der ungesteuerten Migration klar absehbar unter Druck geraten: Es wird immer schwieriger werden, »wenn sieben Prozent der Weltbevölkerung, die 25 Prozent des globalen BIPs erwirtschaften, 50 Prozent der globalen Sozialleistungen konsumieren (und auch bezahlen).«[329]

Das spricht dann angesichts der mangelnden Finanzierbarkeit in hochentwickelten westlichen Staaten bei einer Massenzuwanderung von Sozialflüchtlingen eher für eine internationale Angleichung der Sozialstandards und der Lohnsteuern. Das Internet fördert auch hier die Transparenz, soziale Disparitäten in unterschiedlichen Regionen lösen nach wie vor massive Wanderungsbewegungen aus. Inzwischen ist auch in unterentwickelten Ländern ein Smartphone weitverbreitet. Dies zeigt: Der Anpassungsdruck wird durch die Digitalisierung und den gestiegenen Migrationsdruck noch verstärkt.

Bei einer digitalisierten Besteuerung werden die Lenkungs- und Umverteilungsmöglichkeiten einen noch größeren »Finanzsadismus« bei Haushaltspolitikern befördern als bisher. Wetten, dass?

Die immer weiter ausufernde Schuldenkrise in der EU macht die Schaffung eines rein elektronischen Digitalgeldes, zu Lasten der »gläsernen« Sparer, anscheinend zu einer Ultima Ratio. Damit wird auch der vollständig gläserne Steuerzahler möglich. Dies eröffnet dann noch weitere Abschöpfungsspielräume eines maßlosen und von den Bürgern immer schlechter kontrollierbaren Gemeinwesens. Negativzinsen sollen helfen, bis auf Weiteres einen Staatsbankrott zu verhindern. Der Finanzsektor muss einen Banken-Run nicht mehr fürchten, das Buchgeld der Kunden wird so zur Dispositionsmasse bei neuen Schieflagen.

Unser Staat kann sich dank des mit der Digitalisierung erleichterten Zugriffs auf Konten und Vermögen der Bürger auf Knopfdruck entschulden. Der gläserne Steuerzahler wird leichter enteignet werden können, der Staat kann sich problemloser denn je entschulden, was die politische Macht zu Lasten der Bürger und zu Gunsten staatlicher Umverteiler und Finanztechnokraten verschieben würde. Das wäre dann ein »digital gesteuerter Finanzsadismus« auf Kosten von uns Bürgern, wenn uns politischen Mitwirkungsrechte mehr denn je entzogen würden.

Mit der Digitalisierung aller Lebensbereiche kommt immer wieder auch der Vorschlag, ein leistungsloses oder bedingungsloses Grundeinkommen (BGE) einzuführen.[330] Forciert werden diese Aktivitäten angesichts der mittlerweile umfangreichen automatisierten

Abläufe und der dadurch zunehmenden Risiken, ohne eigenes Verschulden arbeitslos zu werden. Nach wie vor ist aber nicht klar, ob die Digitalisierung wirklich unter dem Strich so viele Arbeitskräfte freisetzt, wie vielfach befürchtet.[331]

Ein BGE wird vielfach abgelehnt, weil es als unfair und nicht als Menschenrecht angesehen wird, zumal die Empfänger der Hilfe durchaus arbeitsfähig sind .[332] Es geht somit auch um die Motivation, etwas für die Gesellschaft zu leisten. Das können eben auch positive Steuerbeiträge sein. Das wäre dann das Gegenteil dieser Negativsteuer, als die das BGE auch bezeichnet wird. Unabhängig von den Beschäftigungswirkungen der Digitalisierung, die kaum seriös prognostizierbar sind, müsste die Besteuerung von Arbeit im Vergleich zum Kapital reduziert werden, dies wäre auch sozial- und beschäftigungspolitisch ein Fortschritt. Ein BGE in Form einer digital gesteuerten Negativsteuer wäre der falsche Weg. Ohne Bargeld wäre der Verlust von Freiheit und Demokratie zu befürchten. Die geschichtlichen Erfahrungen zeigen, dass eine vorhandene Technik zu Missbrauch verführt. Technokraten könnten dann künftig weit mehr Macht und Einflussmöglichkeiten gewinnen als der frühere Stasi-Chef Erich Mielke, der seltsame Erklärungen am Ende seiner Karriere abgab.[333]

Im digitalisierungsfreundlichen Finnland testet man bereits ein BGE in Höhe von 560 Euro monatlich.[334] Das ist mehr als der aktuelle Hartz IV-Basis-Regelsatz in Höhe von 409 Euro. Mit der umstrittenen Öffnung der Grenzen für illegale Einwanderer sind nationale Sozialsysteme gefährdet. Sie sind insbesondere immer weniger staatlich finanzierbar, wenn Flüchtlinge kommen, die nicht arbeiten (wollen oder können, weil sie keine Chance auf dem Arbeitsmarkt haben) und einen möglichst hohen Versorgungsstandard anstreben.[335] Mit der Höhe des BGE ließe sich international Migration steuern und auch begrenzen. Würde pauschal jeder Bürger 560 Euro wie in Finnland erhalten, wäre das in unterentwickelten Staaten wie Namibia viel Geld und könnte Migration verhindern. Innerhalb

Deutschlands zeigte sich das Phänomen, dass Flüchtlinge bei begrenzten Sozialleistungen in Städte mit niedrigen Lebenshaltungskosten ziehen, ein Beispiel ist die Stadt Hof.[336] Auch in internationaler Sicht werden unterentwickelte und periphere Räume attraktiver. ›Push- and Pull-Faktoren‹[337] entscheiden über die Ansiedlung und die Migration. Eine Steuerung über einen international einheitlichen Tarif oder auch regional abgestufte Tarife könnte Migrationswellen in die höher entwickelten Staaten verhindern, deren Sozialsysteme sonst zusammenbrechen würden.

Über die Variation des BGE könnte sich eine neue Herrschaft von wenigen, international gut vernetzten Digitalisierungsgewinnern über die große Masse der Digitalisierungsverlierer ergeben. Bei einer solchen internationalen Fürsorgediktatur wären wir dann die neuen Knechte in geschlossenen digitalen Systemen und würden zum Beispiel über eine Transaktionssteuer abgezockt werden können. Wie das künftig auch immer ausgestaltet sein mag, finanzieren werden es die digital überwachten, gesteuerten und besteuerten Bürger. Wenn wir ohnehin gläsern sind, lässt sich auch elegant per Knopfdruck besteuern. Sparer können mit Negativzinsen von ihrem Vorhaben, eigenversorgt leben zu wollen, abgebracht werden. Die Befürworter solcher zentral und digital steuerbaren Transformationen zeigen einen hohen Modernisierungsoptimismus (›Social Engineering‹). Oft glauben sie an eine rational steuerbare Welt mit nur einer Regierung, die für Frieden, Wohlstand und Sicherheit sorgen kann.

Bemerkenswert ist die Einschätzung von Sam Altman, Präsident des kalifornischen Gründerzentrums Y Combinator zum BGE[338]: »Vielleicht werden 90 Prozent der Menschen nur noch Gras rauchen und Videospiele zocken, aber wenn es den anderen zehn Prozent die Möglichkeit gibt, neue Produkte zu schaffen, dann bringt das bedingungslose Grundeinkommen einen riesigen Netto-Gewinn«. Auch die Einschätzung von Bernd Leukert, SAP-Vorstand, geht in eine ähnliche Richtung[339]: »Ja, davon würden langfristig auch diejenigen profitieren, die weiterhin höhere Gehälter beziehen.

Wenn wir an dieser Stelle nichts tun, droht die Gesellschaft auseinanderzubrechen.«

Solange Staaten und Unternehmen die Marktpreisbildung nicht behindern, ist für viele liberale Befürworter des BGE, die den Vorteil des Abbaus der Sozialbürokratie betonen, die Welt in Ordnung. Sie wäre es vermutlich nicht mehr, wenn die Freiheit des Individuums mithilfe eines digital gesteuerten BGE eingeschränkt würde.[340] Genau das ist zu befürchten. Davon würden auch die großen Kartendienstleister profitieren. Sie treten für eine bargeldfreie Welt ein, ob in Indien oder wie bei der Gesellschaft Mastercard in Zusammenarbeit mit dem World Food Programm der UN für syrische Flüchtlinge. Mithilfe von Prepaid-Karten mit bereits aufgeladenem Guthaben wird bereits experimentiert, wie die Ärmsten der Armen damit umgehen. Dazu Ann Cairns, die im Vorstand von Mastercard für das Geschäft außerhalb der USA und Kanada zuständig ist[341]: »Durch die digitale Bezahlform können wir kontrollieren, ob das Geld wirklich nur für Essen oder Medizin ausgegeben wird. Andere Dinge – Alkohol etwa – können automatisch blockiert werden…«

Das Ende unserer finanziellen Autonomie und damit auch von Eigenverantwortung und Freiheit naht, wenn mit einem Bargeldverbot und einem digital gesteuerten BGE eine Rundumkontrolle üblich wird. Lassen wir uns überraschen, was gesellschaftliche Modernisierer uns im Verbund mit den Digitalkonzernen in nächster Zeit noch präsentieren.

In einer vollkommenen digitalisierten Welt kann dann auch jede wirtschaftliche Transaktion digital besteuert werden – mit Lenkungseffekten eines paternalistischen Staatssystems. Parkgebühren werden automatisch abgebucht, wenn Sie bereits im System gespeichert sind. Und da sind die Menschen, »die schon länger bei uns leben«[342], im Nachteil. Denn über Sie gibt es bereits umfangreiche, gespeicherte Informationen, die verwertet werden können.

Die neu Dazugekommenen haben es besser. Im Zuge der unkontrollierten Masseneinwanderung seit Spätsommer 2015 sind sie jetzt

Teil des Umverteilungssystems.[343] Wir sollten dagegen sicherheitshalber davon ausgehen, dass unsere Daten bei den Behörden bereits hinterlegt sind. Es wird spannend, wie soziale Gerechtigkeit und eine faire Besteuerung vor diesem Hintergrund uns künftig vermittelt wird.[344]

Wenn man noch einen Schritt weiter denkt, brauchen wir uns eigentlich auch nicht mehr die Mühe einer Steuererklärung zu machen. Das wäre dann nur noch pro forma, staatliche Stellen wissen ohnehin alles von uns und müssen es nur auf Knopfdruck abrufen. So ergeben sich über Kontrollmitteilungen Möglichkeiten von immer mehr Querchecks.[345] Sie runden dann das Bild ab und sind eine Vorstufe zur Totaltransparenz von uns Normalbürgern. Nach und nach werden wir völlig gläserne Steuerzahler.

Wenn der Datenschutz immer mehr beiseite geschoben wird, können wir nicht mehr steuerlich gestalten oder gar schummeln. Dann gäbe es keine Steuererklärung der Bürger mehr. Man müsste sie daher umbenennen. Passender wäre es dann, von einer Steueranweisung beziehungsweise Steuerfestlegung durch staatliche Stellen zu sprechen, gegebenenfalls in Kooperation mit Privatunternehmen, die Ihre Daten sammeln. Während die Auskunftsrechte von uns Bürgern gegenüber den staatlichen Geldeintreibern unzureichend sind,[346] könnten unsere Steuerdaten durch die Finanzämter jederzeit abrufbar sein.

Das ist längst keine Utopie mehr. Die Steuerverwaltung baut den elektronische Datenabruf von Dritten bereits seit Jahren aus. Das Bankgeheimnis, also der Grundsatz, dass die Bank anderen nichts über das Geld ihrer Kunden ohne deren Erlaubnis mitteilt, wird immer mehr durchlöchert. Der elektronische Kontenabruf seit 2005, Meldungen von Arbeitgebern zu Ihren Gehaltsdaten, Immobilientransaktionen, Kontrollmitteilungen von Behörden bei Auffälligkeiten finden immer mehr Verbreitung.[347] Erbschaften und Schenkungen, die von Notaren gemeldet werden, können hohe Steuerforderungen auslösen, wenn Unstimmigkeiten nachweisbar sind.

Das Ausforschen der Behörden betrifft zunehmend auch unsere Privatsphäre. Steuervergehen werden so leichter als bisher aufgedeckt, absehbar auch durch den automatisierten Informationsaustausch mit Behörden im Ausland. Das totalitär anmutende >Tracken<, Abschöpfen und Steuern könnte zur neuen Normalität werden. Wir sind längst gläsern. Schummeln ist angesichts der zunehmenden Datensammelwut nicht mehr sinnvoll. Lassen Sie es einfach.

Fazit: Die Digitalisierung schafft Perspektiven für eine immer unauffälligere staatliche Lenkung und eine damit gekoppelte dauerhafte Umverteilung und Besteuerung. Die digitale Besteuerung wird elegant und einfach sein, für uns Bürger aber eine neue Knechtschaft bedeuten, der wir nur schwer entkommen können, wenn alle Lebensbereiche digitalisiert sind. Es ist dann auch kein Trost, dass wir keine Steuererklärung mehr machen müssen, wenn auf Knopfdruck unsere Steuerdaten jederzeit abrufbar wären und so Enteignung technisch erleichtert wird.

23. Staatliche Datensammelwut und steigende öffentliche Schulden gefährden die Demokratie

»Aus den gespeicherten Daten kann man schon durch ihre technische Auswertung [...] tiefe Einblicke in private Beziehungen aller Art gewinnen. Das Bundesverfassungsgericht hatte eindringlich darauf hingewiesen, dass es sich dabei um einen Eingriff in die Privatsphäre in einer Tiefe und einem Umfang handelt, die bisher im deutschen Recht nicht möglich waren.«

Burkhard Hirsch, Gerhart Baum
und Sabine Leutheusser-Schnarrenberger[348]

Nach dem Anschlag auf dem Weihnachtsmarkt im Dezember 2016 in Berlin ist mehrfach gefordert worden, dass die Sicherheitsbehörden mehr Befugnisse erhalten müssten. Nur dadurch könnten potenzielle Täter, sogenannte ›Gefährder‹ bereits im Vorfeld einer möglichen Tat observiert werden - wenngleich eingestanden werden müsste, dass Verbrechen mit dieser Maßnahme nicht verhindert werden können. Dabei wird auch die Vorratsdatenspeicherung wieder diskutiert. Einer anlasslosen Vorratsdatenspeicherung hat der Europäische Gerichtshof in Luxemburg am 21.12.2016 erstmal einen Riegel vorgeschoben.[349]

Auch die derzeitige Nachrichtenlage darf dem Staat nicht alles ermöglichen, es gibt Grenzen. Unverdächtige unter uns dürfen nicht unter Generalverdacht gestellt werden. Wir sind frei, auch im Internet.[350] Verschiebungen zugunsten staatlicher Aufsicht und Kontrolle erfolgen jedoch bereits auf verschiedenen Ebenen. So wird das Bankgeheimnis immer weiter ausgehöhlt, beispielsweise durch ein

»Steuerumgehungsbekämpfungsgesetz«. Der FDP-Schatzmeister, Hermann Otto Solms, kritisierte die faktische Abschaffung des Bankgeheimnisses, den Generalverdacht gegenüber jedem Steuerbürger und die Störung des Vertrauensverhältnisses zwischen Kunde und Bank: »Ziel ist nichts anderes als der umfassende gläserne Bürger«.[351]

Hier sind sie wieder, die »lichtscheuen Gestalten«, die als Vorwand dienen, um – nach weitgehender Bargeldeinschränkung – mithilfe umfassender Datenspuren eine »effiziente« Besteuerung zu unseren Lasten zu erreichen. Zu den Befürwortern der Bargeldeinschränkung gehören Professor Bofinger[352] und etliche Finanzminister, die nur »unser Bestes« wollen. Unser Geld! Noch genauer unser Bargeld, das der Besteuerung Grenzen setzt und daher durch Digitalgeld ersetzt werden soll. Der Österreicher Karl Gaulhofer verweist auf negative geschichtliche Erfahrungen in Deutschland: »Warum halten die Deutschen so leidenschaftlich am Bargeld fest? Die Erfahrung mit zwei totalitären Regimen hat ihre Sensibilität für Privatsphäre und Datenschutz gestärkt. Wer nur noch mit Kredit- und EC-Karten zahlen darf, hinterlässt eine Datenspur, die Internetkonzerne zu Geld machen und Geheimdienste zum Ausspähen nutzen können.«[353] Der Zusammenhang von Datensammeln, Bargeldabschaffung und der Verbesserung des Staatshaushaltes ist nicht auf den ersten Blick erkennbar. Vermutlich ist damit auch die deutsche Rückständigkeit beim sogenannten E-Government, der digitalen Verwaltung und dem Datenaustausch zwischen Bürgern und Behörden, zumindest teilweise zu erklären. Die Angst vor einem wieder verstärkt ausspähenden Staat sitzt bei vielen von uns in den Köpfen noch sehr tief.

Die Maßlosigkeit staatlicher Vertreter kommt hinzu. Die Geschichte lässt grüßen, wie oben von Karl Gaulhofer in Erinnerung gebracht. Veränderungen werden nicht nur von neuen technischen Möglichkeiten, sondern auch von Interessengruppen geprägt. Und da ballt sich gegen uns einiges zusammen. Holger Steltzner hat treffend festgestellt, dass eine mächtige, internationale Allianz gegen

Bargeld agiert: »Politiker träumen vom gläsernen Wähler und Steuerbürger, Internetfirmen wollen alles über alle Kunden wissen, Banken brauchen neue Gebührenquellen, und manche Zentralbank will die Leute mit Strafzinsen zum Konsum treiben.« Deshalb würde viel von Schwarzgeld oder Steuerflucht geredet und impliziert, dass IS-Terroristen ihre Kalaschnikow bar in der Eckkneipe bezahlten, oder als wasche die Mafia ihr Geld in der Pizzeria statt in der eigenen Bank.« Dabei, so stellt Steltzner fest, sei die Wahrheit schrecklicher: »Die Feinde des Bargelds streben nach totaler Kontrolle.«[354]

Hinzu kommt für uns eine weitere grausame Perspektive. Diktaturen können Geld besser und sicherer eintreiben als eine freiheitlich-demokratische Bürgergesellschaft. Wie weit der Steuerstaat in unser Leben eingreift, zeigen folgende vor 2000 Jahren formulierte Forderungen Ciceros, die aktueller denn je erscheinen: »Der Staatshaushalt muss ausgeglichen sein. Die öffentlichen Schulden müssen verringert werden. Die Arroganz der Behörden muss gemäßigt und kontrolliert werden. Die Zahlungen an ausländische Regierungen müssen reduziert werden, wenn der Staat nicht bankrottgehen will«.[355] Wenn der Staat wirklich fair agieren und Maß halten wollte, gäbe es nicht nur eine Schuldenbremse, sondern auch einfache und klare Konzepte, wie sie beispielsweise Friedrich Merz oder Paul Kirchhof[356] vorschlugen.

Der Weg Deutschlands führte vor allem ab dem Beginn der 70er-Jahre zu immer neuen Schulden, um Wachstum zu generieren, auf Kosten nachfolgender Generationen. Friedrich August von Hayek warnte vor dieser Anmaßung des Wissens.[357] Wie kann man einem digitalen Schuldensystem vertrauen, wenn schon das analoge versagt hat. Die ›Datenkrake Staat‹ spricht zwar vom Terror, möchte aber in Wirklichkeit, wie die Googles dieser Welt, unsere Bewegungsdaten abrufen und uns so finanziell abschöpfen. Damit sind dann auch Negativzinsen durchsetzbar, wie bereits beschrieben.

Moderne Sozialisten geben sich weltoffen, denken aber etatistisch, von oben her und nicht von unten, wie es bei Ludwig Erhard der Fall war. Seine Sicht auf die kleinen Leute, denen Chancen eingeräumt werden müssen und die sich eigenverantwortlich bewähren sollten, fehlt heute weitgehend in der Politik. Stattdessen hält die neue oligarchische Machtelite eher daran fest, uns digital abzugreifen und zu entmündigen.

Der neue unsoziale Kapitalismus großer Konzerne, die auch noch die Regulierungen prägen, ist genauso abzulehnen wie planwirtschaftliche Systeme, die Korruption und Vetternwirtschaft begünstigen. Heute haben wir fast schon eine Mischung aus beiden, wenn bürgerlich-freiheitliche Parteien in der Tradition der liberalen Ansichten eines Ludwig Erhard nicht mehr bestehen. Selbst die FDP (und auch die CSU) haben hier Nachholbedarf. Alle anderen Parteien sind konzeptionell noch weiter weg von dem ursprünglichen Konzept der Sozialen Marktwirtschaft. Irgendwann müssen aber solche Reformen kommen, wenn man nicht in eine digital gesteuerte Knechtschaft geraten will, die das Privatleben lenkt und jede Eigeninitiative abschreckt.

Sozialistische Heilsversprechen, dies zeigt die jüngere Geschichte seit dem Ersten Weltkrieg, konnten nicht eingelöst werden. Sie scheiterten regelmäßig, auch wenn sie absolut verführerisch und wählerwirksam formuliert werden. Am Ende stand jedoch üblicherweise der Staatsbankrott. Statt der derzeitigen »organisierten Unverantwortlichkeit«[358] in der EU müssen wieder klare Regeln gelten, mit denen Verantwortung und Haftung für Entscheidungen wieder sichergestellt werden. Ansonsten versinkt die EU in einem Berg von Schulden, den wir abtragen müssen. Dies geschieht traditionell mit einer Währungsreform oder über höhere Steuern.

Heute bieten sich andere, effizientere Möglichkeiten über den gläsernen Zahler. Der maßlose Staat wird sich diese neuen Umverteilungsspielräume sicher nicht entgehen lassen. Alltägliche Dinge, die bisher gratis waren, können dann entgeltpflichtig werden. Wenn man kreativ ist, lässt sich fast alles monetarisieren. Wenn wir uns beispielsweise zu wenig bewegen, werden wir einfach anhand unserer

Gesundheitsapp eine Gebühr zahlen müssen. Dem könnten wir nur dadurch entgehen, wenn wir ein bestimmtes Laufpensum absolvieren.

Möglich wäre auch, dass der Staat gleich das »sozialverträgliche Frühableben« fördert.[359] Aufwendige, lebensverlängernde medizinische Hilfe könnte dann denjenigen unter uns verweigert werden, die nicht zur Gruppe der Willigen gehören, also denen, die nicht mit staatlichen Stellen bei der Datenweitergabe kooperieren. Sportliche Betätigung könnte im Gegenzug für die Unwilligen unter uns versteuert werden. Das wäre dann zum Beispiel mit einer ›Geh-Maut‹ möglich, die auch anhand der Gesundheitsapp erhoben werden könnte – wenn nicht gleich ein Chip implantiert wird, um eine Datenverweigerung unmöglich zu machen. Datenverweigerer würden dann nach dem Motto verfolgt: Wer nicht kooperiert, der wird bestraft. Das dramatische Versagen solcher totalitärer Systeme zeigte u.a. der Film *Abraham – Ein Versuch aus dem Jahr 1970*.[360] Die Versuchspersonen in der Rolle als Lehrer befolgten mehrheitlich Anordnungen, die grausame Folgen für Schüler gehabt hätten. Auch vor diesem Hintergrund ist es wichtig, uns rechtlich vor solchen gefährlichen Unterdrückungsmitteln, die heute in der vernetzten digitalen Welt leichter denn je anzuwenden sind, zu schützen. Die verharmlosend ›Chippen‹ genannte Überwachung von Haustieren mithilfe von Chip-Implantaten, zeigt, wohin die Reise gehen könnte.[361] Tiere können sich nicht wehren. Mit ihrer Hilfe gewinnt man Erfahrungswerte, und die Nutzung solcher Rundumkontrollmöglichkeiten wird zur fragwürdigen Gewohnheit, die amerikanische Gesellschaft Three Square Market (32Market) implantiert angeblich bereits Mitarbeitern auf freiwilliger Basis Chips.[362]

Wie bereits erwähnt, ist es bizarr, dass schon Neugeborene in Deutschland mit einer steuerlichen Identifikationsnummer konfrontiert werden. So etwas wäre in Griechenland undenkbar. Der deutsche Steuerzahler wird ja inzwischen auch – entgegen den Regelungen im Maastricht-Vertrag – für Transferzahlungen nach Südeuropa herangezogen. Unsere Volksvertreter haben sich als zu nachgiebig erwiesen. Das Problem ist auch, dass unsere maßlosen Volksvertreter dem Druck organisierter Interessen nachgeben. Natürlich ist das nichts Neues. Auch Erhard forderte, das Maß gehalten werden sollte. Wir sollten uns keine Illusionen machen. Wie schon immer fehlt auch heute Ehrlichkeit bei Politikern. So wird die deutsche Lage eher beschönigt, wie mit dem einprägsamen Slogan »Deutschland geht es gut«.[363] Erich Honecker wäre neidisch auf Angela Merkel. Einprägsame Worthülsen kann sie einfach besser und auch noch professioneller verbreiten. Dass die derzeitige inländische wirtschaftliche Stärke nur eine Scheinblüte ist, basierend auf Exporterfolgen im Zuge eines schwachen Euro und früherer Reformen, wird verdrängt. Auch ein zu gutes Rating, das die führenden Agenturen Deutschlands, trotz immenser finanzieller Verpflichtungen für den Süden Europas, immer noch vergeben, hilft.

Vor diesem Hintergrund der Schönwetterdarstellungen, die sie vielleicht sogar selber glauben, verlieren die Politiker jedes Maß. Sie lavieren oft nur zwischen Unbeholfenheit und Hybris und wollen uns das Bild vermitteln, sie hätten alles im Griff. Das ist nicht zuletzt auch bei der Energiewende und der Flüchtlingskrise gut zu beobachten. Ein Skandal ist, dass Sozialleistungen unseren Staatshaushalt etwa zur Hälfte bestimmen und das in einem reichen Land.[364]

Die staatlichen Ausgaben sind zu wenig zukunftsorientiert. Die Investitionen in Bildung und Infrastruktur lassen zu wünschen übrig. Selbst die besser Informierten unter uns können die vielfältigen staatlichen Ausgaben oft nicht nachvollziehen, der Staatsapparat verkommt zu einer ›Blackbox‹. Bei einer solchen Intransparenz haben Politiker ein leichteres Spiel. Regierungsvertreter folgen gern den von Lobbyisten aufgezeigten »einfachen« Lösungen, das ist weniger zeitaufwendig. Obendrein regiert es sich leichter ohne kritische Öffentlichkeit. Die Transparenz nach oben muss aber größer sein als nach unten, um die Korruption der Mächtigen deutlich zu erschweren und im Idealfall erst gar nicht zu ermöglichen.

Wir Bürger sollten uns der großen Bedeutung und der Vorteile des Sparens wieder bewusst werden. Auch der Staat sollten nach dem guten alten Grundsatz handeln, sein Konto nicht zu überziehen; das wusste schon Cicero. Ein vorsorgender Staat greift nur im absoluten Notfall auf vorhandene Reserven zurück. Schuldenmachen, für wirklich eigenverantwortlich Handelnde eher ein Tabu, muss öffentlich wieder stärker angeprangert werden. Die schwäbische Hausfrau als klassisches Leitbild sollte wieder zum Vorbild werden. Bei uns Bürgern, die wir auf die staatlichen Versprechen nach den desaströsen historischen Erfahrungen hierzulande nicht mehr vertrauen, ist sie es bereits wieder verstärkt, aber noch nicht bei unseren maßlosen politischen Vertretern.

Wenn sie sich an keine Spielregeln mehr halten, die unsere Eigenverantwortung und Freiheit noch sichern könnten, werden wir erleben, dass die Steuerschraube in den nächsten Jahren massiv angezogen wird. Sie werden sich wundern, wie oft von unseren Politikern dann das Wort ›Digitalisierung‹ verwendet wird. Dann geht es weniger um ›Industrie 4.0‹, sondern um machbare Umverteilung und Enteignung in einer digitalen und bargeldfreien Welt. Überschuldung statt Eigenvorsorge wird dann zum Normalfall! Divide et impera (teile und herrsche), dieser traditionelle Machtgrundsatz passt auch zur Digitalisierung, mit der sich leichter denn je Misstrauen säen lässt sowie mit Hilfe von Bonuspunkten und Sozialkontrolle regieren lässt. Die Digitalisierung ermöglicht mehr finanzielle Steuerung und Umverteilung. Insofern muss die Benutzung des Begriffes Digitalisierung immer kritisch hinterfragt werden, und denken Sie daran: Steuern sind in einer Diktatur besser einzutreiben als in einer freiheitlich-bürgerlichen Demokratie.

Fazit: Es geht nur vordergründig um Terroristen. Wenn der Staat alle unsere Daten auf Vorrat hat, kann er sie auf Verdacht verwerten. Das wäre dann das Ende eines freiheitlichen Rechtsstaates, der die Unschuldsvermutung hochhält. Der Staat schuf Sicherheitsprobleme. Die Folgen betreffen die Gegenwart. Immer mehr Überwachung wird salonfähig. Bei einer totalitären Führung, die durch äußere Feinde (Terroristen oder Autokraten, die uns wirklich oder nur vermeintlich bedrohen) begründet wird, lassen sich Forderungen und Schulden der öffentlichen Hand besser eintreiben denn je. Wir sind als gläserne Steuerbürger besser denn je abschöpfbar, maßlose Politiker können noch leichter als bisher über unser Geld verfügen.

24. Digitaler Sozialismus: totalitäre Feinde der Freiheit und ihre Neigung zu Überwachung und Kontrolle

»Heute muss es uns besonders klar sein, dass als Folge des technischen Fortschritts, der ständig neue potenzielle Gefahren für die individuelle Freiheit schafft, keine Aufzählung geschützter Rechte als erschöpfend angesehen werden kann.«

Friedrich August von Hayek [365]

Die Gefahren der Manipulation des Geistes formulierte bereits Friedrich August von Hayek in seinem zeitlosen Klassiker *Die Verfassung der Freiheit.* Neben dem oben genannten Zitat erwähnte er in diesem Zusammenhang das »Problem des freien Zugangs zu Information«, die »Herrschaft über den Körper« und die »Bewegungsfreiheit« (Anm. d. Verf.) und erläuterte dazu: »Das Problem nimmt die größte Bedeutung an, wenn wir bedenken, dass wir wahrscheinlich erst an der Schwelle eines Zeitalters stehen, in dem die technischen Möglichkeiten der Manipulierung des Geistes immer größer werden, und eine Macht über die Persönlichkeit des Einzelnen, die zunächst harmlose oder auch wohltätig erscheinen mag, in die Hände der Regierung gerät.« Schon von Hayek glaubte, dass die größten Gefahren für die menschliche Freiheit wohl noch vor uns lägen und die Behörden in nicht allzu ferner Zukunft imstande sein würden, ganzen Bevölkerungen »ihren Willen aufzustacheln«. Vor diesem Hintergrund fordert von Hayek unveräußerliche Grundrechte für die Bürger, um sie vor den Machthäufungen des Staates zu schützen.[366]

Sehr weit ist man bereits in China. Dort gibt es kaum Bestimmungen zum Datenschutz. Um ihre Bürger besser überwachen zu können, wurden sie im Rahmen des Anti-Terrorismus-Gesetzes aufgefordert, sich mit ihrer Telefonnummer sowie den Personalausweisdaten zu registrieren, da ihnen sonst ihr Netzzugang abgeschaltet würde. Allein in Peking sollen 300.000 Überwachungskameras installiert sein, die von 4.000 Polizisten kontrolliert werden. Mit dem geplanten neuen »gesellschaftlichen Kreditpunktesystem« lässt sich – über die Ermittlung von Einkommen, Bezahlverhalten und Statements auf sozialen Netzwerken – sowohl die Bonität als auch die Loyalität zum Staat ermitteln. Eine solche Rundumüberwachung der Bürger, die beim Erreichen zahlreicher gesellschaftlicher Kreditpunkte sichtliche Vorteile erhalten, führt zu einer unangemessenen Preisgabe individueller Freiheiten.[367] Der Weg zu einer autokratischen Herrschaft ist damit technisch geebnet.

Besonders kritisch ist deshalb auch anzumerken, dass wir dabei immer mit Einschränkungen unserer Freiheit rechnen müssen. Dabei ist die Terrorabwehr ein von den Regierenden gern benutztes Argument, um Dinge durchzusetzen, die sonst nie so möglich gewesen wären. Einer vermeintlich staatlichen Sicherheitsgarantie als Nutzen aus der Preisgabe der Freiheit sollte man misstrauen. Im Zweifel – das zeigt die Geschichte – geht es eher um Machterhalt als um Ihren Schutz.

Auch in Deutschland ist man nicht untätig. So will die Bundesregierung die Bevölkerung zur verstärkten Vorratshaltung animieren, um bei schweren Katastrophen oder einem Angriff gewappnet zu sein. Das ist nachvollziehbar und sicherlich in angemessenem Umfang vernünftig. Dennoch sollten wir Bürger kritisch bleiben. Denn die Terrorabwehr kann auch als Argument benutzt werden, um Bürgerrechte oder -freiheiten einzuschränken. Und zwar so problemlos, wie dies ohne die Gefahrenabwehr nie gegangen wäre. So möchte Innenminister Thomas de Maizière beispielsweise Gesichtserkennungssoftware in den Videokameras an Flughäfen und Bahnhöfen einsetzen. Darüber hinaus bereitet er uns auf einschneidende Änderungen vor: »Jeder Museumsbesucher ist längst daran gewöhnt, dass er am Eingang Tasche oder Rucksack abgeben muss[...] Wir werden uns an erhöhte Sicherheitsmaßnahmen wie längere Schlangen, stärkere Kontrollen oder personengebundene Eintrittskarten gewöhnen müssen.«[368]

Selbstverständlich muss ein Staat Flagge zeigen, wenn es um Gefährdungen durch Anschläge geht. Nach der Massenimmigration von Bürgern aus instabilen Herkunftsregionen, die durch Krieg und Terror als ›failed states‹ bezeichnet werden, hat sich auch die Sicherheitslage in Deutschland verschlechtert. Der Staat reagiert hierauf mit mehr Kontrolle seiner Bürger. Das ist ein hoher Preis für eine bislang verfehlte Einwanderungspolitik.[369]

In Rahmen der Terrorabwehr wurde zuletzt auch das ›Darknet‹ häufiger erwähnt. Inzwischen wurde dieses »dunkle Netz« auch in den Medien breit thematisiert. Lange Zeit wussten viele gar nicht, dass es so etwas gibt. Berichtet wurde beispielsweise, dass sich im Darknet Terroristen zu terroristischen Anschlägen verabreden, perverse Kinderpornos getauscht werden oder Amokläufer ihre Waffensammlung zusammenkaufen. Auf der anderen Seite aber ist das Darknet auch die einzige Möglichkeit, wirklich anonym zu surfen. So kann man sich politisch informieren, ohne dass man gleich gebrandmarkt ist, weil man eine von den Regierenden nicht gewünschte Meinung liest oder vertritt.

Eine funktionierende Demokratie lebt von der Vielfalt. Bei einer Gleichschaltung der Meinungen – dies als Warnung – haben wir keine Demokratie mehr. Eine faire Berichterstattung, auch über andere Meinungen, ist dafür eine Voraussetzung. Wenn nur noch von der Regierung ausgewählte Nachrichten kommentiert vermittelt werden, ist der Konsens ohne Diskussion bereits von oben verordnet. Schon seit Längerem bemühten sich Kanzlerin Angela Merkel und Justizminister Heiko Maas, gegen Hass-Postings im Internet vorzugehen[370]. In ihrer Rede vor dem Deutschen Bundestag am 23.11.2016 gab Frau Merkel ihrer »Sorge um Stabilität« und verfälschende Meinungsbilder Ausdruck und wies auf »weniger kontrollierte Medien« und erneut auf Regelungsbedarf hin.[371] Nach Informationen des *Spiegel* soll das Bundesinnenministerium offenbar sogar ein sogenanntes »Abwehrzentrum gegen Desinformation« zur Bekämpfung von Falschnachrichten im Netz einrichten. In einem Vermerk, der dem *Spiegel* vorlag, hieß es angeblich: »Da der Schwerpunkt bei der Öffentlichkeitsarbeit liegt, sollte die Federführung für diese zu schaffende Bündelungseinheit beim Bundeskanzleramt (Bundespresseamt) angesiedelt werden.«[372]

Das wirft eine Reihe von Fragen auf. Sollen die sozialen Medien bald zensiert werden, um mehr Regierungsloyalität von oben zu erzwingen? Wird Angela Merkel bald auch noch ein »Ministerium für Wahrheit« orwellscher Prägung schaffen? Regierungskritik wäre dann womöglich entweder verboten oder müsste sich ganz bestimmter politisch korrekter Begrifflichkeiten bedienen. Wer legt überhaupt fest, wann etwas eine Hassnachricht ist? Der Orwell-Staat lässt grüßen. Demokratie lebt vom Meinungspluralismus, dem (parlamentarischen) Streit und der Suche nach Kompromissen. Dafür muss es eine starke Opposition geben, die derzeit leider nicht vorhanden ist. Auch eine liberale und bürgerfreundliche Gesellschaft kann sich so weiterentwickeln. Max Otte bezeichnete einen solchen »Kontrollstaat mit verfeinerten Methoden» eine »DDR 2.0, einen optimierten Überwachungsstaat«.[373]

Ins Darknet kann jeder gehen. Sie brauchen sich nur den kostenlosen ›Tor-Browser‹ herunterladen und schon sind Sie mit dabei. Und wenn man das einmal ausprobiert hat, dann fällt einem erst richtig auf, wie wir bei jedem normalen Internetzugang kontrolliert und überwacht werden. Bei jeder Internetnutzung werden wir nämlich klar identifiziert und die Datenkraken Google & Co. wissen genau, wann, mit was und von wo aus wir uns eingeloggt haben.[374] Aber nicht nur Unternehmen, auch staatliche Vertreter sind neugierig. Es bleibt am Ende die Frage, wer aus guten Gründen mehr zu verbergen hat.

In totalitären Systemen ist das Darknet im Allgemeinen die einzige Plattform, auf der man sich vor staatlichen Repressionen schützen kann. So wird die Sicherung der Privatsphäre von regierungskritischen Mitbürgern im Darknet von existenzieller Bedeutung. Insbesondere für Bürger, die unter dem Überwachungsjoch real existierender Diktaturen leben, ist das Darknet daher nicht das »Reich des Bösen«. Hier können freie Meinungsäußerungen, inklusive eines Shitstorms oder Brainstorms entrüsteter Bürger, schlechter unterdrückt werden. Vor allem wenn der Normierungsdruck durch die von der Regierung als zulässig erachteten, politisch korrekten Äußerungen, zunimmt, ist dieses Ventil wichtig. Es sind nicht unbedingt illegale Transaktionen, die im Darknet getarnt werden. Die Differenzierung ist essenziell und letztlich auch eine Wertefrage, also oft nicht eindeutig zu entscheiden.

Nun können Sie natürlich sagen: »Na und? Ist mir doch egal, wenn die meine Daten haben. Ich habe ja nichts zu verbergen.« Aber wollen Sie wirklich eine so lückenlose Überwachung? Eine höhere Institution könnte im Rahmen der Staatssicherheit von allen Unternehmen Ihre Daten einfordern und dann ein fast lückenloses Bild erstellen, wann Sie wo waren und was Sie dort alles gemacht haben. Eric Schmidt, Chairman von Alphabet (vormals Google), hat bereits vor Jahren festgestellt: »Wir wissen, wo du bist. Wir wissen, wo du warst. Wir wissen mehr oder weniger, worüber du nachdenkst.« [375] Big-Data-Profile, die auch allzu Privates erfassen, sind längst möglich. Es wird schwer, überhaupt noch etwas vor den professionellen Datensammlern zu verheimlich. Hier rät Eric Schmidt »Wenn es irgendetwas gibt, was man nicht über Sie wissen sollte, dann sollten Sie es vielleicht gar nicht erst tun.« [376] Diese Äußerung des Experten ist klar genug. Lassen Sie es einfach.

Es gibt selbstverständlich auch Wege nicht digitaler Kommunikation, aber die Spielräume werden enger. Ihre Bewegungsdaten haben einen hohen Wert und die Vermeidungskosten werden immer höher. Wer nicht liefert, wird abgeschnitten. Geschäftliche Zugänge werden, wenn es schlecht läuft, zunehmend nur über bestimmte soziale Medien ermöglicht. Selbst wenn Sie Ihr Handy weglegen, werden im Hintergrund Verbindungen aufgebaut. Laufend schicken zum Beispiel vorinstallierte Apps des Betriebssystems Android Daten an die Zentrale und erweisen sich somit als unauffällige Spione.[377] Auch Add-ons (Browsererweiterungen), die eigentlich zum Schutz gegen Aktivitätenverfolgung installiert wurden, können das Gegenteil bewirken, beispielsweise beim Add-on WOT (Web of Trust), bei dem es sich um eine Verschlüsselungstechnik mit öffentlichen Schlüsseln handelt.[378]

Sowohl die privatwirtschaftlichen Datenkraken, als auch der Staat interessieren sich für Ihre Bewegungsdaten, denn sie »verraten am meisten über die Person und ihre Gewohnheiten, und sie haben gegenüber allen anderen ausspähbaren Informationen den immensen Vorteil, dass sie valide sind«[379]. Erich Mielke, aber auch Adolf Hitler oder Josef Stalin wären sicher fasziniert gewesen, wenn sie solche technologischen Mittel zur Überwachung der Bürger hätten nutzen können. Den Zugriff auf regierungskritische Mitbürger kann man viel effizienter und mit wesentlich weniger Personaleinsatz steuern. Diktatur wird so weiter billiger, wie bereits im Buch *Bargeldverbot* beschrieben.

Fazit: Autoritäre Regime setzen auf die Überwachung ihrer Bürger. Nach Wegfall des Ost-West-Systemwettbewerbs und der gefühlt gestiegenen Terrorgefahren werden bürgerliche Freiheitsrechte eingeschränkt. Dabei besteht die Gefahr, dass sich die »wehrhafte Demokratie« selbst so verändert, dass sie sich dem Regime der echten oder vermeintlichen Gegner anpasst. Vielleicht ein eleganter Weg, eine ›DDR 2.0‹, wie Max Otte das bezeichnete, zu verwirklichen?

Digitale Knechtschaft und Enteignung verhindern, Freiheitsspielräume erhöhen!

25. Digitaler Kapitalismus und digitaler Sozialismus – gibt es eine Synthese?

»Those who would give up essential Liberty, to purchase a little temporary Safety, deserve neither Liberty nor Safety.«

Benjamin Franklin[380]

Benjamin Franklins Zitat vom 11. November 1755 (»Wer bereit ist, wesentliche Freiheit aufzugeben, um vorübergehend Sicherheit zu gewinnen, verdient weder Freiheit noch Sicherheit«) sollte in den richtigen Zusammenhang gerückt werden. Die Grenzen der militärisch bedrohten Kolonie Pennsylvania, für die Franklin sprach, sollten geschützt, dabei aber wesentliche Freiheitsrechte gewahrt werden. Das Konzept einer ›wehrhaften Demokratie‹ zur Sicherung einer freiheitlich-demokratischen Grundordnung sieht eine aktive Bekämpfung ihrer Gegner vor. Die Frage dabei ist: Wie weit darf ein Staat gehen, um die freiheitlich-demokratischen Grundordnung zu schützen? Die rechtliche Abwägung, wie wesentliche Freiheitsrechte gesichert werden können, ist aktueller denn je.

Der sogenannte ›Digitale Kapitalismus‹, auf den wir bereits eingingen, ist mit dem Anspruch der großen Konzerne verbunden, ihre gewinnmaximierenden Geschäftsmodelle durchzusetzen. Der Einsatz von Kapitalmacht steht hier im Vordergrund. Beim ›Digitalen Sozialismus‹ geht es dagegen eher um institutionell verankerte staatliche Macht. Beiden Formen sind jedoch konzeptionell freiheitseinschränkend. Die Verknüpfung der beiden Interessenlagen ist daher besonders besorgniserregend. Eine Synthese daraus wäre eine Mischung aus digital gesteuertem ›Oligarchenkapitalismus‹ einerseits und ›Oligarchensozialismus‹ andererseits – je nach Schwerpunktbildung. Diese Synthese bezeichnen wir hier als ›Digital-Totalitarismus‹. In einer solchen Synthese wird das Recht von uns Bürgern an unseren Daten und der Sicherung unserer Freiheitsrechte viel zu gering ausfallen. Wenn dann noch das Totschlagargument kommt, dass wir unsere Freiheit für unsere eigene Sicherheit aufgeben sollen, zeigt sich, dass diese Synthese besonders bedrohlich für uns ist. Eine solche Schwerpunktverlagerung ist technologisch leichter denn je, dies würde eine vollständige Ökonomisierung und Totalüberwachung unseres Lebens bedeuten. Martin Schulz fragte in einem FAZ-Beitrag daher zu Recht: »Macht das Speichern von Bewegungsbildern und Kommunikationsdaten unsere Welt wirklich sicherer, wie das seit 9/11 behauptet wird, oder wird damit der Staat, der ein neues ›Super-Grundrecht Sicherheit‹ schützen will, nicht vielmehr selbst zum Sicherheitsrisiko für seine Bürger?« [381] Martin Schulz warnte im gleichen Beitrag vor einer »hysterischen Überhöhung von Sicherheit«, die in eine »antiliberale, anti-soziale und antidemokratische Gesellschaft« münden könnte. Damals war Martin Schulz noch Präsident des Europäischen Parlaments. Genau dieser technologische Totalitarismus, den er anprangert, wird für die heutige EU zunehmend prägend. Trotz solcher Stellungnahmen fährt der Zug in die falsche Richtung. Politiker verhalten sich da eher heuchlerisch, denn ihr politisches Versagen, nicht zuletzt bei der Terrorabwehr, bezahlen wir mit unserer Freiheitseinschränkung, die uns dann als alternativlos präsentiert wird. Der ›Digital-Totalitarismus‹ macht vorrangig uns zu Opfern digitaler Totalüberwachung, auch wenn es uns so verkauft wird, als dass wir von unserer Rundumkontrolle profitieren: Vielleicht bekommen wir ja Sozialbonuspunkte,[382] wenn wir uns lückenlos tracken lassen. Am Ende verlieren wir nicht nur die Freiheit, sondern auch die Sicherheit. Verunsicherte Menschen lassen sich noch leichter überwachen und dirigieren.

Es bedarf entsprechender Maßstäbe, um essenzielle bürgerliche Freiheitsrechte gegen die Interessenlagen der Eigner der Digitalkonzerne und sozialistische Herrscher, die die Macht der Institutionen ihres Apparates nutzen, zu begrenzen. Es müssen entsprechende Vorkehrungen getroffen werden, um unsere Freiheitsrechte zu schützen. Denn die Digitalisierung erleichtert naheliegende Kooperationsformen kommerzieller und sozialistischer Umfeldgestalter.

Fazit: Wenn die Gewinnmaximierung weniger Unternehmen und die Macht weniger Institutionen zusammenkommen, droht ein ›neuer Daten-Totalitarismus‹. Wir werden dann unserer Lebenschancen beraubt. Statt »Freiheit und Wohlstand für Alle« gibt es dann »Unfreiheit und Armut für Viele«. »Freiheit und Wohlstand« bleibt dem kleinen Kreis der digitalen Umfeldgestalter erhalten. Ihr kapitalistisch-sozialistischer Festungswall dient ihrer dauerhaften Machterhaltung und bedeutet für uns digitale Dauerknechtschaft.

26. Sicherung von Freiheit und Demokratie – warum ein maßvoll agierender Staat wichtiger denn je ist

»Jeder Einzelne ist aufgerufen, dafür zu sorgen, daß wir wieder zu Formen des Zusammenlebens von Menschen kommen, in denen sich der Staatsbürger zunächst einmal für das Schicksal selbst verantwortlich fühlt und nicht mehr bereit ist, in einer nebelhaften Anonymität unterzugehen.«

Ludwig Erhard[383]

Der frühere Wirtschaftsminister und Kanzler misstraute staatlichen Organisationen durch die Gefahr machtpolitischer Ambitionen. Machtgier in einem totalitärem Regime hatte er selbst erlebt, die nationalsozialistische Planwirtschaft wirkte auf ihn abschreckend.[384] Institutionen können dann der Sicherung der Herrschaftsansprüche nicht durch Wahlen bestätigter Diktatoren dienen. Die Neigung, totalitäre Systeme zu ermöglichen, muss daher durch klare Regeln gebremst werden. Das gilt gerade jetzt, wo die Privatsphäre noch nie so wertvoll war wie heute – und angesichts der zunehmenden Kontrolle dürfte der Wert sogar noch weiter deutlich steigen.

Daher sind folgende Grundsätze wichtig, um in einer zunehmend digitalisierten Welt Freiheit und Demokratie für uns zu sichern:

1. **Politiker müssen sich an demokratische Regeln halten und Konzernen nicht das Primat einräumen.**
   Max Weber hat bereits 1919 in seiner Münchner Rede die aus seiner Sicht größten Politikersünden erwähnt: die Unsachlichkeit, oft gepaart mit Verantwortungslosigkeit, sowie die Ei-

telkeit, möglichst auffällig in den Vordergrund zu rücken. Er warnte vor Führern, die ihre Gefolgschaft mit dem Ausbau von Pfründen locken[385]: »Wer die absolute Gerechtigkeit auf Erden mit Gewalt herstellen will, der bedarf dazu der Gefolgschaft: des menschlichen ›Apparates‹. Diesem muß er die nötigen inneren und äußeren Prämien – himmlischen oder irdischen Lohn – in Aussicht stellen, sonst funktioniert er nicht. Also innere: unter der Bedingung des modernen Klassenkampfes, Befriedigung des Hasses und der Rachsucht, vor allem: des Ressentiments und des Bedürfnisses nach pseudoethischer Rechthaberei, also des Verlästerungs- und Verketzerungsbedürfnisses gegen die Gegner. Äußere: Abenteuer, Sieg, Beute, Macht und Pfründen. « Diese zeitlose Analyse von Weber zeigt die Gefahren, die sich für Politiker ergeben, wenn sie sich einem Apparat anvertrauen. Die moderne Variante eines Oligarchenkapitalismus, in dem die großen Digitalkonzerne dominieren, würde Politiker nur noch zu Marionetten verkommen lassen, die unter Umständen überwiegend wirtschaftlichen Interessen folgen. Dann würde gelten: »Wer zahlt, schafft an.« Das wäre wohl kaum gute Politik, ebenso wenig wie der Kauf von Wählerstimmen durch fragwürdige, auf Dauer nicht zu finanzierende Sozialgeschenke. Mit einem Sozialpunkteindex[386], der Loyalität, auch gegenüber staatlichen Stellen belohnt, könnten im Zuge der von uns befürchteten ›digitalen Knechtschaft‹ Wahlen ausgehebelt werden. Max Weber nannte in seiner Rede auch drei mögliche Qualitäten, die Politiker auszeichnen können: Leidenschaft, Verantwortungsgefühl und Augenmaß. Das vielbeschworene Primat der Ordnungspolitik kann nur dann zurückgewonnen werden, wenn es gelingt, Regeln nicht nur zu etablieren, sondern zum Schutz von uns Bürgern auch durchzusetzen. Diese müssen die Politiker binden, auch wenn sie nicht die genannten Qualitäten, die Weber fordert, aufweisen. Etwas konkreter: Ein Staat muss sich an Recht und Gesetz halten, nicht zuletzt gegenüber uns Bürgern. Ein immer wieder genanntes Beispiel ist der Bruch des Maastricht-Vertrages, mittlerweile von fast allen EU-Ländern. Damit ist der Weg in eine EU-Transferunion geebnet, die niemals beabsichtigt war. Sie wurde – zumindest von den deutschen Bürgern – auch niemals gewollt.

2. **Mehr Transparenz statt Umverteilung, die mit der Digitalisierung noch erleichtert wird.**
Die schöne neue sozialistische Welt der Umverteilung in der Euro-Zone erinnert fatal an bereits gescheiterte politische Systeme, nicht zuletzt den Zusammenbruch der UdSSR. Aber nicht nur daran. Passender ist wohl der Vergleich mit dem Ende Jugoslawiens oder bezogen auf den Politikstil der Tragödie Argentiniens. Der ehemalige argentinische Staatspräsident Juan Domingo Perón errichtete mit seiner Frau Evita in den 50er-Jahren eine Sozialdiktatur. Aber das bis dahin sehr reiche Land stieg wirtschaftlich und sozial immer weiter ab. Argentinien gehört heute immer noch zur Gruppe der finanziell gescheiterten Staaten. In einem von internationalen Großkonzernen und Oligarchen geprägten sozialistischem Umverteilungssystem wären die sozialen staatlichen Aktivitäten oft nur Alibis. Diese sollen höchstens falsche politische Weichenstellungen verschleiern.[387] Die Umverteilungen fördern dann auch die Korruption in der EU. Die Digitalisierung, konkret die zunehmende Bargeldabschaffung, sichert dann auch noch die ungerechtfertigten Transfers ab.[388] So lässt sich eine neue digitale Knechtschaft besser durchsetzen. De facto könnte es daher genau gegenteilig zu den offiziellen Beteuerungen laufen. Die Bargeldabschaffung bekämpft dann Kriminalität nicht, sondern fördert sie durch die intransparente Umverteilung zu Lasten sparsamer Bürger. Politiker und kriminelle Nutznießer nutzen das immer weiter perfektionierte System organisierter Unverantwortlichkeit.

3. **Faire Aufstiegschancen statt Quotensozialismus**
   Obendrein verstärken Hilfen die Abhängigkeit der Bürger. Das diskutierte bedingungslose Grundeinkommen birgt die Gefahr neuer Ausgrenzungen. Wenn immer weniger eigenverantwortlich handeln und zu Bittstellern werden, wird ihnen gesellschaftliche Teilhabe verweigert. Dies fördert die Frustration unserer finanziell ruhiggestellten Mitbürger. Wer sich dennoch anstrengt, wird künftig dann auch noch aufgrund einer fragwürdigen Quotierung benachteiligt. Der gesellschaftliche Aufstieg durch eigene Leistungen wird so immer mehr erschwert. Im Verbund mit kommerziellen Vorteilen für wenige große Digitalkonzerne sind solche dirigistisch-planwirtschaftlichen Konzepte besonders bedrohlich. Die in Mode gekommene Begrifflichkeit ›postfaktische Politik‹ beschreibt eine Kommunikationsform von Entscheidungsträgern, die nicht auf Fakten basiert, sondern auf individuellen Gefühlen. Das wären ›Fake News‹ von oben. Politiker desinformieren dann, was allerdings nicht neu wäre.

4. **Sachliche Aufklärung statt Emotionalisierung und Desinformation mit kommerziellen Vorteilen für Wenige**.
   Die Emotionalisierung im Zuge der steigenden Bilderflut verdrängt ohnehin die unabhängige Sachaufklärung. Nach Gustave Le Bon[389] wird von Rednern – und dies lässt sich gut auf die Medien übertragen – mit Bildern gearbeitet, denn dies bleibt besser hängen. Bilder transportieren auch Gefühle. Selbst die Wirtschaft und insbesondere die Digitalmedienvertreter agieren postfaktisch. Ihr Ziel ist die Desinformation aus kommerziellen Gründen. Da wir Bürger unsere Daten frei Haus liefern, entmündigen wir uns damit selbst und liefern Steilvorlagen für die Fake News kommerzieller Ausbeuter. Wir Bürger sind nach unentgeltlicher Preisgabe dann weitgehend selbst schuld, wenn wir uns beispielsweise von ›Dash Buttons‹ mit Kaufmöglichkeiten auf Knopfdruck von zu Hause aus unser Leben bestimmen lassen.

5. **Eine demokratische Marktwirtschaft ermöglichen**
In scharfem Kontrast zur heutigen politischen Gemengelage standen die Vorstellungen Ludwig Erhards. Mitte der 60er-Jahre, als er bereits Kanzler war, stellte er sein Ordnungsbild der demokratischen Gesellschaft, die ›Formierte Gesellschaft‹ – in Abgrenzung zur uniformierten Gesellschaft in den früheren Ostblockstaaten – vor. Treffender wäre wohl die Bezeichnung seines Konzepts als ›Demokratische Marktwirtschaft‹ gewesen, vermutlich eine frühe Etikettierung seiner Politikvorstellungen. Die Formulierung wäre wahrscheinlich besser vermittelbar gewesen als die Begrifflichkeit ›Soziale Marktwirtschaft‹, die immer wieder irreführend interpretiert wird. Heute sollte die Chance genutzt werden, uns Bürger wieder angemessen am politischen Leben zu beteiligen und nicht durch die Formulierung vermeintlicher Alternativlosigkeiten und fragwürdige Koalitionsbildungen zu unseren Lasten abzuspeisen.

6. **Solidarität untereinander, Subsidiarität statt Ökonomisierung aller Lebensbereiche einschließlich der so genannten ›Sharing Economy‹**
Subsidiarität und Solidarität auf unterer Ebene werden immer weniger eingefordert. ›Marx goes digital‹ scheint die neue Losung zu sein. So erscheint die Digitalisierung den Anhängern zentraler Planung in Politik und Wirtschaft verlockend, da das Machtspiel so zu ihren Gunsten verändert werden kann. Erhard dachte genau anders im Sinne der Bürger. Er sah eine untrennbare Einheit von »Freiheit für die Wirtschaft, Freiheit für den arbeitenden Menschen und beides in der Bindung an eine soziale Ordnung, an die christlich-soziale Idee«.[390]

7. **Nicht der starke Staat, die EU, Verbandslobbyisten, Konzerne – wir Bürger müssen im Fokus stehen!**
Die Klassengesellschaft wurde hierzulande bereits in den 50er/

60er-Jahren überwunden. Die Macht der Verbände nahm dank der gut organisierten Vermittlung ihrer Interessen immer weiter zu. Aus der Sicht von Ordnungspolitikern zerstören Gruppenegoismen die Marktwirtschaft und die freiheitliche Ordnung. Inzwischen sind durch Digitalisierung, die wieder ungezügelte Macht großer Konzerne und die zunehmend ungebremsten Transfers innerhalb der EU Entwicklungen eingetreten, die wieder an überwunden geglaubte totalitäre System erinnern, nach dem Motto: Das »System ist alles« und »Du als Bürger bist nichts«. Das führt zu Frust und fragwürdigen Wahlentscheidungen verunsicherter Bürger.

8. **Stärkung des Parlaments und der Kontrolle staatlicher Macht**
   Statt der um sich greifenden Hinterzimmerpolitik muss das Parlament wieder gestärkt werden, um die Interessen von uns Bürgern wieder mehr zu vertreten. Eine Stärkung des Parlaments und das gleichberechtigte, faire Zusammenwirken der Bürger ist notwendiger denn je und darf europapolitischen Opportunitäten, die demokratisch nicht legitimiert sind, nicht geopfert werden. Nach und nach, so scheint es, haben sich die Institutionen und die gut organisierten Interessen zu Lasten von uns immer mehr durchsetzen können. Die Aktivitäten von Gruppeninteressen müssen, um ihren schädlichen Einfluss weitestmöglichst zu begrenzen, öffentlich bekannt sein. Auch eine Amtszeitbegrenzung wie in den USA ist unbedingt notwendig, um nicht immer wieder neue Dauerkanzler zu schaffen, die das Land durch autokratische Alleinentscheidungen oder Regelbrüche ruinieren können.

9. **Zukunftsinvestitionen in Bildung und Infrastruktur und maßvolle Besteuerung statt ›digitale Knechtschaft‹**
   Wichtige soziale Investitionen schaffen Zukunft, nicht Materialismus und Sozialkonsum. So sollte zum Beispiel ein Prozent

des Bruttoinlandsprodukts aus Steuermitteln für Bildung und Infrastrukturmaßnahmen ausgegeben werden.[391] Mit einem solchen zukunftssichernden Gesellschaftsfonds könnte Not nicht nur verringert, sondern bereits ihr Entstehen bekämpft werden. Diese Leistungen sollten statt Schuldenbelastungen an künftige Generationen weitergegeben werden. Bei einer Stärkung der Eigenvorsorge, einer maßvollen Besteuerung und einer sparsamen Gestaltung öffentlicher Haushalte wäre dies möglich. Solche Vorstellungen sollten heute, moderner formuliert und auf die Erfordernisse einer zunehmend von der Digitalisierung geprägten Gesellschaft mit mächtigen internationalen Konzern übertragen, wieder breiter diskutiert werden. Die heutige Tendenz zur »reinen Machtwirtschaft«, wie Max Otte formulierte, oder, nach Jim Rogers, dem »Sozialismus für Reiche« ist genau das Gegenteil dessen, was Erhard wollte und wofür die bundesdeutsche Politik bis 1968 einstand. Die 1968er wälzten Westdeutschland ganz ähnlich um wie die Kulturrevolution in China. Das wollte damals nur kaum jemand so interpretieren. Vermeintlich sozial(istisch)e Errungenschaften sicherten die Macht der immer einflussreicheren Funktionäre, die eine überforderte Sozialbürokratie schufen.

10. **Unterwerfung ist keine Alternative, sondern der Weg zur Dauerknechtschaft**
Heute – über ein Vierteljahrhundert nach der Wiedervereinigung – bestimmen die Manager in den international tätigen Konzernen sowie die großen Vermögensverwalter[392] mehr denn je, was geschehen soll. Menschliche Fairness und Leistung bleiben in der neuen Welt der Disruption und Anpassung auf der Strecke. Man könnte fast schon von Unterwerfung sprechen. Der vielfach prämierte Film *Toni Erdman* zeigt auf, welch hohen Preis Menschen in einer Businesswelt zahlen, wenn sie sich mit Haut und Haaren für ihre Karriere verkaufen.

Der Preis, den eine Frau für ihre Inszenierung zahlt, ist ein Leben ohne Privatleben, das auch ansonsten wenig sinnstiftend ist. Erst die wilden Kapriolen ihres Vaters, der sie in Bukarest besucht, führen bei ihr zu einer kritischen Reflexion. Der Film zeigt auch eine häufige Fehlsicht junger Manager, die unbedingt zu einer gut verdienenden Elite gehören wollen. Sie verwechseln oft ihre schlichte Anpassung und die übliche Anwendung von Methoden modernen Raubrittertums mit eigenem Können. Wenn solche Spielregeln nicht hinterfragt werden, wird der Kasinokapitalismus zu Lasten von Kunden, einfachen Mitarbeitern und den Steuerzahlern nicht überwunden. Nur eine ganz kleine Gruppe, Manager aus der ersten Reihe und Großaktionäre, profitieren von diesem Powerplay. Insbesondere die führenden Digitalkonzerne verfügen über enorm viel Macht. Sie sind prägend für den digitalen Imperialismus. Nach Yvonne Hofstetter ist dies »die quantitative, in Zahlen ausgedrückte Herrschaft, ausgeübt auf den Grundlagen von Überwachung und Profiling und durchgeführt von intelligenten Maschinen«.[393] Die großen Digitalkonzerne sind schon zu überstaatlichen Imperien mutiert. Sie besitzen über IT-Systeme, Big Data-Verfügungsmacht und Investitionen in hochmoderne Drohnen auch schon militärische Kompetenz. Hohe Gewinne bei niedriger Besteuerung machen es möglich. Es sind solche Konzerne, die heute eher die Regeln bestimmen als Staaten, die im Standortwettbewerb stehen. Ihre oft enthemmten Bereicherungsaktivitäten werden ordnungspolitisch nicht mehr begrenzt, da sie geschickt Staaten gegeneinander ausspielen.

Es wird daher Zeit für eine demokratische Runderneuerung westlicher Gesellschaften und eine Neubesinnung auf die zeitlosen marktwirtschaftlichen Konzepte Ludwig Erhards, die für uns Bürger sozial, freiheits- und aufstiegssichernd[394] sind. Voraussetzung für eine derartige Umsteuerung, die auch wieder Zukunftsvertrauen schafft, wäre eine transparente und bürgernahe Politik, über die in den Medien wieder zweifelsfrei fair berichtet wird.

Fazit: Wir Bürger müssen wieder über unsere Zukunft selbst entscheiden. Maßlosen Konzernlenkern und Politikern müssen wir ihre Grenzen aufzeigen, um uns nicht dauermanipulieren zu lassen.

27. Gründe, digitale Knechtschaft zu verhindern

»Die Gesellschaft, die die Kontrolle über ihr Denken neuartig zurückgewinnt, ist eine, in der in Schulen und Hochschulen Meditationen als Teil des Unterrichts angeboten werden. Sie werden zu Institutionen, in denen Denken gelehrt wird und nicht Gedanken, in dem wir lehren, in Zeiten der Suchmaschine den Wert der richtigen Frage zu erkennen.«

Frank Schirrmacher[395]

Frank Schirrmacher warnte in seinem Buch *Payback* vor dem Kontrollverlust der Menschen durch die Digitalisierung. Die mit der Steuerung durch Algorithmen verbundenen Gefahren sind, wie bereits an anderer Stelle beschrieben, nicht nur ökonomischer Art. Digitalisierungskritiker beschreiben eine Verformung des menschlichen Denkens. Die damit verbundenen gesellschaftspolitischen Veränderungen sind nicht minder bedeutsam und haben selbst wieder ökonomische Relevanz, zum Beispiel zu Lasten von Sparern und Steuerzahlern. Am Ende der Auflistung der wesentlichen Ablehnungsgründe sollte ersichtlich werden, wie tiefgreifend der fundamentale Wandel sein könnte. Zunächst zu den ökonomischen Gründen, eine digitale Knechtschaft zu vermeiden:[396]

1. Ablehnung aus ökonomischen Gründen: verstärkte Umverteilung

Bei einer kompletten Digitalisierung wird bei jeder Finanztransaktion eine Datenspur gelegt. Das ermöglicht zusätzliche Gebühren für eine ganz banale Rechnungsbegleichung. Wenn das Bargeld »alternativlos« abgeschafft ist, klingelt die Kasse für die Digitalkonzerne und staatliche Stellen noch mehr. Denn wenn der Wettbewerb nicht mehr besteht und wir Bürger das unkritisch und alternativlos hinnehmen müssen, weil unsere Interessen nicht mehr ausreichend berücksichtigt werden, wird es düster und ungerecht zugehen: Negativzinsen würden flächendeckend durchsetzbar und die Sparer mehr denn je enteignet. Dies ist dann eine planwirtschaftliche gelenkte Umverteilungsmaschinerie, die rechnergestützt die Träume sozialistischer Planer verwirklicht. Aber was passiert bei Prozessen, die versuchen, die Marktkräfte auszuhebeln? Als Folge der durchgeführten Interventionen werden in zahlreichen Sektoren Blasenbildungen und Fehlallokationen verstärkt und somit die Aussagekraft etlicher Bilanzen manipulativ verändert. Wer dauerhaft die Marktkräfte außer Kraft setzt, muss mit Scheinbilanzen zurechtkommen. Der Interventionismus geht dann ungebremst weiter. Im Verbund mit Digitalkonzernen wären wir dann Knechte in einer postindustriellen sozialistischen Cybergesellschaft. Das ist keine Utopie mehr, sondern technisch möglich. Die Lobbyisten der Digitalisierung versuchen, den künftigen Freiheitsentzug und die Möglichkeiten, uns finanziell abzuschöpfen, kleinzureden oder ganz zu verschweigen. Der Preiswettbewerb könnte durch Kundenbindungsmaßnahmen weiter außer Kraft gesetzt werden und geschlossene Systeme eröffnen Umverteilungsspielräume. Das wusste man bereits frühzeitig bei Apple. Dieses »Vorbild« macht nun Schule und die individuelle Preisfestlegung anhand Ihres Profils und Ihrer Bewegungsbilder wird zum Bestandteil der Gewinnmaximierungsstrategie von Dienstleistern und Datenkraken. Voraussetzung für das Gelingen der ›Versingelung der User‹ sind hippe Produkte – zum Beispiel das IPhone – und eine Marketingoffensive, die die Lösungen als smart und bedienerfreundlich anpreist.

2. Ablehnung aus machtpolitischen Gründen: Gläserne Bürger einerseits und Digitalkonzerne/ Regierungen andererseits als neue »Blackbox«?

Die Sicherung einer bestehenden Machtposition erfordert gemeinsame Feinde, und auch das Durchregieren wird mit diesen erleichtert. Das ist für totalitäre Systeme durchaus typisch: Es soll Solidarität von oben erzwingen und gegebenenfalls auch vom eigenen Versagen ablenken. Wenn jedoch in Demokratien immer neue Feindbilder geschaffen werden, ist das ein Warnsignal. Denn es könnte den Umbau zu einem gelenkten Überwachungsstaat bedeuten, der nur noch äußerlich als Demokratie in Erscheinung tritt. Wer sind eigentlich die Feinde? Das wird in totalitären Systemen im Zweifel opportunistisch willkürlich festgelegt. So kann beispielsweise der Neid gegenüber den Reichen geschürt werden, die das Regime aus welchen Gründen auch immer nicht mehr schützen will. Eine Demokratie muss sich da schon mehr einfallen lassen und sich einer kritischen Medienlandschaft stellen. Nicht besonders geglückte Sprachregelungen suggerieren Handlungsbedarf, der rechtsstaatliche Prinzipien aushöhlen kann. So lenkte man die Aufmerksamkeit in den USA medial auf einen »weltweiten Krieg gegen den Terror«. Inzwischen hat die Bezeichnung ›Gefährder‹ größere Bedeutung erlangt. Der Umgang mit potenziellen Gesinnungsstraftätern ist juristisch in westlichen Demokratien aber nach wie vor umstritten. Diktatorische Regime, die willkürlich agieren können, sind da weniger zimperlich [397] Staatsterrorismus wird oft unterschätzt. Auch in demokratischen Gesellschaften besteht die Gefahr, dass die Ängste von uns Bürgern vor Terrorismus ganz bewusst geschürt werden. Die absehbare Folge davon ist, dass sie dann eher bereit sind, Freiheitsrechte preiszugeben. Der verstorbene frühere FAZ-Mitherausgeber Frank Schirrmacher nannte folgende drei Steuerungs- und Überwachungszentren: Silicon Valley, Wall Street und Virginia.[398] Diese drei Zentren des Informationskapitalismus sind weit davon entfernt, gläsern zu sein. Für nichtdemokratische Regime außerhalb Europas und der USA gilt dies selbstverständlich umso mehr. Auch die jeweilige Verzahnung mit der Politik ist dort in etlichen Fällen völlig intransparent. Nicht ausgeräumte Zweifel hinsichtlich Fairness und Rechtmäßigkeit des Handels führen zu Ressentiments und nähren fragwürdige Verschwörungstheorien. Wenn das Informationsungleichgewicht verstärkt wird, sinkt das Vertrauen von uns Bürgern.

Der Weg in eine neue digitale Knechtschaft ist somit nicht nur bereits technisch, sondern auch vom politischen ›Wording‹ her geebnet. ›Terrorabwehr‹ und die Suche nach potenziellen ›Gefährdern‹ schafft ein Klima der Verunsicherung, das den Befürwortern eines Überwachungsstaates in die Hände spielt. Das Misstrauen erfasst immer weitere Teile unserer Gesellschaft, fördert Denunziation und lässt staatlichen Datenmissbrauch angesichts der ›Feindbekämpfung‹ zum Kavaliersdelikt verkommen. Die Zentralisierungsüberlegungen bei der Polizei und beim Versicherungsschutz zeigen, wohin auch in Deutschland die Reise gehen könnte: zu mehr Kontrolle und Überwachung sowie zur Einschränkung bürgerlicher Freiheit und Menschenwürde. Juli Zeh beschreibt in ihrem Buch *Corpus Delicti* eine Gesundheitsdiktatur, die implantierte Chips nutzt. Wenn medial gesteuert Terrorangst verbreitet wird, ist nicht auszuschließen, dass in einem neuen Kontrollstaat auch solche Maßnahmen eingeführt werden. Wir gläsernen Bürger sind dann mit einer ›Blackbox‹ konfrontiert, wenn Regierungen und Digitalkonzerne zu unserem vermeintlichen Schutz ohne entsprechende demokratische Kontrolle agieren können. Totalitäres Durchregieren wird leichter möglich, wenn die Informationsasymmetrie verstärkt wird. Das könnte Allmachtsfantasien ambitionierter Manager in Digitalkonzernen sowie von Politikern beflügeln.

3. Ablehnung aus geld- und notenbankpolitischen Gründen: Durchsetzung eines geschlossenen wettbewerbsfreien Systems, das den Interessen der Digitalkonzerne/ Regierungen dient.

Die Autonomie der Zentralbank ist ein wesentliches Korrektiv und wurde bei der Deutschen Bundesbank traditionell hochgehalten. Im Euroverbundsystem wird das immer schwieriger. Die Autonomie könnte sogar vollständig beseitigt werden. Dabei könnte die Digitalisierung eine große Rolle spielen. Bei einer vollständigen Digitalisierung des Geldes wäre sogar ein Vollgeldsystem denkbar, das uns Bürgern Zentralbankgeld sichern könnte und so das privatwirtschaftliche Bankensystem überflüssig machen würde. Der Staat hätte dann zu 100 Prozent Zugriff auf die Geldschöpfung und könnte auch die Mittelverwendung vollumfänglich bestimmen. Wir könnten so auch kein Misstrauensvotum mehr aussprechen. Neben Bargeld sind auch Gold oder andere Edelmetalle in allen Finanz- und Weltwirtschaftskrisen besonders geschätzt.

Diese konkurrierenden, fungiblen Wertaufbewahrungsmittel wären dann zwangsläufig und alternativlos abzuschaffen. Eine Weltwährung wäre so denkbar. Die Steuerung könnte durch digitale Konzerne erfolgen, die sich im Verbund mit Kartendienstleistern exzellente Einnahmequellen sichern. Sie haben dann die »Lizenz zum Geld drucken«. Eine Zentralbank, die ein elektronisches Geldsystem zentral steuert, kann eine komplette Verzahnung zwischen politischer und ökonomischer Sphäre herstellen. Wenn der Wettbewerb von Geldsystemen ausgeschaltet ist, wird digitale Knechtschaft möglich. Das wäre dann ein »Sozialismus für Reiche« (den Begriff prägte Jim Rogers) mit einer Umverteilung zu Lasten von Kleinsparern. Die Einkommens- und Vermögensungleichheit würde verstärkt.

4. Ablehnung aus rechtlichen Gründen: Ein Unrechtsregime lässt sich leichter verwirklichen, wenn Geld seinen Eigentumscharakter verliert.

Wenn Geld seinen Eigentumscharakter verliert, wäre eine »Herrschaft des Unrechts« leichter möglich – und damit auch der Umbau zu einem totalitären System. Die vollständige Digitalisierung, die eine Bargeldabschaffung voraussetzt, dürfte vermutlich auch verfassungswidrig sein. Ein Unrechtsregime lässt sich leichter verwirklichen, wenn Geld seinen Eigentumscharakter verliert. Es würde verschwinden zugunsten eines Nutzungsrechts in digitalen Systemen. Die erforderlichen Zugangsrechte könnten auch willkürlich gelenkt werden. Nur Zugang/Access zählt dann, statt Eigentum, über das wir selbst entscheiden können.

5. Ablehnung aus christlichen und ethischen Gründen: Mephisto bekommt eine neue Spielwiese.

Eine zentrale Instanz könnte eine Machtfülle erlangen, die bislang unvorstellbar war. Ungezügelte Allmachtsfantasien könnten so beflügelt werden. Ein derartiges System ist auf Lug und Trug aufgebaut nach dem Motto: »Nach mir die Sintflut!« Falsche, nicht haltbare Versprechungen werden gemacht, die für Spielernaturen ein goldenes Zeitalter anbrechen lassen. Nicht selten häuften Könige und Kaiser im Verlauf ihrer Regentschaft zu hohe Schulden an. Die heutigen Politiker sind hinsichtlich ihrer Maßlosigkeit anscheinend keinen Deut besser. Kredite werden nicht zurückgezahlt, sondern lediglich prolongiert.

Keiner macht sich jemals über eine endgültige Rückzahlung Gedanken. Im kühnsten Fall erfindet man Besicherungen, die gar nicht existieren. Solche Versuchungen thematisierte schon Johann Wolfgang von Goethe in seinem *Faust*, II, Teil, Kapitel 13. Das moralische Versagen wird durch die Digitalisierung gefördert. Informationsasymmetrien und die damit erleichterte Umverteilung auf Knopfdruck können eine neue Hölle auf Erden schaffen, wie bereits bei *Faust II* beschrieben. Es lohnt sich auch, im letzten Buch der Bibel, der Offenbarung, zu lesen. Große neofeudalistische Imperien wirtschaften erfahrungsgemäß schlecht, das wäre bei einer »neuen EU« ohne Subsidiarität zu befürchten. Die Bevölkerung wird geknechtet, nunmehr digital und zentral gesteuert. Eine Dauerenteignung wird ermöglicht. Eine Welt, und konkret eine EU, die kleine Staaten zulässt und achtet, wäre ein sinnvolles Korrektiv.

6. Ablehnung aus soziologischen und kommunikativen Gründen: Gleichschaltung

In einem komplett digitalisierten System gäbe es, mit Hilfe manipulativen Infotainments, einen deutlichen Trend zu unserer Gleichschaltung. Ein eindeutig bestimmter Mensch, der nach den Vorgaben des Systems normal ist, wäre der Maßstab. Wer anders ist, wird ausgegrenzt.[399] Kreativität und Spontanität gingen verloren, der vermeintliche »gesellschaftliche Fortschritt« würde von oben diktiert. Noch mehr als in der früheren DDR wäre eine Kontrolle und Gleichschaltung möglich, welche die Spannbreite des gesellschaftlichen Diskurses bis auf null reduzieren kann. Mit der Durchsetzung eines »normalen« neuen systemkonformen Menschen wäre die neue digitalisierte Diktatur perfekt. Dann wären Demokratie und Freiheit nur noch eine Utopie.

7. Mentale / psychologische Ablehnungsgründe: Manipulationen werden in einer digitalen Welt erleichtert.

In der DDR konnte man vordergründig noch den Angepassten spielen und dennoch innerhalb der Familie oder mit Freunden frei reden. Diese Inszenierung gelingt in einer Welt zunehmender Datenfusion nicht mehr. In einer möglichen ›DDR 2.0‹[400]wäre dies anders: Unsere Gedanken sind allzu präsent und damit auch gegebenenfalls unser verzweifeltes Anpasslertum.

Der Transparenz auf der einen Seite – der professionellen Nutzung ihrer Daten – steht unsere Informationsohnmacht gegenüber. Wir würden uns bemühen, nett zu sein und unserer Verhalten nach unseren Meinungsführern auszurichten. Es wird nicht viel helfen, wenn wir mithilfe der digitalen Medien desinformiert und Opfer einer fragwürdigen Aufmerksamkeitslenkung werden. Das lässt sich hervorragend kommerziell nutzen, vor allem wenn das Umfeld vollständig digitalisiert ist. Die eigenen fünf Sinne werden vorsätzlich manipuliert. Betrügerische Geschäftsmodelle bekommen neuen Raum.

8. Technische Ablehnungsgründe: Cyberwar und ein möglicher Stromausfall

Immer wieder neue Hackerangriffe (zum Beispiel durch die Erpressungssoftware *WannaCry* oder anderer Verschlüsselungstrojaner) geben einen Vorgeschmack. Netze sind nicht sicher und müssen immer aufwendiger geschützt werden. Wir sollten uns nicht auf die Systemstabilität verlassen und besser zu schützende analoge Alternativen nicht preisgeben (inländische Atomkraftwerke wurden aus guten Gründen mit analogen Steuerungen konzipiert). Ein durch einen Cyberwar-Angriff oder eine Naturkatastrophe ausgelöster Stromausfall könnte wichtige Infrastrukturen lahmlegen.[401]

Alles hängt mit allem zusammen: Ein so fundamentaler Wandel, wie er durch die Digitalisierung ausgelöst wurde, geht nun einmal wie ein Wellenschlag durch sämtliche Bereiche, die unser Leben prägen.

Fazit: Schon allein die Gefahr von Stromausfällen spricht gegen eine komplette Digitalisierung. Systemabstürze kommen immer wieder vor und könnten sogar noch deutlich steigen. So könnten Cyberkriminelle vermehrt Netzwerke lahmlegen. In dem Roman *Blackout* von Marc Elsberg wurde die Problematik beschrieben. Wenn wir Bürger vor Fremdherrschaft und Kontrolle durch digitale Konzerne geschützt werden wollen, dann bewegen wir uns in einer analogen Welt auf sicherem Terrain.[402] Denn nur diese bietet eine natürliche Alternative, die die Menschheit bis heute prägt. Gerade deswegen gilt auch: Bargeld ist Eigentum und sichert Freiheit.

28. Chancen der Digitalisierung nutzen – mit Ludwig Erhards zeitlosen marktwirtschaftlichen Konzepten

»Bei früherer Gelegenheit habe ich in diesem Zusammenhang einmal auf die Rolle des Staates als des obersten Schiedsrichters verwiesen. [...] Das Fußballspiel folgt bestimmten Regeln, und diese stehen von vornherein fest. Was ich mit einer marktwirtschaftlichen Politik anstrebe, das ist – um im genannten Beispiel zu bleiben – die Ordnung des Spiels und die für dieses Spiel geltenden Regeln aufzustellen.«

Ludwig Erhard[403]

Ludwig Erhard war Fußballfan. Und er war fest davon überzeugt, dass der Schiedsrichter auf keinen Fall mitspielen darf. Er kritisierte daher immer wieder Eingriffe der Politik in die Wirtschaft, die Durchsetzung bürgerferner, lediglich institutionalisierter Interessen sowie die Maßlosigkeit, nicht zuletzt auch der Volksvertreter. ›Fair Play‹ erfordert, dass der Regelsetzer unparteiisch ist und dafür sorgt, dass keine Absprachen auf Kosten Dritter, zum Beispiel der Verbraucher, stattfinden. Er konkretisiert: »Die Zuschauer eines Fußballspiels würden es den Spielpartnern auch außerordentlich übelnehmen, wenn diese vorher ein Abkommen geschlossen und [...]lediglich ihre Vereinbarung kampflos erfüllen würden. So vertrete ich denn auch die Auffassung, dass es die Grundlage aller Marktwirtschaft ist und bleiben muss, die Freiheit des Wettbewerbs zu erhalten.« [404] Zu einem ›Fair Play‹ gehört auch, dass auf der Hinterbühne, die wir nicht oder zumindest nur unzureichend kennen, nicht zu unseren Lasten agiert wird.

Übertragen wir den FairPlay-Gedanken von Erhard auf die mächtigen Digitalkonzerne, lässt sich Folgendes feststellen: Vordergründig wird so operiert, dass der Nutzen für uns oft schon spontan erkennbar ist, beispielsweise durch effizienzsteigernde Apps, gezieltes Entertainment oder hohe Servicequalität. Dies ist Teil ihrer Inszenierung als verbrauchernahe und leistungsfähige Anbieter.[405] Die hohe Kundenloyalität, die führenden Marktpositionen und die hohen Börsenbewertung der US-Digitalkonzerne sprechen für sich.

Die Nutzung der Daten der Kunden ist de facto ein Machtmissbrauch der Konzerne, auch wenn sie sich formal absichern, indem sie sich über das Kleingedruckte auf ihren Webseiten unsere Einwilligung vorher einholen. Das Datensammeln der Giganten ist längst zum eigentlichen Geschäftsmodell mutiert. Es erhält zunehmend manipulativen Charakter, vor allem wenn eine kleine Gruppe strategisch als ›Closed Shop‹ kooperiert.[406] Politisch brisant würde es werden, wenn die Nähe zu den Regierungen immer weiter zunimmt. Problematisch sind schon heute die Verbindungen zur NSA und zur WallStreet. Wie bereits zitiert, befinden sich, laut Frank Schirrmacher, die »Ausstrahlungszentren des Informationskapitalismus des 21. Jahrhunderts« im Silicon Valley, der Wall Street und in Virginia, dem Sitz der NSA.[407] Eine solch enge Kooperation ist in totalitären Staaten absolut geläufig und wird dort auch kaum hinterfragt. Dann werden auch Scoring-Verfahren, wie in China geplant, üblich. Nach diesen Scoring-Systemen werden loyale Staatsbürger »prämiert«, zum Beispiel indem ihnen auch Kredite gewährt werden. »Mao goes digital!« Das System und seine Lenker sind mächtig und die Bürger werden ohnmächtig überwacht und gelenkt. Keine schöne Perspektive.

Größe und Macht zählen, das gilt nicht nur für Politiker, sondern auch für die Manager in westlichen Konzernen, die von der Digitalisierung profitieren. Die folgende Übersicht zeigt die wesentlichen

Eintrittsbarrieren, denen die deutlich kleineren Unternehmen ausgesetzt sind, wenn sie in der Digitalwirtschaft in Konkurrenz zu den großen Anbietern treten wollen[408]:

Eintrittsbarrieren und Werttreiber	Führende US-Digitalkonzerne	Deutlich kleinere Konkurrenten
Brand Value – Vorteil besteht im hohen (weltweiten) Bekanntheitsgrad der Gesellschaften	Für Produkte von Apple werden beispielsweise deutliche Aufpreise im Vergleich zu Konkurrenten gezahlt.	Neuere Anbieter wie Uber oder Airbnb versuchen über günstigere Preise Kunden zu gewinnen.
Economic Value – Größenvorteile	Als Monopolisten – zumindest in vielen Ländern – und Besitzer gigantischer Datenmengen existiert für sie kaum Wettbewerb, hinzu kommen umfangreiche Synergieeffekte.	Allenfalls in Marktnischen können ansehnliche Marktanteile erreicht werden.
Economic Value – weltweiter Marktanteil	Sehr hohe Marktanteile	Oft noch vernachlässigbare Marktanteile
Economic Value – Gewohnheit/Kundenbindung	Sehr hohe, seit Jahren gefestigte Kundenbindung; Vertiefung durch erweiterte Serviceangebote	Schwächer, aber ausbaufähige Kundenbindung

Eintrittsbarrieren und Werttreiber	Führende US-Digitalkonzerne	Deutlich kleinere Konkurrenten
Economic Value – Technologie/ Patente/Setzen von Branchenstandards	Sehr hohe Schutzwirkung; das Betriebssystem Microsoft sowie die Suchmaschine Google weisen fast ein Alleinstellungsmerkmal auf.	Gerade für Neueinsteiger der wesentliche Werttreiber, mit dem schöpferischen beziehungsweise disruptivem Potenzial, das Bestehende grundsätzlich zu verändern.
Economic Value – Regierungsschutz/ Netzwerkbildung	Sehr hoch. Bei ihnen handelt es sich um Mitglieder von ›Corporate America‹ und des Verbundsystems der Digitalkonzerne, Hochschulen, die Verteidigungs- und Sicherheitsindustrie sowie den Finanzsektor (US-Investment Community als ›Closed Shop‹).	Kaum vorhanden
Economic Value – Eignerstruktur	Wenige Eigner; große Teile halten noch die Gründer der Unternehmen sowie auch die bekannten großen Finanzinvestoren/Hedgefonds.	Neben den Firmengründern noch Finanzanleger

Wesentliche Eintrittsbarrieren führender US-Digitalkonzerne und kleinerer Konkurrenten im Vergleich

Wie bei den führenden beiden Ratingagenturen S&P und Moody's sowie den US-Investmentbanken sind hier ganz überwiegend die gleichen Eigner – Capital Group, BlackRock, Vanguard, State Street und T. Rowe Price –vertreten.[409] Ein Wettbewerb ist durch die hohen Marktanteile sowie eine unangreifbare Technologie kaum vorhanden. Bei der Plattformökonomie wird der Starke stärker, »und die Schwachen werden schwächer«, es gilt dann: »The winner takes it all.«[410]

Ein Eintritt Dritter ist daher nur schwer möglich. Der Trend zum sogenannten ›One Stop Shopping‹ und die Globalisierung haben die Marktstellung der großen Anbieter weiter gefestigt. Die hohe Kapitalverflechtung bei den Digitalkonzernen ist fast konsequent[411] und schafft, wenn man so will, einen ›Closed Shop‹. Das heutige ›Corporate America‹ ist damit ähnlich verzahnt wie die damals viel kritisierte frühere ›Deutschland AG‹ mit den Schlüsselinvestoren Allianz und Deutsche Bank, die längst aufgelöst wurde.

Um echten Wettbewerb nach Erhards Vorstellungen zu ermöglichen, müssten Reformen bei der Kapitalverflechtung der Digitalkonzerne ansetzen, da diese einem Abwehrkartell gleichkommt. Die Europäer sind hier nicht nur nicht mit im Spiel. Sie sind, aufgrund der hohen Abhängigkeit, sogar dazu verurteilt, lediglich regelmäßige Gebühren für die so unverzichtbaren Geräte beziehungsweise Dienstleistungen zu entrichten.

Die Chinesen haben dagegen längst ihre eigenen staatsorientierten Regelungen zum Schutz ihrer eigenen Digitalkonzerne, dies ist ein ›Closed Shop‹ in der Tradition Maos, aber mit staatlich gelenktem Kapitalismus von oben. Insofern ist es unrealistisch, diese weltweit vernetzten Digitalkonzerne einer wirksamen internationalen Kartellkontrolle unterziehen zu wollen. Erhard setzte deshalb zu Recht auf den Wettbewerb von unten. Gerade für Neueinsteiger besteht im Schumpeterschen Sinne der »kreativen Zerstörung« der wesentliche Werttreiber darin, schöpferisches oder disruptives Potenzial zu nutzen und das Bestehende grundsätzlich zu verändern. Wie schnell sich Märkte grundsätzlich verändern können, zeigte beispielsweise der Niedergang von Nokia als Mobiltelefonhersteller. Das Smartphonekonzept von Apple schaffte es, den Markt grundsätzlich aufzurollen und nachhaltig zu verändern[412] – zumindest bis auf Weiteres.

Bei aller Kritik und den Gefahren, die durch die Digitalisierung erwachsen können, sollten die positiven Aspekte nicht zu kurz kommen. Grundsätzlich bedienen auch die führenden Digitalkonzerne neu geweckte Kundenbedürfnisse. Sie leichtfertig zu verteufeln, wäre deplatziert, solange sie zahllosen Konsumentenwünschen entgegenkommen. Der beste Schutz vor der Gefahr einer allzu manipulativen Nutzung der Datenpools ist es, neuen Anbietern Chancen zu bieten und den Wettbewerb nicht zu behindern. Mit neuen, eventuell besseren Geschäftsmodellen, die sich auch am Markt durchsetzen, könnte Machtmissbrauch am besten begrenzt werden. Gefordert ist auch der kritische Kunde, der die angebotenen Anwendungen nicht kritiklos übernimmt, sondern sie auf seinen persönlichen Nutzen hin prüft und einige Nutzungs- oder Speichermöglichkeiten einfach abschaltet. Ein Beispiel wäre die Weitergabe von Bewegungsprofilen.[413] Hier besteht auch ein Bildungsauftrag.

Positive Signale kommen aber auch von jugendlichen Vielanwendern, wie Manfred Spitzer im Zusammenhang mit deren Nutzung des Smartphones beschreibt: »Es unterbricht uns beim Singen, beim Fußballspielen, bei allen möglichen Tätigkeiten. Das Smartphone ist damit der Willensbildungskiller Nummer eins. Das hat auch die Jugend verstanden: Das Jugendwort des Jahres 2015 war ›Smombie‹, eine Kombination aus Smartphone und Zombie – und ein Zombie ist ein seelen- und willenloser Mensch. Und das zeigt, dass junge Menschen verstanden haben, worum es geht. Es gibt einen Willensbildungsprozess, der Tausende oder sogar Millionen von kleinen Willensbildungsakten benötigt, um zum Erfolg zu führen – und genau dies wird durch ein Smartphone gestört.« [414] Wie Manfred Spitzer erkennt auch Matthias Horx einen Gegentrend, der einen vorsichtigeren Umgang mit digitalen Medien einleitet: »Mehr und mehr Menschen ziehen Bilanz und hinterfragen die Heilsbotschaft des Digitalen. Führt das Internet wirklich zu mehr Wissen, besserer Information, guter Kommunikation und höherer Produktivität?«[415]

Diese Gegenbewegung macht Hoffnung, dass wir Bürger unsere Autonomie und Selbstverantwortung doch nicht willenlos an Digitalkraken übertragen, die uns dann auch noch übervorteilen. Digitale Medien sind somit nicht per se fragwürdig, denn die vernetzte Welt bietet auch Lösungsansätze, um die Zukunft wieder auf dem festen Boden freiheitlicher und demokratischer Werte zu gestalten. So können Diktaturen dank des Internets freie Meinungsäußerungen schlechter im Zaum halten und so den »Shitstorm« und »Brainstorm« entrüsteter Bürger nicht mehr unterdrücken. Lokale Proteste werden so schnell zu einer globalen Nachricht. Vor dem Hintergrund eines nicht zu unterdrückenden internationalen Kreativitäts- und Freiheitswettbewerbs sind nationale Insellösungen zu Recht auf dem Rückzug. Nationalismus, obwohl derzeit durch vielfältiges Politikversagen, nicht zuletzt in der EU, wieder populär, ist die falsche Antwort auf globale Herausforderungen!

Mit der steigenden Verfügbarkeit von internationalen Alternativinformationen und der zunehmenden Mobilität der Jugend sind nationale Alleingänge ein Auslaufmodell. Freiheit wird zwangsläufig immer mehr zu einem universellen Gut. Die Abschottung über Mauern, die wie die DDR zeigte, nur temporär funktionierte, gelingt in einer digitalisierten Welt nicht mehr.

Die vernetzte Welt bietet daher Möglichkeiten zu mehr Freiheit, Demokratie und Wettbewerb, wenn keine national-protektionistischen Mauern dies behindern. Für kleine, innovative Mittelständler bieten sich auch hier neue Expansionsfelder. Entsprechend des von Joseph A. Schumpeters geprägten Begriffs der »kreativen Zerstörung« verschwinden alte Strukturen, die sich im Wettbewerb um die besten Kundenlösungen nicht bewähren. In einem globalen Wettbewerb, in dem um die besten Ideen gerungen wird, ist die Konservierung des Bestehenden fast immer ein Rückschritt.

Starre Arbeitszeiten, Mitarbeiterkontrolle über die Zeiterfassung und unflexible Großorganisationen wirken so betrachtet wie Fossile des letzten Jahrhunderts, in dem der militärisch-industrielle Arbeitsdrill noch konserviert wurde. Eine streng zu beachtende Einhaltung der Hierarchiestuften trat hinzu.

Optimistisch interpretiert schafft die Digitalisierung für uns neue Freiheitsspielräume, wenn man die industrielle Knechtschaft zur Benchmark erhebt. Unsere Emanzipation von solchen Sachzwängen, einer gesundheitlich oft belastendenden monotonen Tätigkeit, ist dann als klarer Fortschritt zu werten. Kreativität können wir so besser als bisher ausleben. Aber nicht nur aus individueller Perspektive ergeben sich enorme Chancen, auch die Firmen profitieren, wenn sie das Potenzial nutzen.

Alles zu hinterfragen und immer besser zu werden, war schon immer das Motto erfolgreicher Unternehmen. Die Sicherung von Wettbewerb und Freiheit muss heute dazukommen, und hierzu bedarf es einer stärkeren gesellschaftspolitischen Unterstützung. Die Demokratie als bürgernahe Gestaltung der Gemeinschaftsordnung muss immer wieder neu erkämpft werden. Die beliebte Politik der staatlichen »Förderung des Wachstums« ist demzufolge nach Friedrich A. von Hayek eine »Anmaßung des Wissens« durch Politiker und daher abzulehnen. Ludwig Erhard setzte, wie bereits eingangs erwähnt, auf eine gestaltende Ordnungspolitik und kritisierte die Wachstumspolitik scharf:

»Die Entthronung des realen Konsumenten durch fiktive Wachstumsziffern hat noch eine andere bedeutsame Folge: einen Wandel im Stil der Wirtschaftspolitik, der die Konsumenteninteressen immer mehr zugunsten des Produzenteninteresses in Vergessenheit geraten läßt. Denn Wachstumspolitik bedeutet [...] eine Wiederbelebung des Arsenals der merkantilistischen Wirtschaftspolitik des achtzehnten Jahrhunderts unter völliger Hintenansetzung aller Argumente, die seither gegen die einseitige Produzentenorientierung der Wirtschaftspolitik vorgebracht worden sind«.[416]

So dachten viele sozialistisch-interventionistisch geschulte Politiker, die auch Innovationen und Wachstum von oben verordnen wollten. Das fast regelmäßige Scheitern der vielen staatlich geförderten neuen »Silicon Valleys« – vor allem in Europa – ist eine Warnung, die nicht überhört werden sollte. Für kreative Innovation müssen die Rahmenbedingungen stimmen. Das heißt dann eben weniger Staat und mehr Eigeninitiative, ein gutes Forschungsumfeld und die Bereitschaft von Wagniskapitalgebern, in neue zukunftsweisende Ideen zu investieren. Der offene Informationsaustausch und eine Kultur, die auch Scheitern als Ansporn dafür ansieht, es künftig besser zu machen, ist nun einmal vorrangig in den USA anzutreffen und nicht in den überbürokratisierten EU-Staaten Frankreich oder Deutschland, die sich traditionell starken staatsozialistischen Strömungen nur schwer widersetzen können.

Der Staat kann allenfalls »Steigbügelhalter« für unternehmerische Innovationen sein, zum Beispiel durch die Bereitstellung ausreichender Infrastruktureinrichtungen. Heute würde man eher von »Plattformen« sprechen, auf denen sich Märkte entwickeln können.[417] Auf diese Weise kann sich Wettbewerb entfalten, der heute nur noch global denkbar ist. Auch hier ist noch viel zu tun, beispielsweise durch das Setzten sinnvoller Standards. Auch faire internationale Freihandelsabkommen tragen dazu bei[418].

Fazit: Die führenden US-Digitalkonzerne sind Teil von ›Corporate America‹. Liberale Wirtschaftspolitiker wie Ludwig Erhard hätten diese Formen kartellierter Macht sicher verworfen und auf den Wettbewerb durch neue Anbieter gesetzt, die nicht behindert werden dürfen. Es bedarf aber auch eines aufgeklärten Bürgers, der sich von den digitalen Medien nicht vereinnahmen lässt. Hier besteht ein Bildungsauftrag. Vor allem aber muss die Neuausrichtung von uns selbst kommen. Erste positive Signale sind hier erkennbar.

29. Mehr Eigenverantwortung ermöglichen!

» Auf der Seite des Verbrauchers bedeutet Freiheit, dass jeder Einzelne in freier Konsumwahl […] *sein Leben so gestalten kann, wie es seinem eigenen Willen und seinen Vorstellungen von Glück, Zufriedenheit und Würde entspricht.«*

Ludwig Erhard[419]

Grundsätzlich bietet die Digitalisierung durchaus Chancen zu mehr Selbstverantwortung im Sinne Ludwig Erhards. Letztlich muss es das Ziel sein, dass die Vorteile der ›permanenten Connectivity‹, des schnelleren sozialen Austausches, des Verzichts auf längeres Warten und Big Data uns Bürgern nachhaltig zugutekommen. Um dies zu erreichen, ist ein freiheitssichernder Datenschutz und ein »Wettbewerbsdruck von unten« notwendig. Neue Anbieter mit innovativen Ideen dürfen nicht dadurch ausgebremst werden, dass monopolistisch agierende Digitalkonzerne, die ihre Steuerzahlungen auf ein Minimum reduzieren, ein Kartell mit nicht zu überwindenden Eintrittsbarrieren bilden. Ganz im Gegenteil: Wer den Markt unfair abschöpft, sollte – und da müssen die Regierungen weltweit kooperieren – durch höhere Steuern belastet werden als junge Start-up-Unternehmen. Das hört sich unrealistisch an, aber erste Bemühungen, auch in der Europäischen Union, zeigen in die richtige Richtung.

Mehr Eigenverantwortung schafft grundsätzlich auch die globale Vernetzung der Arbeitskraft. So ist durch die Digitalisierung eine Befreiung von entwürdigender »Arbeitsknechtschaft« möglich, die zum Beispiel mit monotoner Fließbandarbeit verbunden war. Man denke nur an den Film *Moderne Zeiten* von Charles Chaplin aus dem Jahr 1936, in dem Charlie ins Räderwerk der Produktion geriet. Entmenschlichte Arbeitsbedingungen – im Idealfall können wir sagen: »Das war einmal.«

Die internationale Vernetzung führt zu einem riesigen globalen Markt für Arbeitskräfte. Auf diesem »Markt« gibt es keine festen Arbeitszeiten. Es zählt das Können und das Ergebnis. Kundenorientierung zählt auf diesem Markt, die lokale Nähe zum Endverbraucher dagegen kaum,[420] und die Eigenverantwortlichkeit wird auch nicht mehr durch Vorgesetzte beeinträchtigt. Damit wird auch Kollektivismus reduziert. In dieser neuen Arbeitswelt hat jedoch die Beachtung fairer Grundregeln eine hohe Priorität, um keine sozialen Härten entstehen zu lassen. Gerade in den unterentwickelten Staaten bieten sich somit Chancen, sich mit eigener Kraft hochzuarbeiten. Derzeit arbeitet dort der größte Teil noch weitgehend ohne Ausbildung und oft in gesundheitsgefährdenden Einsatzgebieten.

Vielfach fehlt auch noch ein Bewusstsein für faire Grundregeln Trotz dieser Hindernisse – typisch für gescheiterte Staaten – ist ein Entrinnen aus solchen perspektivlosen sozialen Strukturen möglich, wenn auch bislang nur für eine Minderzahl, die in der Lage ist, die Chancen auf dem digital bestimmten Markt für Arbeitsleistungen zu nutzen. Durch den steigenden internationalen Wettbewerb werden die Arbeitslöhne in den hochentwickelten Ländern weiter unter Druck stehen. Die Finanzierbarkeit der weit ausgebauten Sozialsysteme wird weiter auf den Prüfstand gestellt[421] – und damit nationale Insellösungen, auch bei der Alterssicherung – Stichwort ›Generationenvertrag‹.

Die Frage bleibt, wie lange wir uns einen solchen sozialen Luxus noch leisten können. Ludwig Erhard stand für Freihandel und Offenheit, aber nicht für Wohlfahrtsstaaten, die zu Lasten der Arbeitnehmer und Steuerzahler Nichtstun subventionieren, daher hätte er sicher das ›bedingungslose Grundeinkommen‹, das sogar von einigen Liberalen[422] gefordert wird, abgelehnt. Das müsste im digitalen Zeitalter preisgünstiger Mobilität, wenn überhaupt, international gezahlt werden. Da eigene Leistungen unterbleiben können, wird die Eigenverantwortung geschwächt. Das wäre dann auch im Sinne der Digitalkonzerne, die als kartellierte Macht die Relevanz staatlicher Deutungshoheit auch in sozialen Belangen infrage stellen können.

Die Digitalkonzerne haben heute ein leichtes Spiel. Sie sind inzwischen nach Yvonne Hofstetter in der digitalen Welt »die Herrscher und nicht der klassische Staatsapparat«.[423] Da die digitale Welt sozial immer relevanter wird, ist dies eine starke Aussage, die wie ihr Buchtitel suggeriert, »das Ende der Demokratie« einläuten könnte. Mehr Eigenverantwortung zu wagen, wird in dieser neuen Situation schwierig. Vor allem, wenn man folgende Vision ernst nimmt, die unserem Prolog ähnelt: »Nicht ein ›Zentralkomitee der Maschine‹, sondern die Umgebungsintelligenz des Internet of Everything wird die Menschen steuern. Noch bevor dein smarter Wecker morgens klingelt, ist dein Haus schon wach. Deine Kaffeemaschine kocht den Kaffee so, wie er heute für dich am besten ist, und ein autonomes Auto ist schon auf dem Weg zu dir, um dich zum ersten Termin des Tages zu chauffieren. Deine aktivierte Umgebung normiert und strukturiert dich, weil du ihr das Management deines Lebens komplett überlassen hast.«[424]

Was für eine schöne Welt! Die komplette Optimierung und Ökonomisierung unseres Alltags steht uns bevor, wenn wir uns das gefallen lassen.[425] Leider haben wir uns von den Politikern schon ein schönes Stück in eine derart betreute Welt hineinführen lassen. Deutschland ist ein gutes Beispiel dafür, dass sich die Bürger ohne Not einen Sozialstaat haben aufdiktieren lassen, der zunehmend unbezahlbar ist und ihnen die Eigenverantwortung nimmt.

Bereits unter Kanzler Willy Brandt wurde mit dem Rentenreformgesetz 1972 die Sozialversicherung komplett umgestellt. Bis dahin war sie noch nach dem Versicherungsprinzip konstruiert, das heißt, die gewährten Leistungen standen in einem vereinbarten Verhältnis zu den eingezahlten Beiträgen. Mit der Einführung von Mindestrenten wurde schließlich der generelle Versorgungscharakter in den Vordergrund gerückt. Und mit der Integration der Bürger aus der früheren DDR wurde ein neuer Erfahrungsschatz einer Rundumbetreuung – die Sicherung »sozialer Errungenschaften« und eine autokratischere Führung – übernommen. Der Wandel von der Bonner zur Berliner Republik war auch mit noch weniger Eigenverantwortung der Bürger verbunden.[426] Durch die Übernahme finanzieller Lasten durch die Bürger Westdeutschlands wurden zwar soziale Härten in der Bevölkerung in der bankrotten Ex-DDR weitgehend vermieden. Der 1991 eingeführte Solidaritätszuschlag zeigt die Beharrungskraft fragwürdiger sozialer Besitzstände.[427]

Die permanenten Rekorde bei den Steuereinnahmen aus Einkommen zeigen, wie durch die kalte Progression die Ungerechtigkeiten im umverteilenden Sozialstaat verstärkt werden. Steuersenkungsspielräume werden nicht genutzt.[428] Politische Entscheidungen in der EU könnten ein Grund sein, dass deutsche Politiker hier sehr zögerlich sind und den Weg zu einer ›Kleptokratie‹ ebnen. So hat der französische Präsident Emmanuel Macron die Mehrheit der südeuropäischen Staaten hinter sich, um seine europäische Agenda durchzuziehen. In Frankreich könnte er zur Not mit Dekreten durchregieren. Statt innenpolitisch umstrittener Reformen bleibt als Alternative eine weiter verstärkte Umverteilung in der EU. Macron könnte die bislang umstrittenen Eurobonds durchsetzen. Neue EU-Gemeinschaftssteuern und zentral gelenkte Investitionen stehen in Aussicht. Mehr Europa heißt dann auch weniger Sparsamkeit und wenn es schlecht läuft, eine bürokratische Kapitallenkung, die in Brüssel und Paris konzipiert wird. Das wäre dann eine Art »EU-Planification«, die vor allem für Großunternehmen lukrative Aufträge sichert. Jean-Claude Juncker wird Macron nicht bremsen – im Gegenteil. Er sprach sich immer gegen Sanktionen gegen Frankreich aus. Dieses »mehr Europa!« wird absehbar sehr teuer für inländische Sparer und Steuerzahler.

Den sich so verstärkenden Kollektivismus geißelten Friedrich A. von Hayek und Ludwig Erhard. Gleichzeitig ebnete die Schwäche der Politik den Boden für einträgliche Geschäftsmodelle von Datenkraken. Wenn die Ordnungspolitik scheitert und der Bürger nicht mehr im Fokus steht, um seine Geschicke selbst zu bestimmen, werden dies die professionellen Datenverwerter zu nutzen wissen. Yvonne Hofstetter beschreibt die Machtübernahme von Maschinen mit künstlicher Intelligenz wie folgt:

»An einem Wintermorgen werden wir von unserem vernetzten Wecker geweckt. Um uns zu wecken, hat er eine Melodie gewählt, die unserer seelischen Verfassung entspricht. Darüber hat er sich zuvor mit unserem smarten Armband abgestimmt, das unsere Stimmungslage aus dem Schlafverhalten und vielen anderen nächtlichen Messwerten unseres Körpers berechnet und für den Rest des Tages auf der Basis unserer gesundheitlichen Historie hochrechnet. Auch die Daten unserer Bettdecke sind in die Analyse eingegangen. Während der Nacht misst ihr intelligentes Gewebe Außen- und Körpertemperatur und verändert sich fließend vom wärmenden zum kühlenden Gewebe. Und noch bevor wir einen Fuß aus dem Bett gesetzt haben, ist unser Haus schon aufgestanden. Der vernetzte Heißgetränkeautomat bereitet gerade die Morgenmischung für uns zu, die heute genau die richtige für uns ist. Leider gibt es keinen Kaffee. Stattdessen hat die Maschine grünen Tee gewählt. Heute ist nur Tee die gesunde Wahl. Das hat wohl unser Fitnessarmband so beschlossen.

Inzwischen hat unser Terminkalender Kontakt zu einem autonomen Tesla aufgenommen. Der Wagen ist schon unterwegs zu uns und stimmt sich gerade mit unserem persönlichen Softwareassistenten über unseren Tagesablauf ab. Die Zeiten, die wir im Sitzen oder Stehen verbringen werden, vergleicht er mit unserem persönlichen Kalorienverbrauch und erstellt ganz nebenbei unseren individuellen Bewegungs- und Mahlzeitenplan für den aktuellen Tag.«[429]

Von einem solchen Alltag sind wir eventuell nicht mehr weit entfernt, worauf auch unser Prolog hinweist. Die Reißleine zu ziehen, wird immer schwieriger. Bequemlichkeit wird zur Falle. Ein selbst bestimmtes freiheitliches Leben muss auf die vielen Helfer verzichten. Eigenverantwortung ist dann eine entschiedene Abwehr gegenüber dem neuen Kollektivismus der Datenkraken. Sie zocken uns zwar bereits anhand unserer freiwillig an sie gelieferten Daten ab. Aber das könnten wir heute noch steuern und verhindern. Die Vereinzelung – ein Leben mit wenig ausgeprägten, festen sozialen Bindungen wie sie beispielsweise eine Familie schafft – bereitet, zusammen mit einem weitgehend fehlenden Risikobewusstsein den idealen Boden für eine noch stärkere Herrschaft der Digitalkonzerne. Hier gilt dann wieder, wer die Daten hat, hat die Macht.

Es fällt dann leichter, individuell und kollektiv zu lenken und die Vertreter der Staaten werden zu Marionetten. Sie können in dem fragwürdigen Spiel um Datenmacht und Geld als Statisten mit auftreten, zu sagen haben sie nichts mehr. Sie müssen sich aber nachsagen lassen, dass sie erst durch die Rundumbetreuung ihrer Bürger und die Schwächung der Eigenverantwortung ganz wesentlich dazu beigetragen haben, dass die Manager der Digitalkonzerne jetzt das Zepter in der Hand halten.

Fazit: Es geht um Datenmacht und um viel Geld. Wenn sozialistisch geprägte Betreuungsstaaten uns Bürgern die Eigenverantwortung entziehen, tragen sie eine wesentliche Mitschuld daran, dass wir uns so bequem und kritiklos auf die Verheißungen kommerzieller Datenkraken einlassen. Das staatliche Imperium kann dann nicht mehr zurückschlagen, da es weitgehend zahnlos ist.

30. Zum Schluss

Mit der steigenden, internationalen Verfügbarkeit von Alternativinformation und der zunehmenden Mobilität funktionieren nationale Insellösungen immer weniger. Freiheit wird so zu einem universellen Gut. Die Abschottung über Mauern gelingt in einer digitalisierten Welt nicht mehr. Als positive Vision bleibt, dass die vernetzte Welt größere Möglichkeiten zur Schaffung von mehr Freiheit, Demokratie und Wettbewerb bietet. Wir müssen es nur wollen und als Bürger einfordern. Dies sollte nicht über anonyme Institutionen erfolgen, die selbst originäre Machtpolitik aufbauen wollen, sondern als politisches Engagement jedes Einzelnen in einer funktionierenden Demokratie.[430] Genießen wir unsere Freiräume, soweit diese noch rechtlich – mit Aussicht auf Erfolg – geschützt sind. Wenn die Gewaltenteilung nicht mehr funktioniert, ist eine willkürliche Steuerung und Überwachung der Bürger nicht auszuschließen.

Es bedarf eines umfassenden politischen Engagements, um die drohende ›digitale Knechtschaft‹ zu verhindern. Um es konkret zu formulieren: Geben Sie den staatlichen Überwachern und den internationalen Datenkraken nicht zu viel Macht, lassen Sie sich nicht fremdsteuern. Schuld haben wir selbst, wenn wir dies zulassen.[431] Die Glückserfahrung, uns selbst zu beweisen und unser Leben selbst zu gestalten, würde uns sonst genommen werden. In Krisen, die seit dem Ausbruch der Weltwirtschaftskrise 2007 zum Dauermodus geworden sind, ist die Faszination für einfache Lösungen für viele zwar nachvollziehbar, aber gefährlich.

Sie unterstützen dann zu Ihren Lasten das Machtstreben weltumspannend tätiger Digitalkonzerne oder staatlicher Überwacher, die oft auch im Verbund tätig sind. Da die Bürger es per Saldo zulassen, dass mit ihren persönlichen Daten ein schwunghafter, kommerzieller Handel betrieben wird, verlagert sich die rechtliche Positionierung. Wem gehören die Daten? Uns immer weniger, wenn wir nicht Schranken aufzeigen. Flächendeckende ›Zwangsdigitalisierung‹ ist dann die logische Folge. Dieser Schritt ist nicht mehr weit, wenn Politiker auch in Deutschland den Datenschutz, der unsere persönlichen Freiheitsrechte sichert, aushebeln[432]. Die Verfasser hoffen, dass das nicht passiert. Es wäre der Anfang vom Ende der Demokratie und der Freiheit.

Es ist zu befürchten, dass unsere Daten ökonomisch wie rechtlich zu einer Ware verkommen und wir damit auch immer mehr zu Produkten anderer werden. Dann bleibt nur die Hoffnung, dass ein funktionierender Wettbewerb die entstehende Macht wieder zerstört. Vor diesem Hintergrund könnten die als gefährlich geltenden Datenkraken in einem Schumpeterschen Prozess der kreativen Zerstörung gezwungen werden, sich neu zu erfinden, um den Kundenwünschen noch besser als bisher zu entsprechen. Im Idealfall werden neue Player kommen und die Märkte aufrollen. Heute noch große und weltumspannende Digitalkonzerne könnten wie einst Nokia wieder bedeutungslos werden. Auf diesen Wandel zu setzen, würde die digitalen Giganten von heute älter aussehen lassen, als wir uns das derzeit vorstellen können. Dazu bedarf es aber freier Märkte mit internationalen Maßstäben für Missbrauchsaufsicht und Schutz vor einer unfreiwilligen Weitergabe persönlicher Daten. Hier entsteht für Juristen ein weites neues Feld. Die Monopolisierung persönlicher Bewegungsdaten darf den Wettbewerb, nicht zuletzt in Form einer kreativen Zerstörung, nicht verhindern.

Persönlicher Datenschutz, das ist leider zu erwarten, wird zu einer Restgröße der Frage der Wettbewerbssicherung und damit der Machtbegrenzung großer Konzerne. Es kann in einigen Jahren aber auch sein, dass wir uns an die eigene Nase fassen und feststellen müssen, dass wir es als zu sorglose Bürger »verbockt« haben. Vielleicht ist es jetzt schon zu spät, um den Zug, der in die falsche Richtung fährt, noch zu stoppen, weil wir den Schutz unserer eigenen Daten nicht ausreichend beachteten. Wir hoffen allerdings, dass wir noch rechtzeitig umschwenken können. Dieses Buch soll dazu einen Beitrag leisten. Datenschutz ist wichtiger denn je!

Die Digitalkonzerne streben – ökonomisch nachvollziehbar – durch die Kenntnis und kommerzielle Steuerung anhand ihrer Daten eine Monopolstellung an. Bislang steht eine wirkungsvolle internationale Kartellkontrolle aus. Die Datenkraken sind nämlich meist mit den Großmächten (zum Beispiel den USA oder China) eng verbunden. Dies erfolgt sogar in deutlicher Absprache mit den Regierungen, oder aus vorauseilendem Gehorsam.

Die sogar bewusst geförderte Etablierung mächtiger, international tätiger Digitalkonzerne ist extrem bedrohlich. Die Datenkraken könnten zunächst harmlos wirken, da es ihnen ja »lediglich« um kundennahe kommerzielle Lösungen geht. Ab einem gewissen Punkt dürften aber auch die Staatsvertreter an einer stärkeren Nutzung ihrer Daten interessiert sein. Nach dem Motto »Das Imperium schlägt zurück« könnten sie die Macht über uns Bürger nicht nur zurückgewinnen, sondern die vorliegenden technischen Möglichkeiten für eine autokratische Herrschaft nutzen wollen. In einem solchen Umfeld werden Machtausübung und Überwachung dann eingesetzt, um vermeintlich Demokratie und Freiheit zu garantieren.[433] Die sollten die Bürger aber selbst schützen und diese Aufgabe nicht an unsere Wächter übertragen, die nur ihre eigene Machtspielräume vergrößern wollen. Werden Sie daher aktiv in politischen Parteien, um einen autokratischen Staat ›DDR 2.0‹ zu verhindern!

Der neue digital gestützte Totalitarismus geht über George Orwells *1984* inzwischen weit hinaus. Technisch kann man heute viel mehr. Winston Smith wusste, dass er laufend überwacht wurde. Wir wissen es dagegen nicht oder verdrängen es. Das ist weit schlimmer. Es fehlt am Problembewusstsein, sodass die Digitalisierer heute ein leichtes Spiel haben, um Vorteile aus der Arglosigkeit und Passivität von uns manipulierten und überwachten Bürger zu ziehen. Wenn wir uns daran gewöhnt haben und dauerhaft von den bequemen

Hilfen abhängig wurden, sind wir »am Haken«. Die zugeschnappte Falle bedeutet dann eine alternativlose Entmündigung. Es ist völlig offen, ob wir da wieder herauskommen. Der neue Mensch, der von Konzernen und vom Staat smart überwacht, manipuliert, digital gesteuert und besteuert und so enteignet wird, gleicht dann den Haustieren, die Kant beschreibt: »Daß der bei weitem größte Theil der Menschen (darunter das ganz schöne Geschlecht) den Schritt zur Mündigkeit, außer dem dass er beschwerlich ist, auch für sehr gefährlich halte: dafür sorgen schon jene Vormünder, die die Oberaufsicht über sie gütigst auf sich genommen haben. Nachdem sie ihr Hausvieh zuerst dumm gemacht haben und sorgfältig verhüteten, dass diese ruhigen Geschöpfe ja keinen Schritt außer dem Gängelwagen, darin sie sie einsperrten, wagen durften, so zeigen sie ihnen nachher die Gefahr, die ihnen droht, wenn sie es versuchen allein zu gehen.« [434] Der wichtige Wahlspruch der Aufklärung von Kant ›Sapere aude!‹, beziehungsweise ›Habe Muth dich deines eigenen Verstandes zu bedienen!‹ ist aktueller denn je[435], vor allem vor dem Hintergrund sedierender Nachrichten, die politische und ökonomische Alternativentscheidungen erschweren.[436] Wir bleiben unseres eigenen Glückes Schmied, wenn wir das wollen. Denn wir ermöglichen fast schon freiwillig die Knechtschaft angesichts der oft hemmungslosen oder zumindest unbekümmerten Datenweitergabe.[437] Wir sollten, auf die digitale Welt übertragen, eigenverantwortlich die Chancen der Digitalisierung nutzen, die Risiken erkennen und damit auf den Schutz der eigenen Daten und das Recht daran bestehen, und eben nicht zu unkritischen »Digioten« verkümmern, die sich fremdsteuern lassen.

Hilfestellungen für einen entspannten Umgang mit der Digitalisierung

Nach der Aufzählung all der großen wirtschaftlichen und machtpolitischen Verknüpfungen sowie der technologischen Probleme der Digitalisierung, werden Sie wohl zum Schluss kommen, dass Sie doch gar keine Chance haben, irgendetwas davon zu verhindern oder aufhalten zu können.

Wir möchten daher – neben dem grundsätzlichen Hinweis auf einen bewussteren Umgang mit den eigenen Daten und einem möglichen politischen Engagement[438] – auch auf eine ganz andere Betrachtung des Themas aufmerksam machen.

Zuerst einmal geht es darum, die eigene Abhängigkeit von all den digitalen Errungenschaften zu lockern und möglichst weitgehend zu entspannen. Ein erster Schritt kann zum Beispiel darin bestehen, auf digitale Kommunikation regelmäßig an einem Wochentag oder auch nur für ein paar Stunden in der Woche vollständig zu verzichten. Das wäre dann so etwas wie ein freiwilliger Verzicht auf die Nutzung des Autos am Sonntag. Das Handy ist dann temporär offline. Der Fernseher bleibt, ebenso wie alle anderen kommunikativen Einrichtungen (Telefon, Computer, etc.) einfach einmal aus. Die so gewonnene Zeit können Sie dann bewusst für Dinge in unserer analogen Realität nutzen. Sie könnten beispielsweise ein entspanntes Bad nehmen, Schwimmen gehen, einen Spaziergang in der Natur machen oder auch »nur« meditieren, oder sich mit sich selbst beschäftigen; hierzu später noch mehr.

Wichtig ist es hierbei, dass wir uns wirklich regelmäßig ein solches Zeitfenster nehmen, um ganz bewusst in unsere analoge Realität zu gehen. Nehmen Sie einfach einmal wahr, was eine solche Auszeit mit

Ihnen macht. Sie können sich auch einmal fragen: War es gestern wirklich notwendig, alle Twitter-Nachrichten oder alle WhatsApp-Neuigkeiten etc. sofort zu lesen? Was wäre passiert, wenn Sie nicht sofort auf die neuesten Meldungen reagiert hätten? Hat sich die eine oder andere Nachricht vielleicht sogar von selbst erledigt, ohne Ihre sofortige Reaktion darauf? Wie wichtig war demzufolge Ihre sofortige Reaktion?

Es gibt weitere interessante Möglichkeiten, dem Druck, ständig digital online sein zu müssen, auszuweichen. So könnten wir durch Meditation besser zu uns selbst finden, Geist und Körper schonen sowie uns mit mehr Achtsamkeit begegnen. Weltweit sind in vielen Kliniken zum Beispiel die Meditations- und Achtsamkeitsmethoden von Jon Kabat-Zinn[439] mittlerweile ein wissenschaftlich anerkanntes Standardprogramm, um die Heilung aller möglichen Krankheiten zu unterstützen. Eine Meditation kostet nicht viel Zeit, verschafft körperliche und geistige Erholung, stärkt das Immunsystem und eröffnet vor allem neue Perspektiven in Bezug auf die eigene Wahrnehmung und Verarbeitung der von uns empfundenen Realität.

Der Begriff ›Meditation‹ bedeutet nicht unbedingt, im Schneidersitz auf einem esoterischen Kissen zu sitzen und körperlich und gedanklich zu entspannen. Meditation und Achtsamkeit gehören zusammen und lockern die Verbindung zu unserem Verstand, unserem Ego und Ich-Sein. In unserer westlichen Gesellschaft haben wir unseren Verstand gleichgesetzt mit unserem Ego beziehungsweise dem »Ich bin mein Verstand«. Hier wirkt der berühmte Satz des Philosophen René Descartes nach, »Cogito ergo sum« oder »Ich denke, also bin ich«.

Wir sind darauf trainiert, nur das gelten zu lassen, was wir mit unserem Verstand erfassen und begreifen können. Daher identifizieren wir das ständige »Geplapper« im Kopf, welches unser Verstand beziehungsweise unser Ego kontinuierlich abfeuert, mit uns selbst. Wir sind unser Verstand. Ich bin, was mir mein Ego kontinuierlich im Kopf an Gedanken produziert.

Wer sich hingegen einmal auf eine Meditation oder Achtsamkeitsübung eingelassen hat, lernt etwas völlig Neues. Jeder Mensch, der während einer Meditation oder Achtsamkeitsübung einmal selbst erlebt hat, wie das Geplapper im Kopf plötzlich weg ist, und sei es nur für Sekunden, kommt um die **eine** wesentliche Erkenntnis nicht herum: Es gibt hinter dem, was wir als unser Ego oder unser »Ich« definieren, noch ein tiefergehendes Bewusstsein. Denn nur wenn es diese Entscheidungsinstanz gibt, können wir auch erklären, dass es etwas hinter unserem Ego in uns gibt, das das Geplapper im Kopf abstellen kann und uns ins Hier und Jetzt bringt. Etwas, was dem Ego und dem Verstand sagt: »Jetzt halte mal die Klappe und sei ruhig.«[440]

In unserer heutigen westlichen Gesellschaft leben wir so gut wie gar nicht mehr im Hier und Jetzt, sondern sind ständig in Gedanken damit beschäftigt, was wir noch erledigen müssen, wie sich die nächsten Tage entwickeln könnten oder wie uns der Kollege gestern auf die Palme gebracht hat. Ständig werden wir von außen unter Druck gesetzt, uns zu optimieren und noch mehr in noch weniger Zeit zu erledigen.

Mit der zunehmenden Reizüberflutung geht das Gefühl dafür verloren, was wirklich wichtig ist. Weniger ist mehr, oder wie der Dichter Maxim Gorki formulierte: »Je weniger der Mensch braucht, desto glücklicher ist er. Je mehr Wünsche er hat, desto weniger Freiheit hat er.« [441] Und umso weniger Muße und Zeit zum Zurücklehnen und Entspannen, könnte man hier ergänzen. Dies ist angesichts der Reizüberflutung und Hektik, die durch die Digitalisierung verstärkt wird, immer weniger möglich.

Ständig produzieren unser Ego und unser Verstand einen unaufhörlichen Gedankenfluss, der sich mit der Vergangenheit oder der Zukunft beschäftigt, um unser Bild von uns selbst zu verstärken.

Leben findet aber immer nur im Jetzt statt, nie in der Vergangenheit oder Zukunft. Im Hier und Jetzt sind wir völlig konzentriert bei der Sache, die wir gerade erleben oder ausüben. Das kann zum Beispiel sein, wenn wir mit unserem Hund spazieren gehen, unseren Kindern entspannt beim Spielen zusehen oder intensiv Sport betreiben. Dann treten die sonst ständig auftauchenden Gedanken in den Hintergrund, und wir erleben fast immer eine freudige Erfahrung, die uns glücklich macht und entspannt. Dies ist auch eine Form von Meditation, die vor der Massenverbreitung moderner Kommunikationsmittel kaum notwendig war. Der raschen Verbreitung vieler unwichtiger und oberflächlich recherchierter Nachrichten, müssen wir offensiv und durch Entschleunigung verstärkt entgegentreten: Zu unserem eigenen Schutz, der Vermeidung eines gesundheitlich belastenden Dauer-Alarmismus, sollten wir nicht immer online sein.

Der frühere Oberkirchenrat und Kreisdekan von München, Oscar Daumiller, beschrieb 1961 die Vorzüge seiner kleinen Geburtsstadt Memmingen, die auch heute noch gute Argumente für eine bewusste Entschleunigung liefern: »Der Fuß des Lebens ging ruhiger und gemütlicher dahin. Man wurde nicht, wie es heute der Fall ist, so von Eindrücken überschwemmt, daß man sie innerlich kaum mehr verarbeiten konnte. Man erlebte weniger, aber man erlebte es tiefer. Das einzelne wurde bedeutsam. Hier bestand die Möglichkeit einer zwar nicht alles umfassenden, aber gründlichen Bildung.«[442] Daumiller beschrieb eine kleinstädtische Welt vor 1900. Die heutige Reizüberflutung war 1961, zum Zeitpunkt des Erscheinens des Buches, vermutlich noch unvorstellbar.

Das zur Ruhe kommen, wird gerade in der Hektik des Alltags wichtiger denn je. Kontemplation ist in allen Religionen verbreitet. Wie Max Weber feststellt, bedarf die Kontemplation, »um zu ihrem Ziel zu gelangen, stets der Ausschaltung der Alltagsinteressen. Nur wenn das Kreatürliche im Menschen völlig schweigt, kann Gott in der Seele reden, nach der Erfahrung der Quäker, mit welcher nicht den Worten, wohl aber der Sache nach, alle kontemplative Mystik, von Laotse und Buddha bis zu Tauler, übereinstimmt«.[443] Das Abschalten und bewusste Konzentrieren auf Dinge außerhalb unseres Alltags, der heute mehr denn je ökonomisiert ist und auf das schnelle

Funktionieren setzt, hat eine lange Tradition und ist als notwendiges Korrektiv unseres Erachtens wichtiger denn je.

Die Kirche verteufelt die heutigen Techniken nicht, sondern überlässt es dem Menschen, sie angemessen zu nutzen. Hierzu beispielsweise Papst Franziskus: »Auch E-Mail, SMS, soziale Netze und Chat können Formen ganz und gar menschlicher Kommunikation sein. Nicht die Technologie bestimmt, ob die Kommunikation authentisch ist oder nicht, sondern das Herz des Menschen und seine Fähigkeit, die ihm zur Verfügung stehenden Mittel gut zu nutzen«.[444]

Einfache Beispiele für Entschleunigung und Achtsamkeit sind:

- Einen Apfel bewusst schälen und essen. Das bedeutet das Messer zu spüren, zu erfassen, wie es mit seiner Schärfe die Schale vom Apfel trennt. Wie sich der Apfel in seiner Struktur und Oberfläche anfühlt. Wie er riecht und schmeckt. Welche Form das abgeschnittene Stück im Mund hat und wie es sich durch das Kauen verändert. Einfach komplett achtsam bei der Sache sein und alle Gedanken, die zwischenzeitlich auftauchen, wegschicken. Nur den Apfel und die Tätigkeit des Schälens und Essens komplett wahrnehmen. Das ist Achtsamkeit beziehungsweise eine Art von Meditation, die uns ins Hier und Jetzt bringt.

- Ein möglichst täglicher Spaziergang, im Idealfall in der Natur, ohne störende Kommunikationsmittel. Sich ohne Ablenkungen der Landschaft widmen und die Seele baumeln lassen. Die zeitraubenden Alternativaktivitäten reduzieren und wieder selbstbestimmter genießen.

Dieses bewusste Einlassen auf entspannende Angebote der analogen Welt gewährt uns eine wertvolle Auszeit in dem beständigen Wettkampfdenken und dem von Ängsten gesteuerten Umfeld in einer westlichen Gesellschaft, die zunehmend dem ökonomischen Streben alles unterordnet. Wir sind darauf trainiert, unser Glück nur im

Außen zu suchen und es mit allen möglichen Konsumartikeln zu erhalten und auszubauen. Eine riesige Werbebranche vermittelt uns dabei kontinuierlich, dass wir mit diesem oder jenem Produkt glücklicher werden oder es unbedingt benötigen, um »cooler, besser oder angesehener« zu sein. Das höhere Sozialprestige zählt. All dies bedient das Prinzip Angst. Angst, nicht gut genug zu sein, Angst vor dem Altern, Angst nicht mehr genug Geld im Alter zu haben, Angst, morgen einen Unfall zu haben und nicht mehr arbeitsfähig zu sein, Angst, nicht hipp genug zu sein, wenn ich nicht das neueste Handy habe ... usw.

Ein Blick in die Boulevard-Presse zeigt uns andererseits aber immer wieder auf, dass Glück und Freude durch das Horten von materiellen Gütern nur von sehr kurzer Dauer ist. Wir leben dann auch nicht wirklich glücklicher, und die Ängste vergehen auch nicht. Die meisten reichen Menschen haben trotz einer vielfachen Vermögensmenge des Durchschnittsbürgers die gleichen Probleme und Sorgen wie alle Menschen. Auch sie haben trotz Millionen auf dem Konto oft Angst, dass das Geld morgen nicht mehr reichen könnte. Die meisten streben daher ihr Leben lang nach einem »immer mehr und mehr«. Dabei wissen wir alle, dass wir im Tod nichts Materielles mitnehmen können, egal wie viel es auch sein mag.

Auch die emotionalen Krisen innerhalb der Familie sind bei reichen Menschen in der Struktur die gleichen wie bei ärmeren. Dieses Streben und diese Sucht nach immer neueren und schöneren materiellen Gütern können wir durch bewusste Ruhepausen deutlich einschränken und hinterfragen. Dies führt uns dann zu einem viel entspannteren Umgang mit den täglich auf uns einwirkenden Zwängen, sich so zu verhalten, wie wir meinen, dass es andere von uns erwarten. Bewusste Pausen dämpfen dann unsere eigenen Ego-Wünsche in Bezug auf das Prinzip »Höher, Schneller, Weiter«.

Einfache Handlungsanweisungen für gegenseitige Hilfe in der analogen Welt im näheren Umfeld[445]:

- Nutzen Sie Ihren eigenen Verstand und lassen Sie nicht die Fähigkeiten verkümmern, die uns Menschen ausmachen. Nutzen Sie daher eigenverantwortlich die Vorzüge der analogen Welt, statt einer neuen Heilslehre unkritisch zu folgen und so – im Extremfall – zu einem anonym fremdgesteuerten und international digital vernetzten Knecht zu werden.

- Seien Sie altruistisch. Gehen Sie zu Ihrem hilfsbedürftigen Nachbarn, statt ihm eine elektronische Nachricht zu schicken. Uneigennütziges Engagement in Ihrem persönlichen, vor allem näheren Umfeld, wie Familie, Freunde oder Nachbarschaft, schafft eine Alternative zu einer digitalisierten Welt ohne echte Freunde, die allenfalls aus Langeweile mit uns chatten. Selbst wer vermeintlich ganz viele Freunde bei Facebook hat, ist doch oft einsam.[446] Persönliche Solidarität ist besser als eine anonym und digital gesteuerte Umverteilung.

- Investieren Sie in Bildung, sei es für die eigenen Kinder oder Enkelkinder oder für die Nachkommen anderer nahestehender Personen.

Nehmen Sie sich regelmäßig eine Auszeit und lassen Sie die Seele baumeln. Gehen Sie zwischendurch bewusst auf Ihre eigenen Bedürfnisse ein. Nehmen Sie sich zum Beispiel beim Essen die Zeit, es ohne Ablenkung, das heißt auch ohne Fernsehen oder Smartphone, zu genießen. Erspüren Sie Form und Geschmack der Lebensmittel, die Sie zu sich nehmen, anstatt gedanklich schon die nächsten Aufgaben durchzugehen und das Essen nur nebenher reinzustopfen. Jeder Moment am Tag eignet sich dazu, Achtsamkeit zu erleben und enthebt uns von unser unbewussten Forderung, immer nur zu funktionieren.

Dadurch wird auch der Druck geringer, ständig bei allem mitmachen zu müssen. So können Sie viele Entwicklungen der Digitalisierung mit einem Schmunzeln betrachten und sich entspannt zurücklegen und lieber Ihrer eigenen Intuition folgen. Je mehr Menschen sich dessen bewusst werden, desto mehr Veränderung ist möglich. Das ist kein Ausstieg, sondern der verstärkte Eintritt in ein selbstgesteuertes Leben.

Mögen Sie die vielen positiven Aspekte der Digitalisierung genießen und nutzen und mit den Risiken und Problemen entspannt und gelöst umgehen.

Über die Autoren

Ulrich Horstmann studierte Betriebswirtschaftslehre mit finanzwirtschaftlichem Schwerpunkt und schloss an der Wirtschaftsuniversität Wien mit Promotion zum Dr. rer. soc.oec. ab. Seit 1989 ist er in mehreren Finanzinstituten im Research tätig. Der Autor kann somit auf eine über 20-jährige Erfahrung in den Bereichen Volkswirtschaft und Unternehmensanalyse innerhalb von Banken zurückblicken.

Er setzt sich schon seit längerem mit dem Thema Freiheitsverlust durch Digitalisierung und den Konsequenzen, mit denen gerechnet werden muss, auseinander. Ulrich Horstmann verfasste unter anderem den Bestseller *Bargeldverbot* und *Ludwig Erhard Jetzt.*

Ralph Lutz war über 10 Jahre lang als Aktienanalyst bei deutschen Großbanken tätig, zuletzt bei der HypoVereinsbank. Im Jahr 2002 ist er bewusst aus dem stressigen Job ausgestiegen und hat sich als Hotelier und Einzelhändler selbstständig gemacht.Die fortschreitende unreflektierte Digitalisierung sieht er sehr kritisch.

Glossar

Augmented Reality (erweiterte Realität)
Lieferung zusätzlicher Informationen über die unmittelbare Umwelt durch die visuelle Aufbereitung vernetzter Daten. Im Gegensatz zur Schwestertechnologie ›Virtual Reality‹ geht es hier nicht um die Schaffung zusätzlicher künstlicher Welten, sondern lediglich um die Abbildung zusätzlicher Informationen.

BGE
Bedingungsloses Grundeinkommen

Big Data
Mehr oder minder strukturierte Massendaten, die durch Aufbereitung und Zusammenführung (Datenfusion) zu einer laufend aktualisierten (Bewegungsbilder) Datenbank führen, die von kommerziellen und staatlichen Anbietern genutzt werden kann.

Bitcoin
Nichtstaatliches elektronisches Geld (auch als Kryptowährung bezeichnet), das dezentral und digital über eine Blockchain gesteuert wird.

Blockchain
Eine Technologie, die auch der Internetwährung Bitcoin zugrunde liegt. Gemeint ist eine Art Register, in dem alle Transaktionen sichtbar sind und das nicht auf einem, sondern auf sehr vielen Rechnern bereitgestellt und verwaltet wird.

BMF
Bundesministerium der Finanzen

BR
Bayerischer Rundfunk

BZ
Börsenzeitung

CESifo
CES: Center for Economic Studies, ifo: Institut für Wirtschaftsforschung e.V.

Cookies
»Textdateien, die Websites auf dem PC ablegen. Sie ermöglichen es, Nutzer wiederzuerkennen – etwa um Einstellungen zu speichern. Firmen erstellen damit auch Nutzerprofile.«[447]

Cyberwar
Kriminelle Nutzung digitaler Informationsplattformen durch hochspezialisierte Hacker, die auch als Kriegführung bezeichnet wird, wenn zum Beispiel die Sicherheit von Verwaltung, Infrastruktureinrichtungen und vor allem militärischen Bereichen betroffen sind.[448]

Cyborg
Cyberoptimierter Roboter mit menschlichem Gehirn

Datenfusion
Zusammenführung bereits erhobener mit neuen Datensätzen, deren Abgleich lückenlose und vollständige Informationen ermöglicht.

Disruption
Vollständige Verdrängung bislang bestehender Marktstrukturen im Zuge der Digitalisierung, meist durch innovative Technologien, aber auch durch bessere Produkte oder Dienstleistungen.

Dotcom
Das Kürzel bezieht sich auf die Internet-Domain-Endung ».com« (engl. für Commercial).

dpa
Deutsche Presse-Agentur

EaS
Euro am Sonntag

FAS
Frankfurter Allgemeine Sonntagszeitung

FAZ
Frankfurter Allgemeine Zeitung

Fintech
Wortkombination aus ›financial service‹ und ›technology‹

Franchise
Hier im Buch verstanden als sichere und nachhaltige Nutzung wirtschaftlicher Vorteile durch Kartelle, Regulierungen oder anderer Eintrittsbarrieren für Dritte; ein Monopol mit hohen Dauergewinnen bildet den Idealfall einer solchen günstigen Wettbewerbsposition.

FT
Financial Times

FTD
Financial Times Deutschland

GAFAM
Yvonne Hofstetter prägte das Kürzel GAFAM, das für die US-Digitalkonzerne Google, Apple, Facebook, Amazon und Microsoft steht.

HB
Handelsblatt

Insurtech
Wortkombination aus ›insurance‹ und ›technology‹

Internet of Things
Im ›Internet der Dinge‹ ist alles ist mit allem vernetzt, also zum Beispiel alle möglichen Haushaltsgeräte mit dem Internet: Sie tragen Informationsgeräte (sogenannte Wearables) bei sich, mit denen Bewegungsdaten geliefert werden und die zu einer Optimierung eigener Handlungen beitragen können.

Kryptowährung
Durch Verschlüsselungsverfahren gesicherte vollständig internetbasierte Währung

Künstliche Intelligenz
Bezeichnet den Versuch, menschliche Fähigkeiten nachzubilden und durch Programmierung selbstlernender Computer, Roboter etc. zu vergrößern.

Mainstream
Wörtlich: Hauptstrom. Gemeint ist die dominierende Meinung zum Beispiel von Marktbeobachtern.

NGO
Non-governmental organization (Nichtregierungsorganisation)

NZZ
Neue Zürcher Zeitung

Postfaktisch
Nicht auf Tatsachen, sondern auf Gefühlen beruhend

Regtech
Wortkombination aus ›regulatory‹ und ›technology‹

Smart Home
Sammelbegriff für elektronische Verfahren, die für Wohnräume oder Häuser einerseits den Bedienungskomfort erhöhen und andererseits durch die Datenweitergabe neue Geschäftsmodelle ermöglichen.

Stasi
Ministerium für Staatssicherheit der früheren DDR

SZ
Süddeutsche Zeitung

Targeting
»Fachbegriff für zielgenaue Werbung, basierend auf Informationen über die Nutzer, die meist Tracker liefern.«[449]

Tracker
»Programme, die das Nutzerverhalten nachvollziehen – ob mit Cookies oder anderen Werkzeugen.«[450]

Transhumanismus
Veränderung und Überwindung des menschlichen Körpers durch Technologie

Virtual Reality
Die Virtuelle Realität geht über die Verbesserung von Bild und Ton hinaus und ersetzt die reale Welt, die wir kennen, durch eine gesteuerte künstliche Realität; es fällt dann schwer, zwischen der realen Welt und der Fiktion zu unterscheiden.

WaS
Welt am Sonntag

Ausgewählte Literatur und Quellenangaben

Bauman, Zygmunt: *Liquid Modernity*, Cambridge 2000.

Bock, Laszlo: *Work Rules! Insights from Inside Google That Will Transform How You Live and Lead*, New York 2015.

Bordo, Michael und Lewin, Andrew: *Central Bank Digital Currency and the Future of Monetary Policy*, May 2017, herunterladbar unter https://www.hoover.org/sites/default/files/bordo-levin_bullets_for_hoover_may2017.pdf

Bostrom, Nick: *Superintelligenz. Szenarien einer kommenden Revolution*, Berlin 2016.

Brynjolfsson, Erik / McAfee, Andrew: *The Second Machine Age. Wie die nächste digitale Revolution unser aller Leben verändern wird*, Kulmbach 2014.

Cockshott, W. Paul / Cottrell, Allin: *Alternativen aus dem Rechner. Für sozialistische Planung und direkte Demokratie*, Köln 2012.

Dantec, Maurice G.: *Grand Junction*, New York 2006.

Eberl, Ulrich: *Zukunft 2050. Wie wir schon heute die Zukunft erfinden*, Weinheim Basel, 2011.

Eggers, Dave: *Der Circle*, Köln 2014.

Elsberg, Marc: *Blackout – Morgen ist es zu spät*, München 2013.

Elsberg, Marc: *Zero – Sie wissen, was du tust*, München 2014.

Elsberg, Marc: *Helix – Sie werden uns ersetzen*, München 2016.

Erhard, Ludwig: *Wohlstand für alle*, aktualisierte Neuausgabe, Düsseldorf 1990.

Erhard, Ludwig: *Gedanken aus fünf Jahrzehnten. Reden und Schriften*, Hrsg. Hohmann, Karl u.a., Düsseldorf 1988.

Erhard, Ludwig: *Deutsche Wirtschaftspolitik – Der Weg der Sozialen Marktwirtschaft*, Düsseldorf 1992.

Erhard, Ludwig: »Grundbedingungen einer freiheitlichen Sozialordnung«, 1956, S. 13-16, in: *Grundtexte zur Sozialen Marktwirtschaft, Band 2*, Hrsg.: Hohmann, Karl, Schönwitz, Dietrich, Weber, Hans-Jürgen, Wünsche, Horst Friedrich, Stuttgart 1988.

Erhard, Ludwig / Müller-Armack, Alfred: *Soziale Marktwirschaft. Manifest'72*, Frankfurt/M. 1972.

Ermrich, Roland (Hrsg.): *100 Jahre Ludwig Erhard – Das Buch zur Sozialen Marktwirtschaft*, Düsseldorf 1997.

Eucken, Walter: *Grundlagen der Nationalökonomie*, Berlin 1965.

Eucken, Walter: *Grundsätze der Wirtschaftspolitik*, München 1959.

Gates, Bill: *Der Weg nach vorn. Die Zukunft der Informationsgesellschaft*, Hamburg 1995.

Greenwald, Bruce C./ Kahn, Judd/ Sonkin, Paul D./Biema, Michael van: *Handbuch Value Investing. Erfolgsstrategien von Graham bis Buffett und darüber hinaus*, Weinheim 2002.

Greenwald, Bruce C./ Kahn, Judd: *Competition Demystified. A Radically Simplified Approach to Business Strategy*, New York 2005.

Gruhl, Herbert: »Der materielle Fortschritt und die Reduzierung der Menschlichkeit«, S. 22 - 35, in Heidt, Wilfried: »Die ökologische Krise als soziale Herausforderung: Zur gesellschaftlichen Konzeption der grünen Alternative; Ein dritter Weg jenseits von Kapitalismus und real existierendem Sozialismus«, aus: *Die Grünen – Personen, Projekte, Programme*, Hrsg. Lüdke, Hans-Werner und Dinné, Olaf, Stuttgart 1980.

Hannig, Theresa: *Die Optimierer*, Köln 2017.

Hansmeyer, Karl-Heinrich / Caesar, Rolf: »Kriegswirtschaft und Inflation (1936-1948)«, S. 367-429, in: *Währung und Wirtschaft in Deutschland 1876-1975*, Hrsg. Deutsche Bundesbank, Frankfurt am Main, 1976.

Heller, Gottfried: *Die Wohlstandsrevolution*, Düsseldorf 1992.

Heller, Gottfried: »Erhards ›Unvollendete‹: Entfesselung der Wirtschaft statt Bündnis für Arbeit«, S. 82-96, in: *100 Jahre Ludwig Erhard. Jubiläumsband der Ludwig-Erhard-Stiftung*, Düsseldorf 1997.

Heller, Gottfried: *Der einfache Weg zum Wohlstand. Mehr verdienen, weniger riskieren und besser schlafen*, 5. aktualisierte Auflage, München 2016.

Hengstschläger, Markus: *Die Durchschnittsfalle. Gene – Talente – Chancen*, Salzburg 2012

Herzog, Roman: *Europa neu erfinden. Vom Überstaat zur Bürgerdemokratie*, München 2014.

Hörhan, Gerald: *Gegengift. Wie euch die Zukunft gestohlen wird. Was ihr dagegen tun könnt*, Wien 2011.

Hofstetter, Yvonne: *Sie wissen alles. Wie Big Data in unser Leben eindringt und warum wir um unsere Freiheit kämpfen müssen*, München 2014.

Hofstetter, Yvonne: *Das Ende der Demokratie. Wie die künstliche Intelligenz die Politik übernimmt und uns entmündigt*, 1. Aufl., München 2016.

Hohmann, Karl: *Ludwig Erhard (18971977). Eine Biographie*, Düsseldorf 1997.

Horstmann, Ulrich: *Alles, was Sie über »Das Kapital im 21. Jahrhundert« von Thomas Piketty wissen müssen,* München 2014.

Horstmann, Ulrich: *Zurück zur Sozialen Marktwirtschaft. Warum sich Ludwig Erhard im Grabe umdrehen würde,* München 2014.

Horstmann, Ulrich / Mann, Gerald: *Bargeldverbot. Alles, was Sie über die kommende Bargeldabschaffung wissen müssen,* München 2016.

Hulverscheidt, Claus: *Eine Frage der Gerechtigkeit! Ein Pädoyer für ein faires Steuersystem,* München 2013.

Jakobs, Hans-Jürgen: *Wem gehört die Welt? Die Machtverhältnisse im globalen Kapitalismus,* München 2016.

Jenaer Aufruf zur Erneuerung der sozialen Marktwirtschaft, 20. Juni 2008, abrufbar unter www.60jahresozialemarktwirtschaft.de.

Kabat-Zinn, Jon: *Gesund durch Meditation,* München 2013.

Kant, Immanuel: *Zum ewigen Frieden und andere Schriften,* Frankfurt/M. 2008.

Kaplan, Jerry: *Artificial Intelligence. What Everyone Needs To Know,* Oxford 2016.

Kirchhof, Paul: *Deutschland im Schuldensog. Der Weg vom Bürgen zurück zum Bürger,* München 2012.

Koller, Christine / Siedel, Markus: *Geld war gestern. Wie Bitcoin, Regionalgeld, Zeitbanken und Sharing Economy unser Leben verändern werden,* München 2014.

Krall, Markus: *Der Draghi-Crash. Warum uns die entfesselte Geldpolitik in die finanzielle Katastrophe führt,* München 2017.

Kurzweil, Ray: *KI – Das Zeitalter der künstlichen Intelligenz,* München 1993.

Kurzweil, Ray: *Menschheit 2.0 Die Singularität naht,* Berlin 2014.

Le Bon, Gustave: *Psychologie der Massen,* Stuttgart 1982.

Lincoln, Bruce: *Authority. Construction and Corrosion,* Chicago 1994.

Marx, Karl: *Das Kapital. Kritik der politischen Ökonomie,* Stuttgart 1957.

Marx, Reinhard, unter Mitarbeit von Küppers, Arnd: *Das Kapital. Ein Plädoyer für den Menschen,* München 2008.

Merz, Friedrich: *Nur wer sich ändert, wird bestehen. Vom Ende der Wohlstandsillusion – Kursbestimmung für unsere Zukunft,* 2. Aufl., Freiburg 2006.

Merz, Friedrich: *Mehr Kapitalismus wagen. Wege zu einer gerechten Gesellschaft,* München 2008.

Mill, John Stuart: *Über die Freiheit,* Stuttgart 2010 (englische Originalausgabe *On Liberty* erschien 1859).

Mills, Charles Wright: *Die amerikanische Elite. Gesellschaft und Macht in den Vereinigten Staaten*, Hamburg 1962.

Minsky, Hyman P.: *Can »It« Happen Again? Essays on Instability and Finance*, New York 1982.

Minsky, Hyman P.: *Stabilizing an unstable Economy*, Columbus 1986.

Minsky, Hyman P.: *John Maynard Keynes*, Marburg 2007 (englische Originalausgabe: New York 1975).

Mises, von, Ludwig: *Erinnerungen*, Stuttgart New York 1978.

Oppenheimer, Franz: *Weder Kapitalismus noch Kommunismus*, Jena 1932 (Zweite, völlig neu bearbeitete und erweiterte Auflage von *Kapitalismus, Kommunismus, wissenschaftlicher Sozialismus*).

Otte, Max: *Der Informationscrash. Wie wir systematisch für dumm verkauft werden*, Berlin 2009.

Otte, Max: *Stoppt das Euro-Desaster!*, Berlin 2011.

Otte, Max: *Rettet unser Bargeld!*, Berlin 2016.

Rand, Ayn: *Capitalism. The Unknown Ideal*, New York 1986.

Rant, Diogenes: *Verzockte Freiheit. Wehrt Euch! Politiker und Finanz-Eliten setzen unsere Zukunft aufs Spiel*, München 2014.

Rauscher, Markus: *Künstliche neuronale Netze zur Risikomessung bei Aktien und Renten. Am Beispiel deutscher Lebensversicherungsunternehmen*, Wiesbaden 2014.

Reinhart, Carmen M. / Rogoff, Kenneth S.: *Dieses Mal ist alles anders. Acht Jahrhunderte Finanzkrisen*, München 2010 (Originalausgabe: *This Time is different, Eight Centuries of Financial Folly*, New Jersey 2009).

Reppesgard, Lars: *Das Google-Imperium*, Hamburg 2008.

Rhodes, David; Stelter, Daniel: *Back to Mesopotamia?*, BCG, September 2011.

Rifkin, Jeremy: *Access. Das Verschwinden des Eigentums*, Frankfurt/M. 2000.

Rogoff, Kenneth S.: *Der Fluch des Geldes. Warum unser Bargeld verschwinden wird*, München 2016.

Schelsky, Helmut: *Funktionäre. Gefährden sie das Gemeinwohl?*, 4. Aufl., Stuttgart 1982.

Schelsky, Helmut: *Die Arbeit tun die anderen. Klassenkampf und Priesterherrschaft der Intellektuellen*, Opladen 1975.

Schirrmacher, Frank: *Das Methusalem-Komplott*, 5. Aufl. (Taschenbuchausgabe), München 2005.

Schirrmacher, Frank: *Minimum. Vom Vergehen und Neuentstehen unserer Gemeindschaft*, München, 2006.

Schirrmacher, Frank: *Payback. Warum wir im Informationszeitalter gezwungen sind zu tun, was wir nicht tun wollen, und wie wir die Kontrolle über unser Denken zurückgewinnen*, München 2011.

Schirrmacher, Frank: *Ego. Das Spiel des Lebens*, München 2014.

Schirrmacher, Frank (Hrsg.): *Technologischer Totalitarismus. Eine Debatte*, Berlin 2015.

Schlippenbach, Luise Gräfin von: *Im Wandel stets dabei. Eine Zeitzeugin erinnert sich*, München 2005.

Sinn, Hans-Werner: *Kasino-Kapitalismus. Wie es zur Finanzkrise kam, und was jetzt zu tun ist*, 2. Aufl., Berlin 2009.

Sinn, Hans-Werner: *Die Target-Falle. Gefahren für unser Geld und unsere Kinder*, München 2012.

Sinn, Hans-Werner: *The Euro Trap. On Bursting Bubbles, Budgets, and Beliefs*, Oxford 2014.

Sinn, Hans-Werner: *Der Euro: Von der Friedensidee zum Zankapfel*, München 2015.

Sinn, Hans-Werner: *Der Schwarze Juni. Brexit, Flüchtlingswelle, Euro-Desaster – Wie die Neugründung Europas gelingt*, Freiburg im Breisgau 2016.

Spehr, Michael / Weber, Lukas: »Die smarte Kapitulation«, FAZ, 05.01.2016, S. T1. (online abrufbar unter: http://www.faz.net/aktuell/technik-motor/digital/risiken-des-vernetzten-zuhauses-die-smarte-kapitulation-13995637.html)

Spiekermann-Hoff, Sarah / Wolfie, Christl: *Networks of Control: A Report on Corporate Surveillance, Digital Tracking, Big Data & Privacy*, Wien 2016.

Spitzer, Manfred: *Digitale Demenz. Wie wir uns und unsere Kinder um den Verstand bringen*, München 2014.

Spitzer, Manfred: *Cyberkrank! Wie das digitalisierte Leben unsere Gesundheit ruiniert*, München 2015.

Starckmuth, Jörg: *Die Entstehung der Realität: Wie das Bewusstsein die Welt erschafft*, München 2010.

Steinbuch, Karl: *Die informierte Gesellschaft. Geschichte und Zukunft der Nachrichtentechnik*, Stuttgart 1966.

Streminger, Gerhard: *Adam Smith. Wohlstand und Moral*, Hamburg 1989.

Tolle, Eckhart: *Jetzt! Die Kraft der Gegenwart*, Bielefeld 2010.

Trojanow, Ilija / Zeh, Juli: *Angriff auf die Freiheit. Sicherheitswahn, Überwachungsstaat und der Abbau bürgerlicher Rechte*, München 2009.

Trojanow, Ilija: *Macht und Widerstand*, Frankfurt/M. 2015.

Vaubel, Roland: *Der Wettbewerb der Staaten als Erfolgsgeheimnis Europas. Eine Theoriegeschichte*, Mannheim 2014.

vbw-Studie, »Die Krise im Euroraum nachhaltig überwinden«, von Prof. Fuest, Clemens ZEW Mannheim, 2014

Vogt, Bernhard: *Franz Oppenheimer. Wissenschaft und Ethik der Sozialen Marktwirtschaft*, Bodenheim 1997.

von Hayek, Friedrich August: *Der Weg zur Knechtschaft*, München 2007,

von Hayek, Friedrich August: *Die Verfassung der Freiheit*, Tübingen 1971.

Wagner, Thomas: *Robokratie. Google, das Silicon Valley und der Mensch als Auslaufmodell*, Köln, (1. Aufl. 2015) 2. Aufl. 2016.

Westphalen, Friedrich Graf von / Wendehorst, Christiane: »Der Kunde muss Bürger bleiben«, FAZ 15.09.2016, S. 15. (online abrufbar unter http://www.faz.net/aktuell/feuilleton/debatten/die-digital-debatte/digitalgesetz-debatte-der-kunde-muss-buerger-bleiben-14435691.html)

Willemsen, Roger: *Wer wir waren. Zukunftsrede*, Frankfurt/M. 2016.

Willke, Helmut: Stochern im Nebel, in: brandeis 05/2010, S. 104-107. (online abrufbar unter: https://www.brandeins.de/archiv/2010/irrationalitaet/stochern-im-nebel/)

Welzer, Harald: *Die smarte Diktatur. Der Angriff auf die Freiheit*, Frankfurt/M. 2016.

Zeh, Juli: *Corpus Delicti. Ein Prozess*, München 2010.

Zeh, Juli: *Die Diktatur der Demokraten. Warum ohne Recht kein Staat zu machen ist*, Hamburg 2012.

Zeil, Martin: »Ist die Marktwirtschaft noch sozial?« In: Ifo Schnelldienst 5 2014, 67. Jg., 10.-11. KW, 13 März 2014, S. 26–34.

Anmerkungen

1 Im Roman *1984* von George Orwell.

2 Bedenken Sie dabei: Auch wenn es schwerfällt und Ihnen von der Regierung vermittelt wird, Deutschland gehe es gut, eigentlich müssten Sie bei den niedrigen Zinsen noch mehr sparen …

3 Vgl. dazu Friedman, Milton / Friedman, Rose: *Free to Choose. A Personal Statement*, New York 1980, S. 116ff. und das Interview, das unter https://www.youtube.com/watch?v=5RDMdc5r5z8 abrufbar ist. https://www.zitate.eu/author/friedman-milton/zitate/141090 abrufbar ist.

4 Zitiert aus: von Hayek, Friedrich A.: *Der Weg zur Knechtschaft*, München 2007, S. 67.

5 *Meyers Taschen Lexikon, Band 3,* Mannheim 1996, S. 755.

6 Zitiert aus wirtschaftslexikon.gabler.de, Suchbegriff ›Digitalisierung‹.

7 Steinbuch, Karl: *Die informierte Gesellschaft, Geschichte und Zukunft der Nachrichtentechnik*, Stuttgart 1966, S. 126.

8 s.o.

9 Max Otte spricht in seinem Buch *Rettet unser Bargeld* auf. S. 11 von einem optimierten Überwachungsstaat ›DDR 2.0‹.

10 von Altenbockum, Jasper: »Die Schirinowskis«, *FAZ*, 06.02.2017, S. 1.

11 Vgl. https://get.google.com/handsfree/#?modal_active=none, unter Marketinggesichtspunkten ein Meisterwerk … und http://www.golem.de/news/hands-free-payment-google-startet-fragwuerdiges-bezahlsystem-1603-119544.html.

12 *FAZ* vom 8. Mai 1989, S. 13.

13 Das ›Über-Ich‹ als moralische Instanz nach der 1923 erschienen Schrift *Das Ich und das Es* von Siegmund Freud.

14 Zur Beschreibung des Informationskapitalismus vgl. Hofstetter, Yvonne: *Sie wissen alles. Wie Big Data in unser Leben eindringt und warum wir um unsere Freiheit kämpfen müssen*, München 2014, S. 10.

15 Zitiert aus: Küchemann, Fridtjof: »Wie sich die Lüge vor die Wahrheit legt«, *FAZ*, 10.02.2017, S. 13.

16 Unter ›Big Data‹ verstehen wir hier mehr oder minder strukturierte Massendaten, die durch Aufbereitung und Zusammenführung (Datenfusion)

zu einer laufend aktualisierten (Bewegungsbilder) Datenbank führen, die von kommerziellen und staatlichen Anbietern genutzt werden kann.

17 Elsberg, Marc: *Zero – Sie wissen, was du tust*, München 2014, S. 343.

18 Serrao Marc Felix: »Alles perfekt«, *FAS*, 23.04.2017, S. 21.

19 Serrao, Marc Felix: »Alles perfekt«, *FAS*, 23.04.2017, S. 21.

20 NSA steht für National Security Agency (Nationale Sicherheitsbehörde).

21 Thiel, Thomas: »Es war ein Fehler, das Netz den Pivaten zu überlassen«, *FAZ* vom 17.05.2017, S. 9, vgl. auch dazu: »Angela Merkel will den Datenschutz lockern«, handelsblatt.com, 17.11.2016.

22 Inzwischen Tochtergesellschaft von Alphabet mit den Google-Gründern Larry Page und Sergey Brin als Leiter.

23 Betreibt das Facebook-ähnliche Netzwerk Qzone.

24 So die frühere Bezeichnung im 20. Jahrhundert in Abgrenzung zu National-China bzw. Taiwan.

25 Schuppisser, Raffael: »Big Brother in China«, schweizamsonntag.ch, 05.12.2015.

26 Clover, Charles: »When big data meets big brother«, FT Big Read, China, FT, 20.01.2016, S. 7.

27 »Diktatur wird billiger«. Diese Einschätzung geht auf Gerald Mann zurück. Hintergrund: Die DDR beispielsweise benötigte noch Tausende von Stasi-Spitzeln. Heute ist die Datenabfrage personal- und zeiteffizient per Knopfdruck möglich, da die Bürger digitale Spuren hinterlassen, vgl. auch das Interview mit Gerald Mann vom 8.7.2015, die Fragen stellte Andreas Marquart, das Interview ist abrufbar unter http://www.misesde.org/?p=10419.

28 Schuppisser, Raffael: »Big Brother in China«, schweizamsonntag.ch, 05.12.2015.

29 FP, dpa, cz: »USA könnten Einreisende bald nach Passwörtern fragen«, zeit.de, 08.02.2017.

30 Vgl. zur Selbstzensur: Welzer, Harald: »Schluss mit der Euphorie!«, zeit.de, 26.04.2017.

31 In Bayern können ›*Gefährder*‹ künftig präventiv bis zu drei Monate in Gewahrsam genommen werden, s. Schnell, Lisa: »Gefährder-Gesetz verschärft«, sueddeutsche.de, 19.07.2017.

32 Lobe, Adrian: »Cyberwaffen als Bumerang«, *FAS*, 02.07.2017, S. 43.

33 Le Bon, Gustave: *Psychologie der Massen*, Stuttgart 1982, S. 150.

34 Vgl. »Mit dem Herzschlag ins Bankkonto«, *FAZ*, 26.08.2016, S. 25.

35 Auch die digitalisierungsfreundliche estnische Regierung stieß durch Hackerangriffe an Grenzen der Digitalisierung und muss das Gesellschaftsmodell e-Estonia neu evaluieren. Die Vorzüge einer analogen Demokratie werden neu entdeckt, vgl. Hanfeld; Michael: »Tallin hat ein Problem«, *FAZ*, 07.09.2017, vgl. zum bisherigen Digitalisierungsoptimismus des Landes Gerster, Livia: »1984 ist doch schon lange her«, *FAZ*, 08.09.2017, S. 3.

36 Ein solches ›Kreditrating‹ kann dann auch den Zugang der Bürger zu Geld regeln und zur Verhaltenssanktionierung beschränken. Geld wäre dann kein Eigentum mehr, sondern nur noch ›Access‹ in einem gelenkten Punktesystem.

37 Vgl. Clover, Charles: »When big data meets big brother«, FT Big Read. China, FT, 20.01.2016, S. 7.

38 Le Bon: *Psychologie der Massen*, S. 151 (einige Sätze hinter dem Zitat s.o.).

39 Ravic Strubel, Antje: »Warum ich mich fürchte«, *FAZ*, 10.12.2013, S. 27.

40 Vgl.: Schirrmacher, Frank: *Minimum. Vom Vergehen und Neuentstehen unserer Gemeinschaft*, München 2006, S. 135.

41 S. Hengstschläger, Markus: *Die Durchschnittsfalle, Gene – Talente – Chancen*, Salzburg 2012, ab S. 15f.

42 Hengstschläger: *Die Durchschnittsfalle*, S. 16.

43 Die Roboter übernehmen uns, vgl. dazu: Hannig, Theresa: *Die Optimierer*, Köln 2017, S. 69.

44 Zeh, Juli: *Corpus Delicti. Ein Prozess*, München 2010, S. 145.

45 Zeh, Juli: *Corpus Delicti*, S. 227, der Verteidiger von Mia Holl, Rosentreter, erklärt ihr, warum er sich von seiner Bekannten getrennt hat.

46 Sie sind inzwischen mehr und mehr an Ihren Daten interessiert und dazu in der Lage, geschäftliche Angebote immer zielgerichteter zu steuern. Sie sind aus kommerziellen Gründen daher offener, bestehende Individualität zu akzeptieren und zu verwerten, während sozialistische ›Gleichmacher‹ dies schon aus ideologischen Gründen ablehnen, vgl. auch Graf von Westphalen Friedrich und Wendehorst, Christiane: »Der Kunde muss Bürger bleiben«, FAZ 15.09.2016, S. 15.

47 Professorin und Institutsvorstand der Wirtschaftsuniversität in Wien, zitiert aus: dpa: »Analyse: ›Wem gehören meine Daten?‹ - Datenschützer sind uneins«, zeit.de, 13.05.2015.

48 Vgl. »Volkszählung: ›Laßt 1000 Fragebogen glühen‹ «, in spiegel.de, 28.03.1983; Patalong, Frank: »Zensus-Debakel in den Achtzigern. Und bist du nicht willig...«, spiegel.de, 08.05.2011.

49 S. »Gelobtes Neuland«, *FAZ*, 18.11.2016, S. 4.

50 Zimmer, Daniel: »Fragwürdiges Eigentum an Daten«, *FAZ*, 18.11.2016, S. 16.

51 Es sei denn, man geht wie Yvonne Hofstetter so weit, GAFAM (Google, Apple, Facebook, Amazon und Microsoft) als engen Verbund und als Herrscher in der digitalen Welt, statt der klassischen Staatsapparate, anzusehen, siehe ihr Buch *Das Ende der Demokratie,Wie die künstliche Intelligenz die Politik übernimmt und uns entmündigt*, 1. Aufl., München 2016,. S. 371.

52 Vgl. dazu Jakobs, Hans-Jürgen: »Die wahren Herren der Welt«, *HB*, 18./19./20.11.2016, S.56-60.

53 Vgl. Spehr, Michael: »Wie wir mit Daten bezahlen«, *FAZ*, 18.04.2017, S. T1.

54 Vgl. Wieduwilt, Hendrik: »Auf Datensicherheit kommt es an«, *FAZ*, 09.02.2017, S. 15.

55 Vgl. Kurz, Constanze: »Angriff mit dem Roboter«, faz.net, 06.03.2017.

56 Direktor der Landesanstalt für Medien NRW (LfM), zitiert aus: »Förderung der Medienkompetenz ist notwendiger denn je…«, Pressemitteilung, in: lfm-nrw.de, 15.11.2016.

57 Vgl. pwe: »Roboterland«, *FAZ* vom 20.03.2017, S. 19.

58 Vgl. »Society 5.0: Die Digitalisierung Japans«, cebit.de, 27.01.2017.

59 Vgl. McCurry, Justin: »Japanese bank introduces robot workers to deal with customers in branches«, theguardian.com, 04.02.2015.

60 Die Ergebnisse sind abrufbar unter http://www.initiatived21.de/wp-content/uploads/2016/11/Studie-D21-Digital-Index-2016.pdf

61 Zitiert aus: D21-Digital-Index 2016, vorgelegt am 15.11.2016, S. 9.

62 Vgl. und zitiert aus: »Kein Facebook für Töchter der Facebook-Chefin«, *HB* vom 17.01.2017, S. 27.

63 Zitiert aus: Interview mit Manfred Spitzer: »Der Chirurg googelt nicht«, *Focus-Money* Nr. 51/1 vom 21.12.2016, S. 71.

64 Manfred Spitzer, zitiert aus: Hanfeld, Michael: »Ein grober Keil auf einen groben Klotz«, faz.net, 04.09.2012.

65 Edelman, Richard: »An Implosion of Trust«, edelman.com, 15.01.2017.

66 So Dr. Paul-Bernhard Kallen in seinem Vortrag »Die digitale Revolution: Schöpferische Zerstörung oder schöne, innovative neue Welt?« am 29.03.2017 in München.

67 Kirchhof, Paul: »Wie frei sind wir?«, *FAZ*, 16.02.2017, S. 6.

68 Vgl. Knop, Carsten: »Die Menschen trauen den Eliten nicht mehr«, faz.net, 17.01.2017; in einem Bericht über das Weltwirtschaftsforum 2017.

69 Vgl. Edelman, Richard: »An Implosion of Trust«, edelman.com, 15.01.2017.

70 Eine Überwachung wird möglich, die bei Weitem das übertrifft, was in einem spießigen Dorf, wo jeder jeden kannte, möglich war. Stadtluft macht dann nicht mehr frei. Wollen Sie das? Im Mittelalter galt der Grundsatz »Stadtluft macht frei«. Die Überwachung durch einen Dienstherrn konnte abgeschüttelt werden. Jetzt bekommen Abwanderer vom Land in die Stadt eine ›Smart City‹, in der alles mit allem vernetzt ist. Es gibt dann kein Entrinnen mehr und mehr Unfreiheit als in weniger digitalisierten ländlichen Regionen..

71 Den Begriff wählte Jens Spahn, s. Lehming, Malte: »Die globale Klasse, die Jens Spahn so aufregt«, tagespiegel.de, 26.08.2017.

72 Kennzeichen einer ›liquid society‹ nach Zygmunt Bauman (*Liquid Times: Living in an Age of Uncertainty*, Cambridge 2007).

73 Das ist wohl auch der Fall, wenn solche Tätigkeiten durch die Digitalisierung nicht mehr in dem Umfang benötigt würden (Bsp. Rechtsanwälte). Vertreter der Oberschicht in den Städten werden wohl auch weniger unter den Veränderungen der Digitalisierung leiden, sie sind eher in der Lage, ihren sozialen Statuts zu schützen, vgl. dazu auch: Reeves, Richard: *Saving Horatio Alger. Equality, Opportunity, and the American Dream*, Brookings Essay, S. 9f.

74 Zitiert aus: Interview von Wolfgang Stieler mit Ray Kurzweil »Ein simuliertes Gehirn kann lernen wie ein Kind«, spiegel.de, 19.12.2012.

75 Maschinen wären dann unsere ›Führer‹. Wenn es schlecht läuft, wären sie sogar wie Diktatoren in einem nichtdemokratisch geprägten Umfeld.

76 Vgl. Schulz, Thomas: »Das Morgen-Land«, spiegel.de, 28.02.2015.

77 Hofmann, Stefan: »Alles was digitalisiert werden kann, wird digitalisiert!«, kas.de, 01.02.2016.

78 Wortkombination aus ›regulatory‹ und ›technology‹

79 Wortkombination aus ›financial services‹ und ›technology‹

80 Wortkombination aus ›insurance‹ und ›technology‹

81 wiwo.de, 02.06.2015, unter folgendem Link abrufbar: http://www.wiwo.de/erfolg/beruf/vom-aussterben-bedroht-diese-berufe-wird-es-in-20-jahren-nicht-mehr-geben/11849200.html?p=12&a=false&slp=true#image

82 Zitiert aus: Wiedemann, Carolin: »Transhumanismus - Bring mir den Kopf von Raymond Kurzweil!«, faz.net, 12.07.2015. Gute Hintergrundinformationen sind auch zu finden in: Scholz, Detlef: »Die transhumanistische Bewegung: Die letzte Phase der Menschheit«, in: *raum&zeit*, 198/2015, S. 80-87.

83 Vgl. Buchter, Heike / Straßmann, Burkhard: »Die Unsterblichen«, 27.03.2013, in *Die Zeit* Nr. 14/2013.

84 Vgl. Rotter, David: »Transhumanismus: Gefahr für die Menschheit?«, Artikel für die Zeitschrift *SEIN*, 11.05.2013.

85 Vinge, Vernor: *The Coming Technological Singularity. How to survive in the post-human era*, San Diego 1993, Abstract S. 2, siehe dazu folgenden Link: https://docs.google.com/file/d/0B-5-JeCa2Z7hN1RfRDlqcXpVYzA/edit.

86 Vgl. Berg, Robert: » ›Cyberbrille im Test‹: Die HoloLens verändert unsere Sicht auf die Welt«, welt.de vom 04.09.2016.

87 Vgl. Wiedemann, Carolin: »Transhumanismus - Bring mir den Kopf von Raymond Kurzweil!«, faz.net, 12.07.2015.

88 Vgl. die realititätsnahe Vision einer vermeintlich gemeinwohlorientierten Digitaldiktatur, die mithilfe von Servicerobotern und eines Sozialpunktesystems mit permanenter Überwachung funktioniert, in dem lesenswerten Buch *Die Optimierer* von Theresa Hannig.

89 Vgl. »New Measure of Human Brain Processing Speed«, technologyreview.com, 25.08.2009.

90 Vgl. ala: »Wenn der Computer ›aggressiv‹ wird«, *FAZ*, 15.02.2017, S. 19.

91 Zitiert aus und vgl. zur Kriegsdrohnenprogrammierung: Kirchhof, Paul: »Wie frei sind wir?«, *FAZ*, 16.02.2017, S. 6.

92 Welzer, Harald: *Die smarte Diktatur. Der Angriff auf die Freiheit*, Frankfurt/M. 2016., S. 219.

93 In der Luftfahrtindustrie ist das längst auch der Fall mit besonders umfassenden Mehrfachsystemen.

94 Vgl, Sokolow, Andrej, dpa:»Internet der Dinge zeigt Schwachstellen«, n-tv.de, 22.10.2016.

95 »Was wollen wir?, Dankrede zur Verleihung des Thüringer Literaturpreises 2007 in Weimar«, abrufbar unter http://www.ingoschulze.com/text_www.html.

96 Vgl. Horstmann, Ulrich: »Ludwig Erhards ›demokratische Marktwirtschaft für Alle‹ statt ›Machtwirtschaft‹ für Wenige«, in Erhards Erben, Heft 01, Oktober 2016 S. 7-10.

97 Der Grundsatz, dass alles digitalisiert wird, was digitalisiert werden kann, baut darauf auf.

98 Abgesehen von den sozialen und gesellschaftlichen Kosten dieses wenig umweltfreundlichen Agierens.

99 Die freie Marktwirtschaft nach den Vorstellungen von Ludwig Erhard sollte den Wettbewerb zugunsten der Konsumenten sicherstellen.

100 Vgl. Kerbusk, Klaus-Peter: »Im Rausch der Rabatte«, spiegel.de, 10.02.2002.

101 Zitiert aus und vgl. dazu: cmu.: »Robotersysteme machen Hafenarbeitern Angst«, *FAZ*, 05.04.2017, S. 23.

102 Vgl. Renata Saleci im Interview mit Stephan Schultz: »Kapitalismus ist die Neurose der Menschheit«, spiegel.de, 24.06.2013.

103 In seinem Buchbeitrag aus dem Jahr 1980: »Der materielle Fortschritt und die Reduzierung der Menschlichkeit«, in: Lüdcke Hans-Werner, Dinné, Olaf (Hrsg): *Die Grünen. Personen, Projekte, Programme*, Stuttgart 1980, S. 22-35.

104 Vgl. Gruhl, Herbert: »Der materielle Fortschritt und die Reduzierung der Menschlichkeit«, S. 2829.

105 Bei digitalen Transaktionen geht das ›haptische Erlebnis‹ – das Zählen der Geldscheine – verloren.

106 Bislang wirken sie oft noch unbeholfen, Hans-Christian Boos: »Alles was wir bis heute bauen, das sind am Ende dumme Blechkästen«, zitiert aus: Giersberg, Georg: »Das sind nur Blechkästen«, *FAZ*, 26.10.2017, S. 20.

107 Vgl. lid.: »Googles Autoflotte wächst«, *FAZ*, 10.01.2017, S. 19.

108 Vgl. dazu Knop, Carsten: »Waymo weist den Weg«, *FAZ*, 10.01.2017, S. 22.

109 In ihrem lesenwerten Roman *Die Optimierer* beschreibt Theresa Henning eine vermeintliche Optimalwohlökonomie, die mithilfe eines Sozialpunktesystems gesteuert wird.

110 Vgl. Gröhe, Hermann: »Mit Datenschutz zum Datenschatz«, *FAZ*, 09.01.2017, S. 18 und Lindner, Roland: »Künstliche Intelligenz überall«, *FAZ*, 01.08.2017, S. 19.

111 Jeweils zitiert aus: *Strom 2030, Impulspapier des Bundesministeriums für Wirtschaft und Energie*, September 2016, S. 32.

112 Zitiert aus: Spehr, Michael und Weber, Lukas: »Die smarte Kapitulation«, faz.net, 12.01.2016.

113 Zitiert aus: Spehr, Michael und Weber, Lukas: »Die smarte Kapitulation«, faz.net, 12.01.2016.

114 Vgl. den Fernsehbeitrag *Sicherheitslücken beim Smart home*, Bayerischer Rundfunk, 14.02.2017, was bereits technisch möglich ist, wird in folgendem Artikel gut beschrieben: Corinna Budras: »Home, Smart Home«, FAS, 14.01.2018, S. 26.

115 Zum Beispiel unter der Auflage, dass Sie nachprüfbar mindestens eine Stunde am Tage auf dem Hometrainer trainieren.

116 Plass-Fleßenkämper, Benedikt, und Bauer, Manuel: »Alexa-Panne: Amazon Echo bestellt Puppenhäuser«, computerbild.de, 09.01.2017.

117 Sylvie Ouziel, Allianz Worldwide Partners: Smart home, Folie F7, Präsentation vom 30.11.2016, online abrufbar unter: https://www.allianz.com/de/investor_relations/konferenzen-praesentationen/capital-markets-day/.

118 Vgl. Freytag, Bernd: »Verriegelt, verrammelt, mit der App überwacht«, *FAZ*, 17.03.2017, S. I1.

119 Zitiert aus der Rede von Bundeskanzlerin Merkel zur dbb Jahrestagung 2017 am 9. Januar 2017.

120 Zeh. Juli: *Corpus Delicti*, S. 145.

121 Auch wenn es angeblich immer mehr Übergewichtige gibt: Vgl. wbr/dpa: »2,2 Milliarden Menschen sind übergewichtig«, spiegel.de, 12.06.2017.

122 Vgl. dazu: Boeing, Niels: »Der Beginn einer neuen Realität«, *Zeit Wissen*, Nr. 4, Juni/Juli 2013, S. 26-30.

123 dpa/tc: »Andrea Voßhoff warnt vor Fitness-Apps bei Krankenkassen«, computerwoche.de, 16.07.2015.

124 Näheres dazu: »Einführung der elektronischen Gesundheitskarte ist rechtmäßig, aber Behörden dürfen nicht beliebig viele Daten sammeln«, Urteil vom 21.06.2016, Az. L 11 KR 2510/15, lsg-baden-wuerttemberg.de, 12.07.2016.

125 Vgl. Rosenbach, Marcel / Schmergal, Cornelia / Schmundt, Hilmar: »Der gläserne Patient«, spiegel.de, 05.12.2015.

126 Zum verstärkten Robotereinsatz in Pflegeheimen vgl. auch: *Privatinvestor*, Ausgabe 15/2017 vom 13.04.2017 auf S. 12-14 (» ›Society 5.0‹ – schon bald Wirklichkeit im Pflegesektor«).

127 Vgl. dazu wikipedia (*WALL·E – Der Letzte räumt die Erde auf*).

128 Das erinnert an einen Spruch, den man sich angeblich in der früheren DDR erzählte: »Wie geht's? Danke, man wird gelebt«.

129 Vgl. dazu Bialek, Catrin/Dörner, Astrid/Kerkmann, Christof,/Weddeling, Britta: »Die unheimliche Macht«, *HB* vom 27./28./29.10.2017, S. 50–55.

130 Vgl. August Markl und Matthias Horx, in »Die Verkehrs-Vision 2040«, *ADAC motorwelt*, 7/2017, S. 42 und Kevin Ashton im Gespräch mit Inge Kloepfer: »2050 werden wir nicht mehr selbst Auto fahren dürfen«, *FAZ*, 08.10.2017, S. 23 .

131 Dohmen, Frank / Hawranek, Dietmar: »Das Auto-Syndikat«, *Der Spiegel* 30/2017, S. 12–19.

132 Damals Bundesminister für besondere Aufgaben und Chef des Bundeskanzleramts.

133 Zitiert aus: Gorgs, Claus: »Altmaier fordert von Autoindustrie Bau einer Batteriefabrik«, manager-magazin.de, 19.11.2016.

134 Vgl. Chazan, Guy: »Germany's digital angst«, *FT*, 26.01.2017, S. 9.

135 Dohmen, Frank/ Hawranek, Dietmar: »Das Auto-Syndikat«, *Der Spiegel* 30/2017, S. 12-19.

136 Zitiert aus: Peitsmeier, Henning: »Die neue BMW-Welt«, *FAZ*, 03.02.2017, S. 15.

137 Vgl. Fasse, Markus: »Alle gegen Google«, handelsblatt.com, 07.12.2015 und tih: »Das selbstfahrende Auto und das Zukunftsgeschäft mit den Daten«, *FAZ*, 14.09.2017, S. 25.

138 Vgl. Schmitt, Bertel: »Autobauer starten Daten-Offensive - ohne die Deutschen«, manager-magazin.de, 16.11.2016.

139 Das vernetzte Auto wird für uns voraussichtlich sogar die Rechnung selbst bezahlen, vgl. Klemm, Thomas: »Künftig bezahlt das Auto selbst«, *FAS*, 10.09.2017, S. 34.

140 Vgl. folgenden Link: https://www.daimler.com/innovation/specials/elektromobilitaet/case.html

141 Vgl. Winter, Michael: »So wehren Sie sich gegen die Daten-Schnüffelei der Autohersteller«, focus.de, 31.05.2016.

142 Zitiert aus Maak, Niklas: »Kaputt«, *FAS*, 30.07.2017, vgl. auch bern.: »Angela Merkel: Autos selbst steuern? In 20 Jahren nur mit Sondererlaubnis«, faz.net, 11.06.2017.

143 Max Otte spricht in seinem Buch *Rettet unser Bargeld* auf. S. 11 von einem optimierten Überwachungsstaat ›DDR 2.0‹.

144 Vgl.: chs: »Lufttaxi von Airbus kommt voran«, *FAZ*, 28.01.2017, S. 22.

145 Siehe dazu: Oberhuber Nadine: »Neue Wege durch die Stadt«, *FAS*, 29.01.2017, S. 51.

146 BMW Motorrad VISION NEXT 100, abrufbar unter folgendem Link: https://www.bmwgroup.com/en/next100/brandvisions.html.

147 Vor 2040 wird das »digitale Auto« nach einer Studie der Deutschen Bank den Pkw-Bestand noch nicht weitgehend durchdrungen haben (Heymann, Eric/ Meister, Janina: »Das ›digitale Auto‹ «, 19.06.2017, S. 1).

148 Bei BMW unterteilt man folgende Stufen: 0: Nur Fahrer, 1: Unterstützung, 2: Halbautomatisch, 3: Hochautomatisch, 4: Vollautomatisch, 5: Automatisch, fahrerlos, vgl. S. 5 auf folgender BMW-Präsentation »BMW GROUP TECHNOLOGY WORKSHOPS AUTOMATED DRIVING – DIGITALIZATION MOBILITY SERVICES«, Dezember 2016, herunterladbar unter https://www.bmwgroup.com/content/dam/bmw-group-websites/bmwgroup_com/ir/downloads/en/2016/BMWGroup_

TechnologyWorkshops_Automated_Driving_Digitalization_Mobility%20 Services.pdf.

149 Harald Lesch: *Mit Vollgas in die Zukunft*, ausgestrahlt am 04.04.2017 im ZDF, abrufbar unter https://www.zdf.de/wissen/leschs-kosmos/videos/mit-vollgas-in-die-zukunft-102.html.

150 Hier sind weniger regulatorische Hindernisse durch die Datenweitergabe im Zusammenhang mit der Unfallvermeidung zu erwarten. Höhere Anforderungen gelten dagegen bei sensiblen Gesundheitsheitsdaten. Dort steht eher die Verletzung möglicher Persönlichkeitsrechte im Vordergrund.

151 Vgl. Seibt, Philipp / Martin, Anne: »So viel sparen Sie, wenn Sie sich überwachen lassen«, spiegel.de, 07.04.2016.

152 Oktober 2010, zitiert aus spiegel.de vom 21.01.2011(Zitate von Eric Schmidt, vgl. folgenden Link: http://www.spiegel.de/fotostrecke/google-zitate-von-eric-schmidt-fotostrecke-63798.html)

153 Zusammengefasst werden diese Firmen als ›GAFAM‹ bezeichnet, wenn man Microsoft noch hinzunimmt. Insbesondere Yvonne Hofstetter popularisierte das Kürzel ›GAFAM‹ in Deutschland. Ohne Microsoft umfasst das ebenfalls übliche Kürzel ›GAFA‹ Google, Apple, Facebook und Amazon.

154 Hofstetter, *Sie wissen alles*, München 2014, hier zitiert aus der 1. Aufl. 2016 (Penguin Verlag), S. 321; das Nachwort auf S. 319-322 ist eine lesenswerte Würdigung Frank Schirrmachers und seines Buches *Ego*.

155 Vgl. dazu: Spiekermann-Hoff, Sarah:»Ich möchte mir Privatsphäre erkaufen«, *HB* 27./28./29.10.2017, S. 56-57.

156 Schirrmacher, Frank: *Ego. Das Spiel des Lebens*, München 2013, hier aus der 3. Aufl. 2014, S. 15–16.

157 Die auf der Hannover Messe 2017 gezeigten Entwicklungsschritte – u.a. 3-D-Druck, vorausschauende Wartung, maschinelles Lernen, Einsatz von Datenbrillen, Digital Twins (virtuelles Abbild einer Maschine) und kollaborative Roboter (Cobots) – signalisieren auch eigenständge Antworten industrieller Anbieter auf die digitale Herausforderung durch die GAFAMs.

158 Die Informationen, die Tracker-Softwareprogramme im Hintergrund einsammeln, sind eher nur Insidern bekannt, vgl. dazu: Bialek, Catrin / Dörner, Astrid / Kerkmann, Christof / Weddeling, Britta: »Die unheimliche Macht«, *HB* vom 27./28./29.10.2017, S. 52–54, vgl. zum Druck, den Sicherheits- und Geheimdienste auf die Digitalkonzerne ausüben: Christian Stöcker: : »Warum sich Apple zu Recht weigert«, spiegel.de, 17.02.2016.

159 Jakobs, Hans-Jürgen: »Die wahren Herren der Welt«, *HB*, 18./19./20.11.2016, S. 60.

160 »Das globale Geldgeflecht, Beteiligungen der größten Finanzunternehmen«, *HB*, 18./19./20.11.2016, S. 60.

161 Vgl. zu den im Folgenden genannten ›Masters of Capital‹: Horstmann, Ulrich: *Zurück zur Sozialen Marktwirtschaft. Warum sich Ludwig Erhard im Grabe umdrehen würde*, München 2014, S. 39f.

162 Vgl. die Internetseite des Unternehmens, https://www.BlackRock.com.

163 Kapitalanteile am 14.01.2018, abgerufen am 15.01.2018 (Bloomberg).

164 Vgl. Beutelsbacher, Stefan/ Kaiser, Tina: »Beherrscht BlackRock mit ›Aladdin‹ die Märkte?« welt.de, 06.11.2016.

165 https://institutional.vanguard.com/web/cf/inst-investor-home/

166 Abgerufen am 11.01.2018 unter https://www.fidelity.com/about-fidelity/fidelity-by-numbers/corporate-statistics.

167 Vgl. Mc Laughlin, Tim: »How the owners of Fidelity get richer at everyday investors' expense«, reuters.com, 05.10.2016.

168 Vgl. https://www.capitalgroup.com/our-company/news-room/CapGroupNamedBestPlaceToWork.html.

169 Kapitalanteile am 14.01.2018, abgerufen am 15.01.2018 (Bloomberg).

170 Kapitalanteile am 14.01.2018, abgerufen am 15.01.2018 (Bloomberg).

171 Kapitalanteile der Eigentümer am 14.01.2017, abgerufen am 15.01.2018 (Bloomberg), für Alphabet (Google) wurden die stimmberechtigten Aktien (A-Shares) berücksichtigt.

172 Wie übrigens auch bei den führenden Ratingagenturen S&P und Moody's sowie den führenden Investmentbanken, vgl. dazu Horstmann: *Zurück zur Sozialen Marktwirtschaft*, S. 38f.

173 Diese Begrifflichkeit prägte der Anleger Jim Rogers.

174 Vgl. Welzer, Harald: *Die smarte Diktatur. Der Angriff auf die Freiheit*, Frankfurt/M. 2016. S. 158.

175 Boie, Johannes: »Diese Technologie wird die digitale Welt verändern«, sueddeutsche.de, 08.01.2016.

176 Gleichzeitig ermöglichen Bitcoins auch ökonomische Partizipation mit fairen Regeln, zum Beispiel für Unternehmensgründer in korrupten Staaten, deren Behörden willkürlich funktionieren, worauf Frank Schäffler in seinem Blog »Blockchain wird die Welt verändern« hinweist, 12.05.2015, prometheusinstitut.de, erstmals erschienen in Tichys Einblick am 08.05.2015.

177 Vgl. »Kommt Russlands eigene Kryptowährung? Putin meldet Interesse an Bitcoin & Co. an«, in finanzen.net, 07.06.2017, und: Ballin André: »Putin führt den Krypto-Rubel ein«, *Handelsblatt Online*, wiwo.de, 17.10.2017.

178 Vgl. das Papier von Michael Bordo und Andrew Lewin: »Central Bank Digital Currency and the Future of Monetary Policy«, May 2017, herunterladbar unter https://www.hoover.org/sites/default/files/bordo-levin_bullets_for_hoover_may2017.pdf und die Anmerkungen dazu von Häring, Norbert: »E-Geld statt Cash«, *HB*, 30.10.2017, S. 14.

179 Vgl. jamesturkblog.blogspot.de.

180 Zitiert aus: Schäffler, Frank: »Blockchain wird die Welt verändern« 12.05.2015, prometheusinstitut.de, erstmals erschienen in Tichys Einblick am 08.05.2015.

181 Dazu ausführlicher: Boie, Johannes: »Diese Technologie wird die digitale Welt verändern«, sueddeutsche.de, 08.01.2016.

182 Hummler, Konrad: »Blockchain: wie explosiv?«, bergsicht.ch, Ausgabe 17, 01. 2016, 25.01.2016, S. 2.

183 Zitiert aus: Hummler, Konrad: » Blockchain – der nächste Wohlstandsschock«,nzz.ch, 03.05.2016.

184 Vgl. und zitiert aus: Godenrath, Björn: »Deutsche Börse setzt nächstes Blockchain-Projekt auf«, *Börsen-Zeitung*, 24.01.2017, S. 2.

185 Hummler, Konrad: »Blockchain: wie explosiv?«, bergsicht.ch, Ausgabe 17.01.2016, 25.01.2016, S. 11/12.

186 Zitiert aus: Schirrmacher: *Ego*, München 2013, hier aus der dritten Auflage, 2014, S. 178.

187 Vgl. dazu: Keese, Christoph: *Silicon Valley. Was aus dem mächtigsten Tal der Welt auf uns zukommt*, München 2016, S. 54f.

188 Politische Gestalter wie Sigmar Gabriel sehen das Wettbewerbsrecht im Zweifel auch nicht so eng, wie in den Medien im Zusammenhang mit den Gesprächen über die Fusion von Tengelmann und Edeka berichtet wurde, vgl. dazu: Kaiser, Stefan: »Gabriel macht Wirtschaftspolitik nach Gutsherrenart«, spiegel.de, 09.08.2016.

189 Schirrmacher: *Ego*, München 2014, S. 80/81.

190 Das Kürzel NSA steht für National Security Agency, der nationalen Sicherheitsbehörde der USA.

191 Zum Beispiel bei der Art der Berichterstattung über Terroranschläge, die vorrangig mit dem Ruf nach Totalüberwachung durch den Staat einhergeht. Den Opfern und den, zugegebenermaßen komplizierteren Ursachen der Terroranschläge, wird weniger Raum gegeben.

192 Vgl. Bender, Justus / Lohse, Eckart: »Krieg der Maschinen«, *FAZ*, 14.07.2017, S. 3.

193 Baumgärtner, Maik / Robel, Sven / Wiedmann-Schmidt, Wolf: »Hacker kopierten Abgeordneten-E-Mails«, 18.06.2015, spiegel.de; WannaCry und Petya folgten, vgl.: Neller, Marc: »Gegen Petya ist WannaCry ein Blindgänger«, welt.de, 28.06.2017.

194 Vgl. dazu: Mügge, Kersten: »Hacker-Gefahr aus dem Internet. Bundesregierung plant digitalen Rettungsschuss«, deutschlandfunk.de, 20.04.2017, aus guten Gründen wurden Atomkraftwerke analog ausgelegt, dazu: Peter Welchering im Gespräch mit Manfred Kloiber: »AKWs als Ziele von Hackern. Die Gefahr ist leider sehr konkret«, deutschlandfunk.de, 02.04.2016.

195 Zum Beispiel der Hackerangriff auf DSL-Internetrouter, vor allem der Deutschen Telekom, am 27.11.2016, noch dramatischer war die Welle von Cyberangriffen Mitte Mai 2017, vgl. dazu: dpa, Reuters, sre,: »*Nahezu 100 Länder von Hackerangriff betroffen*«, Zeit online, ,12.05.2017; »Weltweite Computerattacke, Bundeskriminalamt ermittelt zu Cyberangriff«, spiegel.de vom 13.05.2017.

196 kpa/dpa: »Unternehmen fühlen sich vor Hackerangriffen sicher«, spiegel.de, 27.07.2015.

197 Kerkmann, Christof: »Die Spuren führen nach Nordkorea«, handelsblatt.com, 23.05.2017.

198 Siehe dazu: Bender, Justus / Lohse, Eckart: »Krieg der Maschinen«, *FAZ*, 14.07.2017, S. 3.

199 Martin Rösler, Leiter des Bedrohungsforscher-Teams von Trend Micro, zitiert aus: Bender, Justus / Lohse. Eckart: »Krieg der Maschinen«, *FAZ*, 14.07.2017, S. 3.

200 In einem solchen Krieg kämpfen mithilfe von Künstlicher Intelligenz programmierte Maschinen miteinander, vgl. dazu: Freidel, Morten: »Wenn Maschinen Krieg führen«, *FAS*, 17.10.2017, S. 2.

201 AFP, AP, rl: »Bericht über Beteiligung Putins an Mail-Hacks im US-Wahlkampf«, zeit.de, 15.12.2016.

202 Vgl. Köhler, Berthold: »An der unsicheren Front«, *FAZ*, 13.12.2016, S. 1.

203 Vgl. Köhler, Berthold: »An der unsicheren Front«, *FAZ*, 13.12.2016, S. 1.

204 Auch Winston Smith in George Orwells *1984* wusste noch, dass er laufend überwacht wurde.

205 vgl. dpa: »Crime as a Service«, faz.net, 03.11.2016.

206 So erwarb Google 2014 den Solardrohnenhersteller Titan Aerospace, vgl. Hofstetter, *Sie wissen alles*, München 2014, S. 53.

207 Vgl. dazu Spiekermann-Hoff, Sarah: »Ich möchte mir Privatsphäre erkaufen«, *HB,* 27/28./29.10.2017, S. 56.

208 Vgl. Lobe, Adrian: »Cyberwaffen als Bumerang«, *FAS,* 02.07.2017, S. 43.

209 So im Bahnhof Berlin-Südkreuz. Dort startete ein umstrittener Test zur Gesichtserkennung, vgl. dazu Horchert, Judith: »Bitte gehen Sie weiter. Hier werden Sie gesehen«, spiegel.de, 01.08.2017.

210 Zitiert aus Tichy, Roland: »9 Fakten, die Sie zu der Bargeld-Abschaffung wissen müssen«, tichyseinblick.de, 24.05.2015, abrufbar unter: http://www.tichyseinblick.de/tichys-einblick/9-fakten-die-sie-zur-der-bargeld-abschaffung-wissen-muessen/2/.

211 dpa ,»Welt ohne Bargeld? Cryan-Vorstoß heizt Diskussion neu an«, welt.de, 22.01.2016.

212 Die Deutsche Bank ist trotz des inländischen Sitzes und des Traditionsnamens inzwischen nicht nur geschäftlich, sondern auch hinsichtlich der Eigner international positioniert.

213 Vgl. und zitiert aus: Mai, Heike: »Bargeld, Freiheit und Verbrechen, Bargeld in der digitalen Welt«, Deutsche Bank Research, 12.01.2017, S. 1, S. 16 (PDF kann auf https://www.dbresearch.de heruntergeladen werden).

214 Vgl. Spehr, Michael: »So viel Sicherheit muss sein«, *FAZ,* 17.10.2017, S. T1.

215 Zunehmend in Kooperation mit einflussreichen – auch die Überwachungstechniken und –daten liefernden – Digitalkonzernen, vgl. bspw. »Kontakte zwischen Google und Geheimdienst enthüllt«, faz.net, 7.5.2014.

216 So im Wahlkampf 2006, abrufbar unter https://www.youtube.com/watch?v=wcVRlzP6SQA.

217 Vgl und zitiert aus: Baberowski ,Jörg: »Ungesteuerte Einwanderung Europa ist gar keine Wertegemeinschaft«, faz.net, 14.09.2015.

218 Vgl. zum Beispiel: n-tv.de , ppo/dpa: »DDR-Vergangenheit holt Merkel ein. Nichts verheimlicht - nicht alles erzählt«, n-tv.de, 13.05.2013.

219 Mann, Gerald: »Diktatur wird billiger«, dazu das Interview: »Bargeldverbot: Gestapo und Stasi wären begeistert gewesen« vom 8.7.2015, abrufbar unter http://www.misesde.org/?p=10419

220 Zitiert aus: Streminger, Gerhard: *Adam Smith. Wohlstand und Moral,* Hamburg 1989., S. 35.

221 Dazu: Haag, Maximilian: »Internationaler Datenaustausch in Steuersachen: Eine Revolution steht vor der Tür«, http://blog.handelsblatt.com, 02.03.2017.

222 Vgl. dazu das Ergebnis der repräsentativen R+V-Studie »Die Ängste der Deutschen 2016«, abrufbar unter https://www.ruv.de/presse/aengste-der-deutschen/presseinformation-aengste-der-deutschen-2016.

223 Dazu: dab/dpa: »Austausch von Bankdaten: 51 Staaten machen Steuersündern das Leben schwer«, spiegel.de, 29.10.2014 und dpa,fin: »Schäuble macht neue Pläne gegen Steuerflucht«, Zeit Online, 04.04.2016.

224 Vgl. beispielsweise von Altenbockum, Jasper: »Das Virus der totalitären Demokratie«, faz.net, 05.02.2017.

225 Zitiert aus: Mill, John Stuart: *Über die Freiheit,* Stuttgart 2010, S. 31, das zweite Kapitel über die Freiheit der Gedanken und der Diskussion (S. 27ff.) liefert für die aktuelle Diskussion zu den sog. Fake News liberale Maßstäbe, die u.E. zeitlos sind.

226 Zitiert aus: Plickert, Philip / Jahn, Joachim / Schäfers, Manfred: »Die Bargeld-Bremse sorgt für Streit«, *FAZ,* 06.02.2016, S. 19.

227 Vgl. Plickert, Philip / Jahn, Joachim / Schäfers, Manfred: »Die Bargeld-Bremse sorgt für Streit«, *FAZ,* 06.02.2016, S. 19.

228 Siehe: dpa: »Ex-Verfassungsrichter hält Abschaffung für rechtswidrig«, wiwo.de, 09.02.2017.

229 Vgl. Beuth, Patrick: »Anonymität wird zum Fall für den Menschenrechtsgerichtshof«, zeit.de, 08.06.2016.

230 Bei der Bekämpfung welcher Feinde? Auch das ist nicht immer klar. Für viele Bürger entsteht inzwischen der Eindruck, dass sie selbst observiert werden, wenn sie nicht die medial vermittelten Tagesparolen und Sprachregelungen übernehmen.

231 Zitiert aus seiner Kolumne: »Unser größeres Problem ist Political Profiling«, zeit.de, 05.01.2017.

232 Zitiert aus: »President Obama's Farewell Address: Full Video and Text«, nytimes.com, 10.01.2017, abrufbar unter https://www.nytimes.com/2017/01/10/us/politics/obama-farewell-address-speech.html?_r=0.

233 Vera Lengsfeld ist der Ansicht, dass es ehrlicherweise Netzwerksdurchsuchungsgesetz heißen sollte, vgl. Lengsfeld, Vera: »Die Entkernung der Demokratie«, in: http://vera-lengsfeld.de, 28.06.2017.

234 Vgl. Kurz, Constanze/ Ullrich, Stefan: »Nicht einmal mehr die Simulation von Partizipation« 15.05.2017, faz.net. Nach ihrer Ansicht ist das politische System so »von Technik durchdrungen, dass man schon von einem ganz eigenen informationstechnischen System sprechen muss«, inzwischen ist das Netzwerkdurchsetzungsgesetz zunehmend umstritten.

235 Vgl. »Russland kopiert Gesetz gegen Hassbotschaften«, 17.07.2017, reporter-ohne-grenzen.de, auch in China nimmt die Internetzensur angeblich zu, siehe brt/dpa/AFP: »China verschärft Internetkontrolle«, in: spiegel.de, 23.01.2017.

236 Vgl.: schä./AFP: »Maas fordert digitales Antidiskriminierung-Gesetz«, faz.net, 03.07.2017.

237 Zitiert aus: Röhl, Bettina: »Hate-Speech: Maas, Anetta Kahane und Facebook-Zensur«, tichyseinblick.de, 10.05.2016.

238 S.o.

239 zitiert aus Elsberg, Marc: Zero, München 2014, S. 23.

240 Zitiert aus: afp, dpa: »Merkel kündigt ›nationale Kraftanstrengung‹ für Abschiebung an«, faz.net, 10.01.2017.

241 In George Orwells Roman *1984* gab es sogenannte Hass-Wochen zur Steuerung und Verstärkung des Hasses auf politische Gegner. Heute bestehen technisch noch ausgefeiltere Methoden, einen Totalitarismus zu verwirklichen als in *1984* beschrieben. Umso kritischer muss die Öffentlichkeit auf Vorstöße reagieren, bewährte Rechtsgrundsätze wie die ›Unschuldsvermutung‹ auszuhebeln.

242 Zitiert aus: Schirrmacher, Frank: »Wir wollen nicht«, faz.net, 26.08.2013.

243 Vgl. Grunert, Marlene: »Durch die Hintertür zur Online-Überwachung«, faz.net, 22.06.2017.

244 Zitiert aus Mises, von, Ludwig: *Erinnerungen*, Stuttgart New York 1978, S. 30.

245 Vgl. zu diesem Thema: Ulfkotte, Udo: *Gekaufte Journalisten*, Rottenburg 2014.

246 Mit dem Übergang der Bundeswehr zu einer Berufsarmee ist die Truppe vermutlich weniger als früher ein Spiegelbild der Gesamtbevölkerung, die ›Säuberungswelle‹, der sogar ein früheres Bild von Helmut Schmidt zum Opfer fiel, zeigt auch, dass jedes Maß verloren gegangen ist und sich der Eindruck eines Generalverdachts aufdrängt, vgl. dazu: Thomas Schmid: Das Dilemma der Berufsarmee, welt.de, 12.05.2017, Leitkultur und Bundeswehr, tichyseinblick.de, 07.05.2017 und ›Bundeswehr-Uni hängt Helmut-Schmidt-Bild ab‹, Zeit online, dpa, vu, 12.05.2017.

247 Max Weber unterschied in seinem Vortrag »Politik als Beruf« von 1919 zwischen Gesinnungs- und Verantwortungsethik.

248 Böll, Heinrich: *Fürsorgliche Belagerung*, Köln 1979.

249 Hier sind die unfreiwillig zu nutzenden, tatsächlichen Fußfesseln gemeint, nicht die freiwilligen Einschränkungen, denen man sich aussetzt, welche als Fesseln im übertragenen Sinne zu verstehen und die selbstverständlich viel

gebräuchlicher sind. Vielfach vergessen wird, dass auch die Smartphones permanent Bewegungsbilder liefern und daher zur Überwachung geeignet sind.

250 Vgl. und zitiert aus: »Niedersachsen will Fußfessel für Gefährder«, ndr.de, 30.01.2017.

251 Reuters: »Verurteilte Extremisten sollen Fußfessel tragen«, handelsblatt.com, 08.02.2017.

252 »De Maizière hält elektronische Fußfessel für sehr hilfreich«, sueddeutsche.de, 01.02.2017.

253 Schnell, Lisa: »Gefährder-Gesetz verschärft«, sueddeutsche.de, 19.07.2017.

254 Vgl. Breyton, Ricarda: »Gesichtserkennung – die nächste Stufe der Überwachung«, welt.de, 01.08.2017.

255 Zitiert aus: Linnemann. Carsten: *Die machen eh, was sie wollen. Wut, Frust, Unbehagen - Politik muss besser werden* , Freiburg im Breisgau 2017, S. 120.

256 S. Lengsfeld, Vera: »Die Demontage des Rechtsstaates durch die Flüchtlingspolitik«, vera-lengsfeld.de, 07.02.2017.

257 S. Bittner, Jochen: »Papiere bitte«, www.zeit.de, 30.03.2017.

258 Vgl. Dreves, Jürgen/ Pinzke, Renate: »Abgelehnte Asylbewerber Gibt es wirklich eine ›Abschiebe-Verhinderungs-Industrie‹?«, mopo.de, 23.09.2016.

259 S. Burger, Reiner: »Diese Straße gehört uns«, *FAZ*, 04.02.2017, S. 3.

260 Vgl. dazu: dpa: »Berliner Polizei testet Elektroschockwaffen«, handelsblatt.de, 06.02.2017.

261 S.: alri./dpa/AFP: »Bamf-Chefin fordert Fingerabdrücke aller Flüchtlinge«, faz.net, 07.02.2017.

262 Uraufgeführt am 02.02.2017 im Wiener Josefstadt-Theater.

263 Interview mit Ronald Pohl: »Daniel Kehlmann: ›Im Ausland wurde mir zu Österreich gratuliert‹ «, derstandard.at, 24.01.2017.

264 Vgl. https://www.nytimes.com/2017/01/25/books/1984-george-orwell-donald-trump.html

265 Die Nato erklärte inzwischen den Cyberraum zu einem eigenständigen Operationsgebiet, vgl.: afp, haw: »Nato erklärt virtuellen Raum zum Kriegsgebiet«, zeit.de, 15.06.2016.

266 Vgl. dazu das Interview, das Karsten Huhn mit Frank J. Weise führte: »Das schafft kein anderes Land in Europa«, bamf.de, 25.04.2016.

267 Vgl. dpa, AFP, ndo: »Bundeswehr und Polizei proben bewaffneten Antiterroreinsatz«, zeit.de, 07.03.2017.

268 Nicht nur in Frankreich, auch zum Beispiel in der Türkei ist der Ausnahmezustand der neue Normalfall; vgl. hvo/dpa/AFP: »Türkei will Ausnahmezustand verlängern«, n-tv.de, 17.04.2017.

269 Zitiert aus: afp, jr: »Frankreich verlängert Ausnahmezustand bis Juli 2017«, zeit.de, 10.12.2016.

270 Zitiert aus und vgl. Trojanow, Ilija / Zeh, Juli: *Angriff auf die Freiheit. Sicherheitswahn, Überwachungsstaat und der Abbau bürgerlicher Rechte*, München 2009, S. 72.

271 Zitiert aus: von Hayek, Friedrich August: *Die Verfassung der Freiheit*, Tübingen 1971, S. 142.

272 Beispielsweise in Nordkorea

273 Vgl. Bauman, Zygmunt: *Liquid Modernity*, Cambridge 2000, S. 2f.

274 Zitiert aus der Rede von Bundeskanzlerin Merkel zur dbb Jahrestagung 2017 am 9. Januar 2017, online abrufbar unter: https://www.bundesregierung.de/Content/DE/Rede/2017/01/2017-01-10-rede-merkel-dbb.html.

275 Den Begriff ›DDR 2.0‹ prägte Max Otte, vgl. sein Buch *Rettet unser Bargeld*, S. 11.

276 Zitiert aus: Jaspers, Karl: »Wohin treibt die Bundesrepublik?«, spiegel.de, 18.04.1966.

277 Vgl. AFP, dpa, AP, mp: »Anti-IS-Koalition will Kampf gegen Terrormiliz beschleunigen«, zeit.de, 23.03.2017.

278 Beim asymmetrischen Krieg liegen alle Vorteile beim Angreifer, der die Angriffe auf westliche Knotenpunkte gestalten kann, Deutschland ist daher sehr verwundbar, vgl. Bender, Justus / Lohse, Eckart: »Krieg der Maschinen«, *FAZ*, 14.07.2017, S. 3.

279 Zitiert aus: Trojanow/ Zeh: *Der Angriff auf die Freiheit*, München 2009, S. 78.

280 Zitiert aus: »Interview mit der Jungen Welt: ›Digitaler Sozialismus ist denkbar, aber nicht wünschenswert‹ «, presseschauder.de, 15.10.2014.

281 Vgl. Professor Dirk Helbing, ETH Zürich, zitiert in: »Tobias Bürger: Maschinen übernehmen das Ruder«, *portfolio institutionell*, Juni 17, Ausgabe 06, S. 39.

282 Vgl. und zitiert aus Lobe, Adrian: »Der Mensch erscheint im Digitalen«, FAZ, 04.01.2017, S. 13.

283 Zitiert und übersetzt aus: Auken, Ida: »Welcome to 2030. I own nothing, have no privacy, and life has never been better«, weforum.org, 11.11.2016.

284 Vgl. Lobe, Adrian: »Der Mensch erscheint im Digitalen«, *FAZ*, 04.01.2017, S. 13.

285 Vgl. Horstmann, Ulrich / Mann, Gerald: *Bargeldverbot. Alles, was Sie über die kommende Bargeldabschaffung wissen müssen*, München 2016, S. 27.

286 Vgl. Auken, Ida: »Welcome to 2030. I own nothing, have no privacy, and life has never been better«, weforum.org, 11.11.2016.

287 Einer Resozialierungsanstalt wie in Juli Zehs Gesundheitsdiktatur im Roman *Corpus Delicti*, S. 264, oder einem Internat im Roman von Theresa Hannig, *Die Optimierer*, S. 233.

288 Möglicherweise noch viel belastender als in der analogen Welt totalitärer Herrscher, denn eine solche digitale Glücksdiktatur könnte subtiler und professioneller mit Allwissenheitsanspruch ausgestaltet sein.

289 Vgl. und zitiert aus: Fischer, Peter A.: »Unheimlich schöne neue Google-Welt«, in: *Neue Zürcher Zeitung*, 01.07.2017, S. 1.

290 Zitiert aus: Schirrmacher: *Minimum*, München 2006, S. 130.

291 Selbst ein notorischer Schnorrer wird die Grenze kennen, wenn Freundschaften überstrapaziert werden.

292 Die Alten in der Familie und in Kleingruppen waren nicht anonym und waren auch deshalb geschätzter Teil der Gemeinschaft, weil sie mithalfen. Sie gaben ihr Erfahrungswissen weiter, und Jüngere konnten sich darauf verlassen, im Alter entsprechend respektvoll behandelt zu werden. Eine sozialistische Glücksdiktatur kann anonym ausgrenzen und Alte gezielt diskriminieren, wenn der ökonomische Mehrwert abnimmt.

293 Vgl. dazu Herzog, Roman: *Europa neu erfinden. Vom Überstaat zur Bürgerdemokratie*, München 2014, 2014, S. 45, 51, 63, 92, 95ff., 112.

294 Zitiert aus: »Die Hölle ist bargeldlos«, *Die Weltwoche*, Ausgabe 27/2014, www.weltwoche.ch.

295 Arbeiter drehten sich in dem Film *Wilhelmsburger Freitag* von Egon Monk um, bevor sie ihre Lohntüte aufmachten, vgl. »Wilhelmsburger Freitag«, zeit.de, 27.03.1964.

296 »Deutsche-Bank-Chef Cryan: Bargeld wird in zehn Jahren verschwinden«, focus.de, 21.01.2016.

297 Vgl. Wagner, Thomas: »700 Prozent Inflation«, zeit.de, 02.05.2016.

298 Vgl. »Regierung gibt nach Protesten Bargeld wieder frei«, faz.net, 18.12.2016.

299 Vgl. Groll, Tina: »Und plötzlich ist das Geld nichts mehr wert«, zeit.de, 12.11.2016. Die Bargeldeinschränkung in Indien ist kein Einzelfall mehr, digitale Bezahlvarianten sind auch in anderen Schwellenändern auf dem Vormarsch und dienen der Kontrolle durch Regierungen und höheren

Einnahmen für die Zahlungsdienstleister. Vgl. maf.: ,»In Schwellenländern verschwindet Bargeld«, *FAZ*, 05.10.2017, S. 29.

300 Originalzitate: » ›Both these intentions are honorable and deserve to be supported wholeheartedly,‹ Singh wrote, but added that ›the road to hell is paved with good intentions.‹ «, aus: Iyengar, Rishi: »India's cash crisis is ›a mammoth tragedy‹ «, cnn.com, 09.12.2016.

301 Vgl. dazu: Iyengar, Rishi: »First cash, now India could ditch card payments by 2020«, cnn.com, 19.01.2017.

302 Befremdlich ist auch der kommerzielle Druck, der beispielsweise von der Kreditkartengesellschaft Visa auf Händler ausgeübt wird, um eine »cashless culture« zu verwirklichen, vgl.: sibi: »Bargeld ist eine Mentalitätsfrage«, *FAZ*, 27.07.2017, S. 23.

303 Ein Alkoholiker könnte zum Beispiel keine hochprozentigen Getränke mehr kaufen, weil seine Karten dafür gesperrt sind.

304 Das gilt genauso für Apple Pay, Alipay oder WeChat, vgl.: Nester, Frank: »Bezahlt wird nicht in Deutschland«, *FAZ*, 02.08.2017, S. 15.

305 Vgl. dazu Sinn, Hans-Werner: »Wie sich der Einzug des 500-Euro-Scheins rechnet«, *FAZ*, 06.02.2016, S. 20.

306 Vgl.: Höfert, Andreas: »Die Hölle ist bargeldlos«, *Die Weltwoche*, Ausgabe 27/2014, weltwoche.ch.

307 Zitiert aus: gb: »Angriffe und Angebote«, *FAZ* 18.01.2017, S. 18.

308 Vgl. Levring, Peter: »Cutting Cash Would Be a Boon for the World's Poor, Rogoff Says«, bloomberg.com, 16.01.2017.

309 Vgl. und zitiert aus: Mai, Heike: »Bargeld, Freiheit und Verbrechen, Bargeld in der digitalen Welt, Deutsche Bank Research«, 12.01.2017, S. 18. (PDF kann auf https://www.dbresearch.de heruntergeladen werden). In der EU wird über die Einschränkung von Bargeld zur Bekämpfung von Terrorismus vielfach diskutiert, zum Beispiel. im Rahmen einer Konsultation vom 27. Februar – 31. Mai 2017: vgl. https://ec.europa.eu/info/consultations/eu-initiative-restrictions-payments-cash_en, »EU initiative on restrictions on payments in cash - Consultation Strategy« herunterladbar unter: https://ec.europa.eu/info/sites/info/files/consultation_strategy_final.pdf

310 Vgl. Mallien, Jan: »Das hätte das Potenzial, das Vertrauen zu beschädigen«, handelsblatt.com, 24.02.2016; zum Beispiel die Rede von Carl-Ludwig Thiele vom 13.10.2015, abrufbar unter https://www.bundesbank.de/Redaktion/DE/Reden/2015/2015_10_13_thiele.html.

311 Zitiert aus Mersch, Yves: »Bares bleibt Wahres«, spiegel.de, 05.05.2016.

312 Zum Beispiel von Amazon, wenn die Bürger einem solchen Konzern mehr vertrauen als marodem Staatsgeld.

313 Letztlich entscheiden Interessenlagen und die Durchsetzungskraft der Promotoren, was umgesetzt wird

314 Vgl. Plickert, Philip: »Ein globaler ›Krieg gegen das Bargeld‹«, *FAZ*, 09.01.2017, S. 16.

315 Vgl. Chidarambam, P.: »Accross the aisle | Cashless economy: A distracting mirage«, indianexpress.com, 25.12.2016.

316 Allen voran die Bill & Melinda Gates-Stiftung. Auch die Unabhängigkeit der Forschung wird durch Lobbyingaktivitäten untergraben und damit die Geschäftsinteressen der Digitalkonzerne durchgesetzt, vgl. dazu: Thiel, Thomas: »Googles Geschäft mit der Wissenschaft«, *FAZ*, 02.08.2017, Seite N4.

317 Vgl. Plickert, Philip: »Ein globaler ›Krieg gegen das Bargeld‹ «, *FAZ*, 09.01.2017, S. 16.

318 Khator, Neha: »USAID Launches Catalyst to Drive Cashless Payments in India«, usaid.gov, 14.10.2016, vgl. auch die Webseite http://cashlesscatalyst.org/.

319 86 Prozent des Bargelds, vgl. che: »Die indische Wachstumsrate gibt Rätsel auf«, *FAZ*, 03.03.2017, S. 19.

320 Vgl. Häring, Norbert: »How India became Bill Gates' guinea pig: A conspiracy as recounted by the main actors«, 21.02.2017, abrufbar unter: http://norberthaering.de/en/32-english/news/784-gates-india-demonetization?&format=pdf und »Indian ministers and CEOs flock to the US to report to the digital colonizers«, 05.03.2017, abrufbar unter: http://norberthaering.de/de/32-english/news/792-mit-conference-digital-colonization?&format=pdf.

321 Vgl. Hein, Christoph: »Das indische Bargeld-Experiment«, faz.net, 15.12.2016.

322 Zitiert aus: Urschitz, Josef: »Der gravierende Webfehler des Steuersystems«, diepresse.com, 11.02.2016.

323 Vgl: Trojanow / Zeh: *Angriff auf die Freiheit*, München 2009, S. 135.

324 Abrufbar unter http://www.bzst.de/DE/Steuern_National/Steuerliche_Identifikationsnummer/FAQ/02_Eigene_StIdNr/eigeneStIdNr_FAQ_node.html#faq24734.

325 Aussage Gerald Manns im Interview mit Achim Seger, »Wir werden zum ferngesteuerten Konsumtrottel«, online abrufbar unter: https://www.youtube.com/watch?v=L4WJErsQXho.

326 Auf 22,3 Prozent, vgl. mas.: »Steuerquote steigt auf neuen Rekordwert«; sowie Göbel, Heike: »Brisante Quote«, jeweils *FAZ*, 10.01.2017, S. 15.

327 Vgl. dazu: Hagelüken, Alexander: »Bill Gates fordert Robotersteuer«, sueddeutsche.de, 21.02.2017.

328 Prof. Dr. Paul Kirchhof hat dazu Vorschläge gemacht, vgl. dazu: Reuters/ dpa: »Kirchhof meldet sich mit Steuervorschlägen zurück«, Zeit online, 28.06.2011, siehe auch http://www.paul-kirchhof.de.

329 Zitiert aus: Urschitz, Josef: »Der gravierende Webfehler des Steuersystems«, diepresse.com, 11.02.2016.

330 Kanzlerin Merkel hält das für keine gute Idee (*DUB Unternehmer-Magazin*, 4.2017, S. 8), Es ist zu wünschen, dass sie bei dieser Einschätzung bleibt.

331 Vgl.: Frey, Carl Benedikt / Osborne, Michael A.: The Future of Eployment: How Suspectible are Jobs to Computerisation?, 17.09.2013, http://www.oxfordmartin.ox.ac.uk/downloads/academic/The_Future_of_Employment.pdf, weniger skeptisch ist beispielsweise die Prognose von Dr. Hans-Peter Klös vom Institut der deutschen Wirtschaft, Köln, vgl.: »Digitalisierung und Industrie 4.0 verändern schon jetzt den Arbeitsmarkt«, *FAZ* (Verlagsspezial) vom 24.04.2017, Seite V4.

332 Osterkamp, Rigmar: »Geld vom Staat für alle?«, *FAZ*, 09.01.2017, S. 16, vgl. zum BGE auch: Georg Cremer: »Einfach mal aus dem System aussteigen?«, *FAZ*, 12.01.2018

333 Vgl. sein Auftritt am 13.11.1999, abrufbar unter https://www.youtube.com/watch?v=1XBEqyu5Mck und » ›Ich liebe euch doch alle!‹ Gelächter für Mielkes Liebeserklärung«, n-tv.de, 13.11.2009.

334 dpa: »Finnland testet bedingungsloses Grundeinkommen«, faz.net, 28.12.2016.

335 Das ist ihnen persönlich nicht vorzuwerfen, vor allem dann nicht, wenn eine staatlich gelenkte Willkommenskultur für alle, die kommen wollen, zu einem wesentlichen Pull-Faktor (s.u.) wird.

336 »Flüchtlinge in Hof – ›Situation droht zu kippen‹ «, welt.de, 15.08.2017.

337 Als Push-Faktoren, versteht man meispielsweise mangelnde Bildungs- und Aufstiegschancen, Armut, Verfolgung, Umweltprobleme, Tribalismus, autokratische Herrschaftsformen, Korruption und fehlende Infrastruktur in ›Failed States‹. Pull-Faktoren, sind unter anderem Sicherheit, faire Aufstiegschancen mit einer guten Ausbildung, die einen höheren Wohlstand ermöglicht, hohe Sozial- und Umwelmindeststandards und funktionierende Infrastruktureinrichtungen, garantierte Bürgerrechte in hochentwickelten demokratisch verfassten Staaten.

338 Zitiert aus: Dörner, A./ Rickens, C./ Thelen, P.: »So sicher ist Ihr Job«, *HB*, 2./3./4.12.2016, S. 63.

339 Zitiert aus: Dörner, A./ Rickens, C./ Thelen, P.: »So sicher ist Ihr Job«, *HB*, 2./3./4.12.2016, S. 63.

340 »... Heute muß es uns besonders klar sein, dass als Folge des technischen Fortschritts, der ständig neue potenzielle Gefahren für die individuelle Freiheit schafft, keine Aufzählung geschützter Rechte als erschöpfend angesehen werden kann, zitiert aus von Hayek, Friedrich August: *Die Verfassung der Freiheit*, Tübingen 1971., S. 280.

341 Zitiert aus: Interview von Andrea Rexer mit Ann Cairns: »Bargeld diskriminiert die Armen«, *Süddeutsche Zeitung*, 21.08.2017, S. 16.

342 Kanzlerin Merkel sprach von denjenigen, »die schon länger bei uns leben«, die sie denen gegenüberstellte, »die neu dazugekommen sind«, vgl. Lengsfeld, Vera: »Was will Kanzlerin Merkel dem Land geben?«, http://vera-lengsfeld.de, 21.11.2016.

343 Die neu Dazugekommenen wurden oft von Schleppern genötigt, sich auf die nicht ungefährliche Ausreise einzulassen. Die oft illegal Gekommenen werden jetzt mit viel Geld dazu bewegt, wieder in ihrer Heimatländer zurückzukehren. Das ist ein Debakel, insbesondere im Nachhinein! Das gilt insbesondere, wenn man bedenkt, dass die Herkunftsstaaten ihre früheren Mitbürger, die nicht selten kriminell geworden sind, gar nicht mehr zurückhaben wollen.

344 Die transparenzfeindliche Komplexität des Steuersystems blieb trotz der wegweisenden Vorschläge von Paul Kirchhof oder Friedrich Merz (s.u.) bestehen.

345 Vgl.: Gburek, Manfred: »George Orwell ›1984‹ reloaded«, in: tichyseinblick.de, 10.07.2017.

346 Vgl. Kleemann, Roland: »Verpasste Chance für den Steuerzahler«, *FAZ*, 12.07.2017, S. 16.

347 Vgl. Scherff, Dyrk: »Was der Fiskus alles über uns weiß!«, FAS, 28.05.2017, S. 31.

348 Zitiert aus ihrer Erklärung zur Vorratsdatenspeicherung, netzpolitik.org, 03.02.2016.

349 Aktenzeichen C-203/15, C-698/15, abrufbar unter http://openjur.de/u/944791.html.

350 Vgl. Wieduwilt, Hendrik: »Datenkrake vor Gericht«, *FAZ*, 22.12.2016, S. 15.

351 »Steuern/Steuerflucht: Bundesregierung stellt alle Steuerbürger unter Generalverdacht«, fdp.de, 22.11.2016.

352 Vgl. Lietzmann, Philine: »Damit sie Strafzinsen verhängen können: Diese Experten wollen uns das Bargeld wegnehmen«, focus.de, 02.06.2016.

353 Zitiert aus: Gaulhofer, Karl: »Schäuble will Obergrenze für Bares«, diepresse.com, 03.02.2016.

354 Zitiert aus Steltzner, Holger: »Bargeld statt Kontrolle«, faz.net, 03.02.2016.

355 Marcus Tullius Cicero, römischer Politiker (03.01.106 vor Chr. - 07.12.43 vor Chr.).

356 Vgl. »Steuerkonzept: Merz will niedrigen Spitzensteuersatz«, spiegel.de, 30.10.2003. Die Einkommenssteuerkonzepte von Paul Kirchhof sind abrufbar unter http://www.paul-kirchhof.de/themen/steuerrecht.html.

357 Vgl. Horn, Karen: »Wider die Anmaßung von Wissen«, faz.net, 12.10.2013.

358 Den Begriff prägte der amerikanische Soziologe C. Wright Mills.

359 Unwort des Jahres 1998, das von Karsten Vilmar stammte, vgl. Dittmar, Peter: »Sozialverträgliches Frühableben«, welt.de, 27.01.1999; im Roman *Die Optimierer* von Theresa Hannig, wird so eine Möglichkeit - ein Ableben mit 85 anhand von Tabletten – abschreckend auf S. 82 und 83 thematisiert. Ein solches System könnte mithilfe von Sozialpunkten über Lebensberechtigungen entscheiden. Systemkonforme wären im Vorteil, Abweichler würden bestraft.

360 Regie: Hans Lechleitner/David Marc Mantell/Paul Matussek

361 Das geht dann so weit, dass in Züchterkreisen eine sogenannte ›Welpenmafia‹ Chips toter Hunde Jungtieren implantiert. Solche Manipulationen erfolgen insbesondere bei Modehunden. DNA-Proben schaffen hier zwar Sicherheit, aber solche Auswüchse beim ›Chippen‹ sollten den Bürgern unbedingt erspart bleiben, sie sind schon bei Tieren unertäglich.

362 »Tür öffnen, Kaffee bezahlen: US-Firma implantiert Mitarbeitern Chip«, derstandard.de, 24.07.2017.

363 »Deutschland geht es gut«, cdu.de, 12.09.2013.

364 Vgl. dazu Kablitz, Susanne: »Eine Stunde Ihres Lebens«, susannekablitz.wordpress.com, 17.01.2014. Pro Kopf sind die Inländer wohl nicht zuletzt durch den steuerlichen Zugriff bei gering verdienenden Bürgern und sonstige Abgaben, die effizient eingetrieben werden, relativ unvermögend, vgl.: Hagelücken, Alexander: »Die meisten Deutschen besitzen weniger als andere Europäer«, sueddeutsche.de, 23.12.2016.

365 Zitiert aus von Hayek: *Die Verfassung der Freiheit*, Tübingen 1971, S. 280. F. A. von Hayek schätzt hier die »Schilderung der Schrecken, die uns noch erwarten mögen«, bei Aldous Huxleys *Brave New World*, London 1932 und *Brave New World Revisited* (1958) als »keineswegs zu pessimistisch« ein.

366 Vgl. von Hayek: *Die Verfassung der Freiheit,* Tübingen 1971, S. 281.

367 Vgl. zur Überwachung der Bürger in China, die in diesem Absatz beschrieben wurde: Kolonko, Petra: »Freiheit ist Sklaverei«, FAZ, 27.10.2016, S.3.

368 Vgl. Vitzthum, Thomas: »So will de Maizière in den Alltag der Bürger eingreifen«, welt.de, 21.08.2016, hieraus sind auch die Zitate von Innenminister Thomas de Maizière entnommen.

369 In Polen und Tschechien beispielsweise gibt es keine vergleichbaren Terrorrisiken. Die illegale Einreise wurde verhindert. Den Bürgern dort wurde auch keine von oben diktierte Willkommenspolitik verordnet, der kritiklos gefolgt werden musste.

370 tst: »Merkel fordert Facebook zum Löschen auf«, zeit.de, 10.09.2015.

371 Vgl. Generaldebatte zur Regierungspolitik: Rede von Bundeskanzlerin Merkel am 23.11.2016, abrufbar unter: https://www.youtube.com/watch?v=U4ev_0R2Xqo, zu dem Regelungsbedarf bei den Medien spricht sie nach zwei Minuten.

372 Knaup, Horand / Traufetter, Gerald: »Fake News: Innenministerium will Abwehrzentrum gegen Falschmeldungen einrichten«, spiegel.de, 23.12.2016.

373 Siehe Max Otte in seinem neuen Buch *Rettet unser Bargeld!,* S. 11.

374 Viele Hinweise in diesem Text zum Darknet stammen von meinem früheren Kollegen Ralph Lutz.

375 Oktober 2010, zitiert aus spiegel.de vom 21.01.2011(Zitate von Eric Schmidt, vgl. folgenden Link: http://www.spiegel.de/fotostrecke/google-zitate-von-eric-schmidt-fotostrecke-63798.html.

376 Dezember 2009, zitiert aus spiegel.de vom 21.01.2011(Zitate von Eric Schmidt, vgl. folgenden Link: http://www.spiegel.de/fotostrecke/google-zitate-von-eric-schmidt-fotostrecke-63798-7.html.

377 Vgl. Spehr, Michael: »Jeder Schritt zählt«, *FAZ* vom 25.10.2016, S. T1 (Technik und Motor).

378 ›Netz des Vertrauens‹: Das wäre dann schon Orwellsches Neusprech, vgl. zu dem Add-on: »Nackt im Netz«, *FAZ* vom 04.11.2016, S. 13).

379 Vgl. einschließlich des Zitats: Spehr, Michael: »Jeder Schritt zählt«, *FAZ* vom 25.10.2016, S. T1 (Technik und Motor).

380 Das Originalzitat ist Abrufbar unter: http://franklinpapers.org/franklin/framedVolumes.jsp?vol=6&page=238a.

381 Schulz, Martin: »Warum wir jetzt kämpfen müssen«, faz.net, 06.02.2014.

382 Solche Sozialbonuspunkte könnten eine totale Anpassung erzwingen, vgl. dazu das Sozialpunktesystem, das Theresa Hannig in ihrem Roman *Die Optimierer* beschreibt.

383 Vgl. Erhard, Ludwig: *Wohlstand für alle,* 8. Aufl., Düsseldorf 1964; mit folgenden Zitaten aus dem achten Kapitel Der Wert unmittelbarer Meinungsäußerung, S. 193f.

384 »Ich muss sagen – und das soll nicht zynisch klingen – ›glücklicherweise‹ haben wir in Deutschland dieses planwirtschaftliche Experiment bis zum bitteren Ende ausgekostet und am eigenen Leib erfahren, wie untauglich diese Art von Wirtschaft ist«, zitiert aus seinem Vortrag vom 31. Mai 1954 in Antwerpen.

385 Zitiert aus: Weber, Max: »Rede in München«, 28.01.1919.

386 Wenn wir anhand von Sozialpunkten getrackt würden,würde dies gegebenenfalls. eine totale Anpassung erzwingen, vgl. dazu Theresa Hannigs Roman *Die Optimierer.*

387 Vgl. dazu Horstmann, Ulrich: »Ludwig Erhards ›demokratische Marktwirtschaft‹ für Alle statt,›Machtwirtschaft‹ für Wenige«, in: Erhards Erben, Heft 1, Oktober 2016, S. 6ff.

388 Markus Krall weist in seinem Buch *Der Draghi Crash* auf S. 86 auf diese Gefahr hin.

389 Le Bon: *Psychologie der Massen,* Stuttgart 1982, S. 44.

390 Zitiert aus: *Die formierte Gesellschaft, Ludwig Erhards Ordnungsbild der demokratischen Gesellschaft,* Bonn 1966, S. 134.

391 Dies sah Ludwig Erhards ›Deutsches Gemeinschaftswerk‹ vor, ein unter Marketinggesichtspunkten unglücklich gewählter Begriff, der eine gute Idee abwertete.

392 Siehe das Kapitel »Gleiche Eigner« in diesem Buch.

393 Hofstetter, Yvonne: *Das Ende der Demokratie. Wie die künstliche Intelligenz die Politik übernimmt und uns entmündigt,* 1. Aufl., München 2016, S. 65.

394 Der moderne Wohlfahrtsstaat ist finanziell am Ende, auch Konzepte wie das BGE grenzen aus und können zu einem immer größeren Prekariat führen: Diese Gruppe könnte zur gesellschaftlichen Mehrheit werden, die verlernt hat, selbstverantwortlich zu handeln. Als Opfer der Entertainment-Industrie sichern sie ihre Zeit- und Finanzbudgets. BGE-Empfänger verlieren ihre Selbstachtung und damit auch ihre Freiheit und Unabhängigkeit.

395 Zitiert Schirrmacher, Frank: *Payback. Warum wir im Informationszeitalter gezwungen sind zu tun, was wir nicht tun wollen, und wie wir die Kontrolle über unser Denken zurückgewinnen,* München 2011, S. 224.

396 Vgl. dazu in dem 2016 verfassten Kapitel »Beschleunigte Schritte zur Bargeldabschaffung – aktualisiertes Vorwort« in Horstmann / Mann, *Bargeldverbot* München 2016.S. 36ff.

397 Vgl. Müller, Reinhard: »Gefahren und Gefährder«, *FAZ*, 03.01.2017, S. 1.

398 Vgl. Schirrmacher: *Ego*, München 2014, S. 178.

399 Vgl. Zeh. *Corpus Delicti*, München 2010, S. 145.

400 Den Begriff ›DDR 2.0‹ prägte Max Otte, vgl. sein Buch *Rettet unser Bargeld*, S. 11. Hier spricht Otte von einem optimierten Überwachungsstaat ›DDR 2.0‹.

401 Vgl. Elsberg, Marc: *Blackout – Morgen ist es zu spät*, München 2013.

402 Die analoge Welt ist damit auch nicht chaotisch, wie Vermarkter digitaler Geschäfstmodelle gelegentlich behaupten.

403 Zitiert aus Erhard: *Wohlstand für Alle*, Düsseldorf, 8. Aufl. 1964 S.134f.

404 Zitiert aus Erhard: *Wohlstand für Alle*, Düsseldorf, 8. Aufl. 1964 S.134f.

405 Siehe dazu Goffman, Erving: *Wir alle spielen Theater. Die Selbstdarstellung im Alltag*, München 2003 und Goffmans Einteilung des Spielgeschehens in eine Vorder- (nach außen gerichtete Inszenierung des Spiels) und Hinterbühne (Erstellung im Hintergrund).

406 Dies legt schon die bereits beschriebene Vielzahl gemeinsamer Eigner nahe, die an Monopolrenditen interessiert sein dürften.

407 Vgl. Schirrmacher: *Ego*, München 2014,S. 178.

408 Vgl. zu dem Eintrittsbarrieren-Konzept in der Computerindustrie: Greenwald, Bruce C./ Kahn, Judd: *Competition Demystified. A Radically Simplified Approach to Business Strategy*, New York 2005, S.115f.

409 Vgl. Horstmann, *Zurück zur Sozialen Marktwirtschaft*, München 2014, S. 37f

410 Zitiert aus: Fischer, Peter A.: »Unheimlich schöne neue Google-Welt«, *Neue Zürcher Zeitung*, 01.07.2017, S. 1.

411 Zur Steuerung und Maximierung der Gewinnentwicklung.

412 Inzwischen, nach der weltweiten Massenverbreitung der Smartphones, ist der Mehrwert für die Kunden offensichtlich (beispielsweise: zusätzliche und bequeme Informationen durch permanenten Internetzugang, neue Kommunikationsplattformen). Dies verdeckt jedoch, dass Smartphones eben auch Datensammler und Überwachungsgeräte sind.

413 Vgl. dazu Spiekermann-Hoff, Sarah: »Ich möchte mir Privatsphäre erkaufen«, *HB* 27./28./29.10.2017, S. 56-57.

414 Zitiert aus: Interview von Focus-Money mit Manfred Spitzer: »Der Chirurg googelt nicht«, *Focus-Money* 52/1 2016/17, S. 70.

415 Zitiert aus: Horx, Matthias: »Immer mehr Menschen hinterfragen Heilsbotschaft des Digitalen«, cio.de, 07.04.2015.

416 Zitiert aus: Erhard, Ludwig / Müller-Armack, Alfred: *Soziale Marktwirschaft. Manifest '72*, Frankfurt/M. 1972, S. 148.

417 Neue Erkenntnisse der Plattformökonomik durch die Digitalisierung sind dabei zu berücksichtigen, vgl. Wambach, Achim: »Die Digitalisierung erfordert neues Denken«, *FAZ*, 04.09.2017, S. 18.

418 Internationale Freihandelsabkommen ohne Diskriminierung von Drittstaaten sind den inzwischen in Mode gekommenen regionalen oder sogar bilateralen Handelsabkommen vorzuziehen. Ansonsten drohen Protektionismus und in der Folge steigt auch die Gefahr neuer Kriege, lesenswert ist dazu die Promotionsschrift des »Vaters der Deutschen Mark«, Edward Tenenbaum: *National Socialism vs. International Capitalism* aus dem Jahr 1942!

419 Zitiert aus seinem Vortrag »Die Prinzipien der deutschen Wirtschaftspolitik«, den Erhard am 31. Mai 1954 in Antwerpen hielt.

420 Mithilfe von 3D-Druckern wird auch die Produktion flexibilisiert und direkt am Standort des Bedarfs möglich. Individuelle Dienstleistungen, die nur vor Ort erbracht werden, sind von der globalen Vernetzung dagegen kaum betroffen.

421 Nicht zuletzt durch die ungesteuerte Massenimmigration, die im Gegensatz zu früheren Gastarbeitern oft unausgebildete Personen, die die Wirtschaft nicht braucht, ins Land gebracht hat. Nicht auszuschließen ist, das »Quotensozialisten« eine Migrantenquote für die Wirtschaft verstärkt fordern werden. Diese würde die wirtschaftliche Freiheit der Betriebe weiter einschränken.

422 Das Argument ist hier, dass durch die bürokratisch einfachere Auszahlung eines bedingungslosen Grundeinkommens die Sozialindustrie abgebaut werden kann oder auch die faire Gleichbehandlung, vgl. dazu Reuter, Timo: »Geld für wirkliche Freiheit«, zeit.de, 02.02.2016 oder »Ein Stück Freiheit oder Abhängigkeit?«, liberale.de, 14.06.2016.

423 Zitiert aus Hofstetter: *Das Ende der Demokratie*, München 2016, S. 371.

424 Zitiert aus Hofstetter: *Das Ende der Demokratie*, München 2016, S. 145/146.

425 Vgl. dazu den Roman *Die Optimierer* von Theresa Hannig.

426 Vgl. dazu detaillierter Horstmann: *Zurück zur Sozialen Marktwirtschaft*, München 2014, S. 204f.

427 Das gleiche fragwürdige Alimentieren, das im nationalen Rahmen schon umstritten war, wird seit einiger Zeit auf die ganze EU übertragen. Vor allem

westdeutsche Sparer und Steuerzahler werden für diese verfehlte Politik zur Kasse gebeten.

428 Vgl. dab/dpa/Reuters: »Merkel lehnt zusätzliche Steuersenkungen ab«, spiegel.de, 12.05.2017, Im Gegensatz zur etatistischen Sicht heutiger Politiker, die auf die Sicherung staatlicher Finanzierungsmacht setzen, dachte Ludwig Erhard eher von ›unten nach oben‹. Er wollte den kleinen Leuten mehr finanzielle Spielräume ermöglichen.

429 Zitiert aus Hofstetter *‚Das Ende der Demokratie'*, München 2016, S. 301/302.

430 Vgl. Erhard: *Wohlstand für Alle*, 8. Aufl. Düsseldorf 1964 mit folgenden Zitaten aus dem 8. Kapitel: Der Wert unmittelbarer Meinungsäußerung, S. 193f.: »Jeder Einzelne ist aufgerufen, dafür zu sorgen, daß wir wieder zu Formen des Zusammenlebens von Menschen kommen, in denen sich der Staatsbürger zunächst einmal für das Schicksal selbst verantwortlich fühlt und nicht mehr bereit ist, in einer nebelhaften Anonymität unterzugehen«

431 Vgl. Schirrmacher: *Ego*, München 2014, S. 203.

432 Das, was sonst kommen kann, wäre eine Gesundheitsdiktatur wie in Juli Zehs Roman *Corpus Delicti* oder eine Optimalwohlökonomie wie im Roman von Theresa Hannig: *Die Optimierer*, beschrieben.

433 Das kann dann in Wirklichkeit eine neue autokratische Herrschaftsform sein, eine Jakobinerherrschaft. Die Jakobiner (der Name entstand durch ihren Versammlungsort Saint-Honoré), Anhänger Maximilien de Robespierres, errichteten ein Terrorregime während der Französischen Revolution.

434 Zitiert aus Kant, Immanuel: *Zum ewigen Frieden und andere Schriften*, Frankfurt / Main 2008, S. 25.

435 Vgl. Kant: *Zum ewigen Frieden und andere Schriften*, Frankfurt / Main 2008, S. 25.

436 Siehe dazu Schirrmacher, Frank: »Wir wollen nicht«, faz.net, 26.08.2013, dort verweist er auf die 2005 erfundene »Agnotologie, die Analyse der systematischen Produktion von Nicht-Wissen. Sie hat einen entscheidenden Effekt auf das, was wir altertümlich politische Willensbildung nennen: Man kann gar nicht mehr sagen, was man will oder nicht.«

437 Vgl. Heymann, Erich / Meister, Janina: »Erfahrungen zeigen …, dass viele Internetnutzer bezüglich ihrer Datenhoheit recht gleichgültig, großzügig oder zumindest unbekümmert agieren«, in: *Das »digitale Auto«*, Deutsche Bank Research, 19.06.2017, S. 11.

438 Oder auch nur der Teilnahme an Online-Petitionen.

439 Bekannt ist zum Beispiel sein Buch *Gesund durch Meditation*, München 2013.

440 Wer sich noch ausführlicher damit beschäftigen möchte, kann auch die Bücher *Die Entstehung der Realität* von Jörg Starkmuth und *Jetzt* von Eckhart Tolle miteinbeziehen, um eine Auszeit vom eigenen Ego nehmen zu können und eine entspanntere Betrachtung der eigenen Realität zu gewinnen.

441 Maxim Gorki, in seinem Buch *Meine Universitäten*, das erstmals 1922 erschien, hier zitiert aus: Gruhl, Herbert: *Der materielle Fortschritt und die Reduzierung der Menschlichkeit*, S. 30.

442 Zitiert aus: Daumiller, Oscar: *Geführt im Schatten zweier Kriege*, München 1961, S. 13.

443 Zitiert aus: Weber, Max: *Grundriss der Sozialökonomik*, III. Abt., Wirtschaft und Gesellschaft, Kapitel IV, Religionssoziologie, Tübingen 1922, S. 312.

444 Zitiert aus: »Botschaft von Papst Franziskus zum 50. Welttag der sozialen Kommunikationsmittel, Kommunikation und Barmherzigkeit – eine fruchtbare Begegnung«, 24. Januar 2016, herunterladbar unter folgendem Link: http://w2.vatican.va/content/francesco/de/messages/communications/documents/papa-francesco_20160124_messaggio-comunicazioni-sociali.html.

445 Siehe dazu auch: Wolfram Klingler: »Der neue radikale Maschinenkult«, NZZ, 09.01.2018, S. 19 und Horstmann/Mann, *Bargeldverbot*, München 2016, S. 130.

446 Vgl. Laage, Philipp: »Hunderte ›Freunde‹ bei Facebook – und doch alleine«, welt.de, 04.12.2013.

447 Zitiert aus Bialek, Catrin / Dörner, Astrid / Kerkmann, Christof / Weddeling, Britta: »Die unheimliche Macht«, *HB* vom 27./28./29.10.2017, S. 54.

448 vgl. den Wikipedia-Eintrag »Cyberkrieg«.

449 Zitiert aus Bialek, Catrin / Dörner, Astrid/ Kerkmann, Christof / Weddeling, Britta: »Die unheimliche Macht«, *HB* vom 27./28./29.10.2017, S. 54.

450 Zitiert aus Bialek, Catrin / Dörner, Astrid/ Kerkmann, Christof / Weddeling, Britta: »Die unheimliche Macht«, *HB* vom 27./28./29.10.2017S. 54.

Stichwortverzeichnis

D

E

F

G

H

O

P

R

S